연정교육문화연구소 연구총서 25

恒齋遺稿 並附錄

항재유고 병부록(한글 번역판)

항재 **김순묵**

감수 : 연정 **김경식**

번역 : **박정양**

도서출판 조은

祝恒齋遺稿(한글판) 發刊

광산이씨 중앙종친회장 · 동인계좌장 友松 李 公 鎭

江山吉兆發花春 (강산길조발화춘)
積善之家多慶因 (적선지가다경인)
誰有門中飜譯可 (수유문중번역가)
生心焉敢不君循 (생심언감불군순)
詩禮靑氈尤及守 (시례청전우급수)
桑蓬壯志又能伸 (상봉장지우능신)
雲裔繁昌千世續 (운예번창천세속)
先塋蔭德萬年眞 (선영음덕만년진)

강산에 길조드니 꽃피는 봄이어라
적선하는 집안은 경사가 많을 것이요.
문중에 뉘라서 유고를 번역하겠는가?
언감생심 그대 아니면 어찌 감히 이룰손가!
시(詩)와 예(禮)청전(靑氈)을 더욱굳게 지키시어
상봉(桑蓬)의 장한 뜻 또한 능히 펼치리라!
후손들 번창하여 천천세에 이어지고
선영의 음덕 또한 만년에 참됨이로다!

祝刊辭

星谷 盧　業
(세계전통시인협회 한국본부 부이사장)

畏友 淵亭 從高祖 恒齋公 金 純默은
조선조 개국공신 翼元公의 십팔대손
남다른 재능도량에 주경야독 매진했죠.

經書에 뜻을 두어 勉庵선생 배알하고
하사한 서책으로 성실한 門人된 후
엄중한 교육을 받아 인격수양 다했다네.

吉建 淵亭 두 後孫 가통 책무 인식하여
恒齋遺稿 한글完譯 誠心盡力 上梓한바
축간사 영광이시라 시조지어 올립니다.

晦泉公 親子처럼 普亭公도 애지중지
가문중흥 재목으로 家學 전수 완수했네.
龜鑑된 恒齋公 遺稿 대대손손 빛나리.

祝刊辭

錦石 金仁會

(전 연세대학교 교수, 박물관교육학회 명예회장)

항재(恒齋) 김순묵(金純默) 선생의 문집 《항재유고 병부록》 한글판 출간은 여느 문집이나 유고의 출간 하고는 비교할 수 없을 높고 깊은 차원의 정신사적 가치와 연원을 지니는 경사가 아닐 수 없다고 감히 말 하고 싶다.

그 이유는 조선조 이래 호남 일대의 뿌리 깊은 유학(儒學) 전통과 학풍이 고창고보 설립을 비롯한 근대 민족사학 교육운동에 정신사적 맥락을 이어왔을 뿐 만 아니라 독립운동자금 지원에까지도 보이지 않는 손의 역할을 맡아 왔던 사실들을 오늘의 세대가 기억해야만 하기 때문이다. 그 기억의 시원 속에서 안동인(安東人) 김(金)씨 가문의 학통과 가풍의 족적들이 뚜렷이 빛을 발하고 있다.

나의 외우(畏友) 연정(淵亭) 김경식(金璟植) 박사는 김씨 가문의 종손으로 항재는 그의 종고조이고 조선조 개국공신인 익원공(翼元公) 김사형(金士衡)의 18대 손이다. 일찍이 한국교육사학회 회장을 역임했을 정도로 탁월한 교육학자이던 연정이 대학 강단을 물러난지 근 20년 만에 드디어 《항재유고 병부록》 한글판을 출간하게 되었다는 사실은 이 일이 그 만큼 막중하고 지난 했을 뿐만 아니라 의미깊었던 때문일 것이다. 출간을 진심으로 축하하지 않을 수 없다.

2021년 11월 일

금석(錦石) 김인회(金仁會) 삼가 쓰다

祝刊辭

春岡 金 鍾 會

(전 모양농장 사장 · 동인계원)

우선 항재(恒齋)선생의 문집《항재유고》한글판의 출간을 진심으로 축하합니다.

필자의 친구인 연정(淵亭) 김경식(金璟植) 박사의 가문은 대대로 유학(儒學)을 가업으로 하고 있는 선비 집안이다. 연정은 선대의 가통을 이어받아 종손(宗孫)으로서의 책무를 다하는 초손(肖孫)으로, 지금으로부터 34년 전인 서기 1987년에 항재(恒齋)선생 차남인 도강 김재규가 간행한 한문판《항재유고병부록(恒齋遺稿並附錄)》를 이번에 한글 완역본으로 출간하면서 필자에게 그 축간사를 부탁하여 처음에는 사양하였으나, 선생의 손자인 의학박사 인중 김형회(仁仲 金亨會)와 필자는 막역지간임으로 소시적에 들었던 항재선생에 관한 일화를 참고로 하여 본 졸고(拙稿) 몇 자를 기술하게 된 것이다.

연정(淵亭)의 종고조(從高祖)인 항재(恒齋) 김순묵(金純默)선생은 전북 고창읍 출신으로 본관은 안동으로, 조선조 개국공신인 익원(翼元) 공(公) 김사형(金士衡)의 18代대손이다. 선고(先考) 만수당(晩睡堂) 김영철(金榮喆)은 생원(生員)으로 인의(仁義)를 숭상하고 호매(豪邁) 영준(英俊)하였으며, 슬하에 아들 오형제를 두었는데 그 중 셋째가 항재(恒齋)선생이다.

항재(恒齋)선생은 어려서부터 정중하고 재능과 도량이 남달리 뛰어나 가교(家敎)를 받았으며, 철이 들면서 스승을 모셨는데 스스로 글 읽기에 진력하여 문리를 터득하였다. 열 다섯살이 되자 주경야독(晝耕夜讀)으로 집안일을 주관하였고 삼복더위 엄동설한에도 글공부에 매진해 연찬을 게을리하지 않았다.

"글을 읽고 수양하는 것은 유생들의 본분이고 부귀영달은 명에 달린 것이다"라는 신념으로 어려서부터 배움에 힘쓰지 않는 것을 큰 수치로 여겼다.

어느 때 선생은 예를 갖추어 면암 최익현(勉庵 崔益鉉) 선생을 배알하고 경서(經書)에 대하여 여쭙기도 하였는데, 그 뜻이 성실하다는 찬사를 받았으며 서책을 하사받고 면암의 문인(門人)이 되었다.

항재(恒齋)선생은 연정(淵亭)의 종고조(從高祖)로, 연정의 증조(曾祖)인 회천(晦泉)공과 조부인 보정(普亭)공이 집안의 종손으로 가문을 이어갈 재목으로 여겨, 집안 총생 중에서도 특히 엄하고 중하게 교육하여 장차 학자로서의 기틀을 잡아주었고 가학(家學)을 전수하였다.

회천(晦泉)공은 항재(恒齋)선생을 마치 엄부(嚴父)를 모시듯 제반 예의범절에서 상도(常道)를 잃지 않았으며, 선생 역시 회천공과 보정공을 대단히 믿고 아꼈다.

선생의 부친인 만수(晩睡) 공이 중병으로 3년간이나 병석에 누웠을 때, 선생은 지극정성으로 약을 지어 다리며 온갖 정성을 다하였다. 그러다가 부친을 잃고는 한없는 비애를 참고 염습으로부터 장례까지 모든 일을 성심을 다하여 여한을 남기지 않았다.

그 후 항재(恒齋)선생은 그의 장조카 회천 공이 주관한 만수당(晩睡堂) 정사(精舍) 건축에 심혈을 기울였다. 진귀한 꽃이며 나무를 정사 앞에 옮겨 심고 땅을 파서 연못을 만들어 연꽃을 심었으며, 샘물을 끌어와 주천(珠泉)이라 이름짓고, '수정(水亭)' 이라는 정자까지 세웠다.

노년에는 개울 가에 작은 누대(樓臺)를 세우고는 '창랑대(滄浪臺)' 라 이름지었는데, 흐리거나 맑은 것을 스스로 취한다는 뜻을 담았다.

선생의 일생을 돌아보면, 선생은 천성으로 강직한 기(氣)를 타고 났고 정직함으로써 기개를 키웠으며, 근검절약하는 덕목을 평생토록 지키면서 오로지 효성과 우애로 집안을 다스렸다.

어려서부터 스승의 문하를 찾아 들어 대도(大道)의 요체를 깨달아 성심성의로 학문을 천착하였던 것이다. 선생이 즐겼던 것은 오직 착한 선(善)이었고 받드는 것은 뜻(志)이었다.

그리하여 선생의 지행의덕(至行懿德)은 오늘 날까지 사람들의 뇌리에 남아 있는 것이다.

선생의 종조손(從祖孫)인 보정(普亭)공은 어려서부터 선생의 각별한 사랑을 받았으며, 그때 직접 가르침을 받은 지론(至論)과 격언(格言) 들이 귀에 쟁쟁하고 가슴 속 깊이 가득차 있다고 술회하기도 하였다.

연정(淵亭) 김경식 박사는, 작년 서기 2020년 말 증조고(曾祖考)의 문집 《회천유고》와 조고 (祖考)의 문집인 《연연당문고》의 한글 완역 본을 내고 보니, 종고조(從高祖)인 항재(恒齋) 선생 유고

(遺稿)의 한글 번역본도 발간하는 것이 후손의 도리라고 생각하고, 한글판 출간에 착수해 이번에 《항재유고병부록》 한글 완역본이 세상에 나오게 되었다.

그런 과정을 옆에서 줄곳 지켜본 필자는, 연정 김경식 박사의 생활자세와 학문에 대한 열정 및 가문에 대한 애정과 숭조(崇祖)정신에 경탄하며, 미풍양속(美風良俗)이 날로 퇴색해가는 오늘날 후생들의 좋은 귀감이 됨은 물론 후세에 길이 빛나리라 믿어 의심치 않는다. 아울러 연정과 합심하여 본 한글 번역판을 출간하는 길건 아우에게도 축하의 말씀을 전한다.

2021년 11월 일

조석으로 안부를 전하는

愚友 춘강 김종회가 삼가 기술하다

刊行辭

金 璟 植

(연정교육문화연구소장)

이제사 저의 세째 종고조고이신 항재선생의 《항재유고병부록(恒齋遺稿并附錄)》의 한글 번역본을 출간하게 되었습니다. 한문으로 된 본 유고의 원본은 서기 1987년에 항재 선생의 차남인 도강 재규(道岡 在弓) 재종증조고가 당질인 보정 선생이 보존해 오시던 자료 일부를 인계 받았던 것과 당신이 보관해 온 것을 정리하여 필사본(筆寫本) 형식으로 간행하신 바 있습니다. 이제 35년 만인 오늘에 이르러 도강의 유일한 생존 삼남 길건(吉建)씨와 수차례 상의하여 번역본인 본 한글판을 내놓게 되었습니다.

항재 김순묵(恒齋 金純默 ; 서기 1863.11.4.~서기 1932.1.6.) 선생은 안동인(安東人)인 조선조 초 익원공 김사형(翼元公 金士衡)의 18대 손으로, 고창군 공음면 선동에서 고창읍 도산리로 이사하여 터를 잡은 5대조고이신 성균진사 만수공 김영철(晩睡公 金榮喆;서기1842~1911)의 아들 오형제 중 삼남으로 태어나셨습니다.

항재선생은 항상 효제(孝悌)에 전심전력하여 부모를 극진히 받들어 꽃 하나라도 좋은 것이 있으면 아버지가 계시는 큰집 사랑 화단에다 심었고, 새것이 나오면 반드시 부모에게 드리고 나서 맛을 보았다고 전해 옵니다.

또한 선생은 일찌기 조고(祖考), 선군(先君)으로 이어지는 가학(家

學)의 기틀을 마련하고 집안의 아이들을 엄하게 가르치셨습니다.

선생은 주경야독으로 글을 익히어 면암 최익현(勉庵 崔益鉉) 선생을 사사하셨습니다. 선생은 병석에 누어 계시다가 돌아가시던 날 오후에 "해가 졌느냐"고 아들과 조카들에게 물어보시고는 "해가 졌습니다" 하자, 선생은 "이제 떠날 때가 되었다"하시고는 조용히 주무시듯 눈을 감았다고 합니다.

선생은 슬하에 장남으로 재우(在禹, 號 樵山;서기 1885~1956)와 차남으로 재규(在㚖, 號 道岡;서기 1917~2007) 형제와 4녀를 두셨습니다. 장남 초산(樵山)은 조용한 성격에 평소 치산(治産)에 주력하며 5대소가의 대소사(大小事)있을 때는 앞에서 일을 주관하셨습니다. 차남 도강(道岡)도 성격이 조용했지만 사회에 나가 활동하며, 중년부터는 부군의 학문적 정신을 이으며 종중(宗中)의 일에 진력하셨습니다.

선생은 필자의 증조고이신 회천(晦泉)선생과 조고이신 보정(普亭)선생이 집안의 종손(宗孫)으로 가문(家門)을 이어갈 분이었기에 집안 어느 누구보다도 보다 엄하고 소중히 교육하시어 장차 학자로서의 기틀을 잡게 하고 가학(家學)을 전했다고 필자는 어렸을 때 조고 보정선생으로부터 누차 들어 왔습니다.

또한 도강 재규 재종증조는 필자의 조고이신 보정선생이 14세 연상의 당질이지만 평생을 스승처럼 모시다시피며 그 험난했던 일제(日帝) 말기와 무질서했던 광복직후 그리고 6.25동란기에도 보정선생의 언행(言行)을 따르고 숙의(熟議)하며 처신하여 무난히 넘겼다고 필자에게 말씀하신 것도 한두 번이 아니었습니다.

그런 도강선생은 또한 서기 1978년, 보정선생의 유고인 《연연당문고(淵淵堂文稿)》를 동호인계(同好人契)를 결성하여 발간하기도 했습니다.

필자는 작년 말에 증조고 문집인 《회촌유고》와 조고의 문집인 《연연당문고》의 한글판을 발간한 바 있습니다만 항재선생 유고의 한글판도 발간하는 것이 가학(家學)을 잇는 도리인 것 같아, 도강 재종증조의 삼남으로 항재선생의 유일한 생존 손자인 길건(吉建) 삼종조와 수차례 상의하여 본 발간사업을 추진하게 된 것입니다.

막상 《항재유고병부록》의 한글판 출판에 임하고 보니 감회(感懷)가 깊은 바가 한두 가지 아닙니다.

항재선생은 뵙지는 못했지만 조고로부터 어렸을 적부터 들어온 선생에 관한 일화(逸話) 몇 가지가 마음에 와 닿았습니다. 그것은 우애에 터하여 항상 공(公)을 내새워 문중 일은 물론 집안일에서도 선생이 앞장서시고 필자의 증조고이신 회천선생은 선생의 장조카로서 뒤에서 후원하시어 남들의 부러움을 샀습니다. 또한 선생은 개인적인 욕심은 언제나 멀리하셨다는 그 말씀입니다. 이는 맹자(孟子)의 이른바 "마음을 기르는 데는 과욕(寡慾)보다 좋은 것이 없다"는 성현의 말씀을 평소에 내면화하신 것 같습니다.

이러한 인품(人品)의 선생에게서 유년시 가학(家學)을 이어받은 회천(晦泉)과 보정(普亭) 두 부자(父子)께서는 종중(宗中)과 공(公)을 위하여 많은 재산을 출연하시고, 흉년에는 향당(鄕黨)과 인근(隣近)에 구휼(救恤)을 하시었습니다. 회천선생은 일제강점기 민족사학(民族私學)인 고창고보(高敞高普)의 창립에 많은 재산을 출연하셨음은 물론 상해 임정에도 많은 독립자금을 전하시고, 보정 선생은 일제강점기엔 도산초등학교(道山初等學校)설립에, 광복 후엔 고창여중학교(高敞女子中學校) 창립에 많은 재산을 출연하셨음은 물론 광복이 되자 인근 소작인(小作人)에게 경작 전답을 무상으로 돌려주셨던 바. 이러한 일들은 항재선생의 가르침의 영향이 큰 것으로 보여집니다. 요즈음 같이 사욕(私慾)을 위해서라면 측량 경계선 말뚝까지도 남모르게 옮기는 행태에서 보면 항재선생과 회천 선생, 보정 선생의 처사는 어떻게 받아들여야 할까요?

필자가 대학강단에서 물러나 고향에 들어온 이후로 항재선생의 뜻을 잇는 도강 재종증조께서는 말년에 고향에 오시면 집안의 종손인 필자가 모시는 경우가 많았습니다. 그때 도강께서 들려주신 항재 (恒齋)선생에 관한 이야기와 보정(普亭) 선생과의 이야기를 어디 필설로 다하겠습니까?

도강은 부군(府君)에 대한 마지막 작업으로 부군의 강학비(講學碑)를 조고(祖考)의 강당(講堂) 옆에 세웠습니다. 그리고는 만년에 서해안고속도로 건설 때 그 부지로 매몰되는 '창랑대(滄浪臺)'의 유적지 재건에 애쓰시다가 하세(下世)했습니다. 도강이 창랑대 유적지를 재건하려던 그 뜻을 우리는 본서의 항재선생 장례(葬禮)시의 수 많은 만사(輓詞)에서도 들여다 볼 수 있습니다.

'창랑대'는 풍수적으로 보면 도산(道山)마을 동쪽의 허(虛)함을 막아주기 위한 것이요, 문화적 공간으로 보면 항재공의 강학(講學)의 곳으로 또는 원근 사류(士類)들이 부러워했던 곳이었으니, 그것이 한 사람, 한 문중의 것만은 결코 아니었을 것입니다.

《항재유고병부록》 한글판을 출간하게 됨에 도강 재종증조고께서는 또 저승에서 무슨 말씀을 하실까?

필자가 이제 8순 중반에 들어서고 보니, 도강께서 부탁하시던 말씀들이 더욱 생생하게 다가옵니다. 항재선생의 정신이 지금에도 우리 후예들에게 그대로 전해지고 실천된다면 얼마나 좋을까 하고 잠시 생각해 봅니다.

예서 발간사를 마치면서 고마움을 전해야 할 몇 분이 있습니다. 번역을 담당해주신 중국 연변대학교 전 도서관장 박정양교수, 축하 시조를 써주신 외우(畏友) 우송 이공진(友松 李公鎭) 광산이씨 중앙종친회장, 성곡 노업(星谷 盧業) 세계전통시인협회 한국본부 부이사장과 축간사를 써주신 춘강 김종회(春岡 金宗會) 전 모양농산 사장, 전 연세대학교 교육학과 교수로 현재 도선관교육학회 명예회장인 금석 김인회(錦石 金仁會)박사, 이 《항재유고 병부록》 한글판이 나오기까지 기획에서부터 참여 숙의해 준 항재선생 유일한 생존 친손 길건(吉建) 삼종조 그리고 출판해 주신 조은출판사 사장 김화인 박사와 편집에 수고해 주신 편집실 김진순 실장께 고마운 마음 한 아름 전합니다.

서기 2021년 11월 일

행재선생 종고손(從高孫) 연정 김경식 삼가 쓰다

항재 선생 진영(眞影)

항재 선생 묘소

(전북 고창군 성송면 청송후 子坐 소재)

강학비

(전북 고창군 도산리 도산서당(만수당) 옆 소재)

家訓

一 凡事豫則立
不豫則廢

一 言行相顧

一 士當爲造福
不當爲求福

가훈

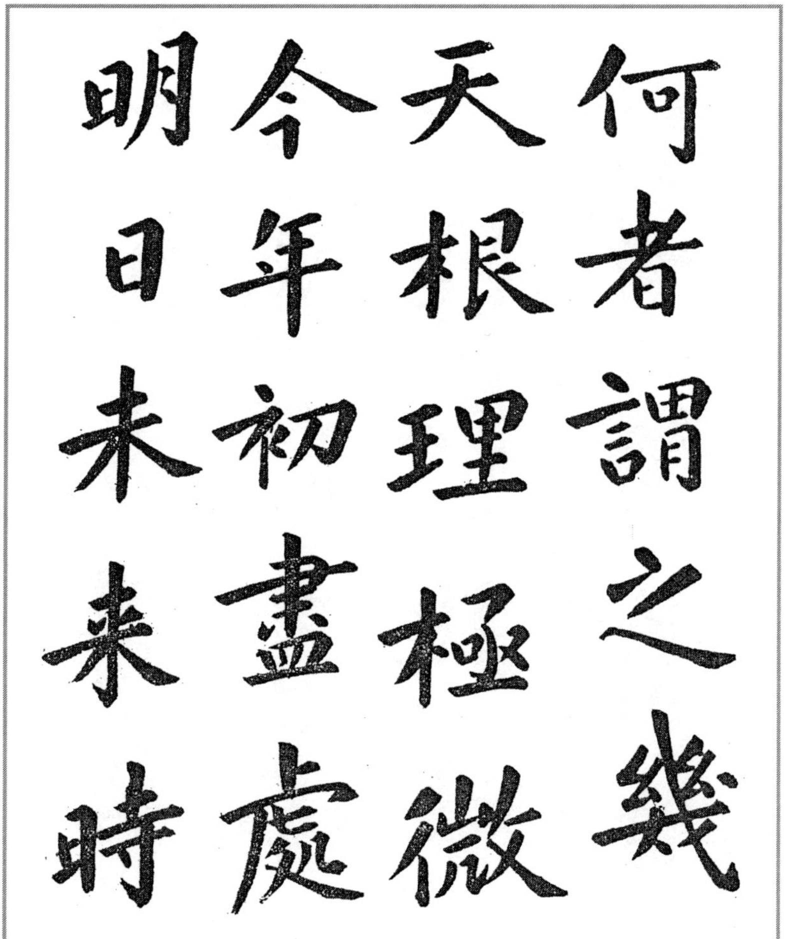

친필

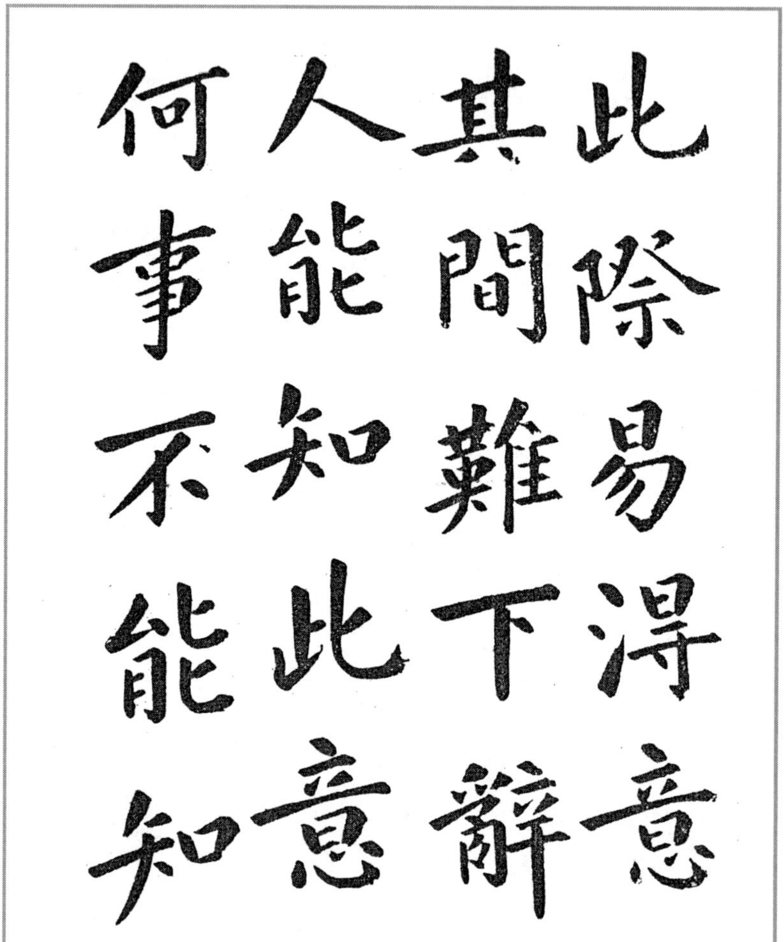

친필

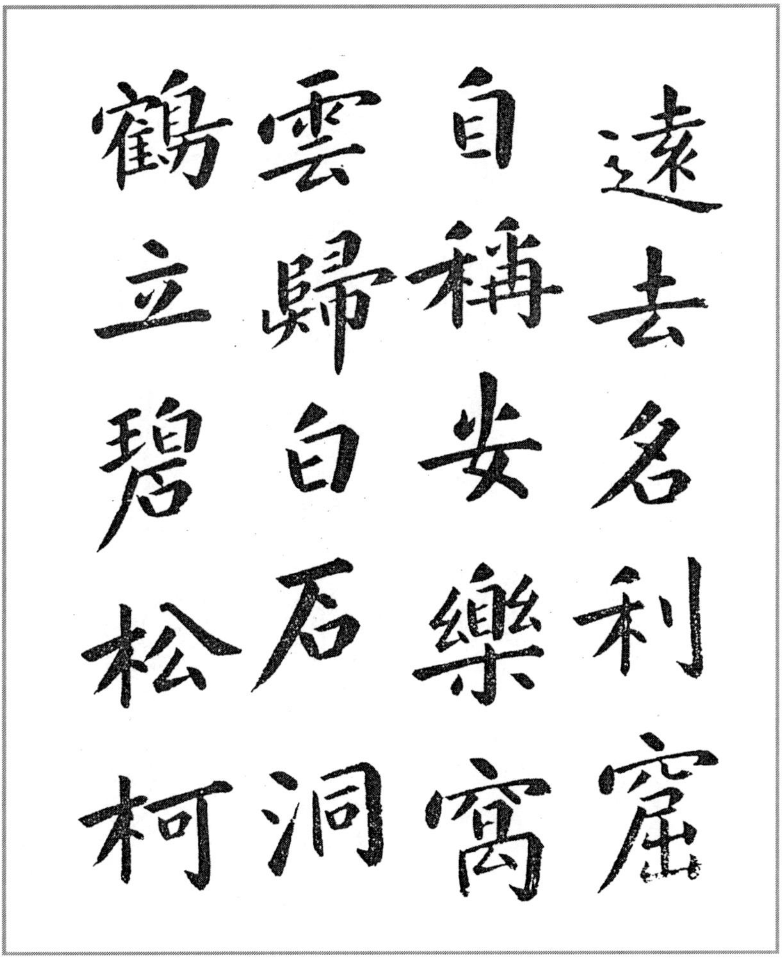

친필

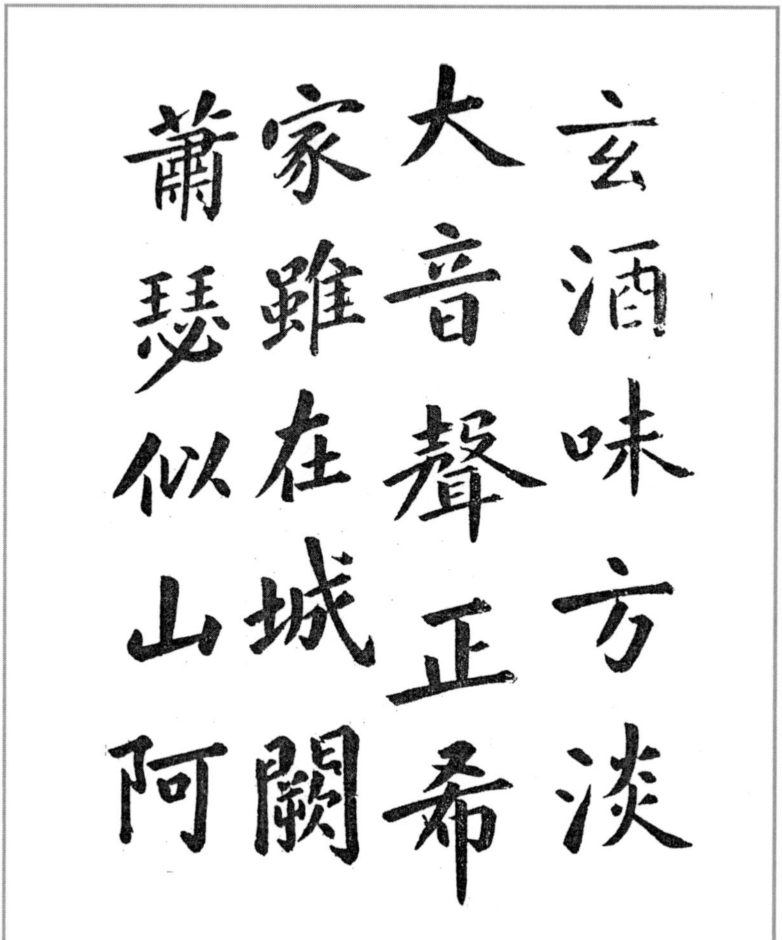

친필

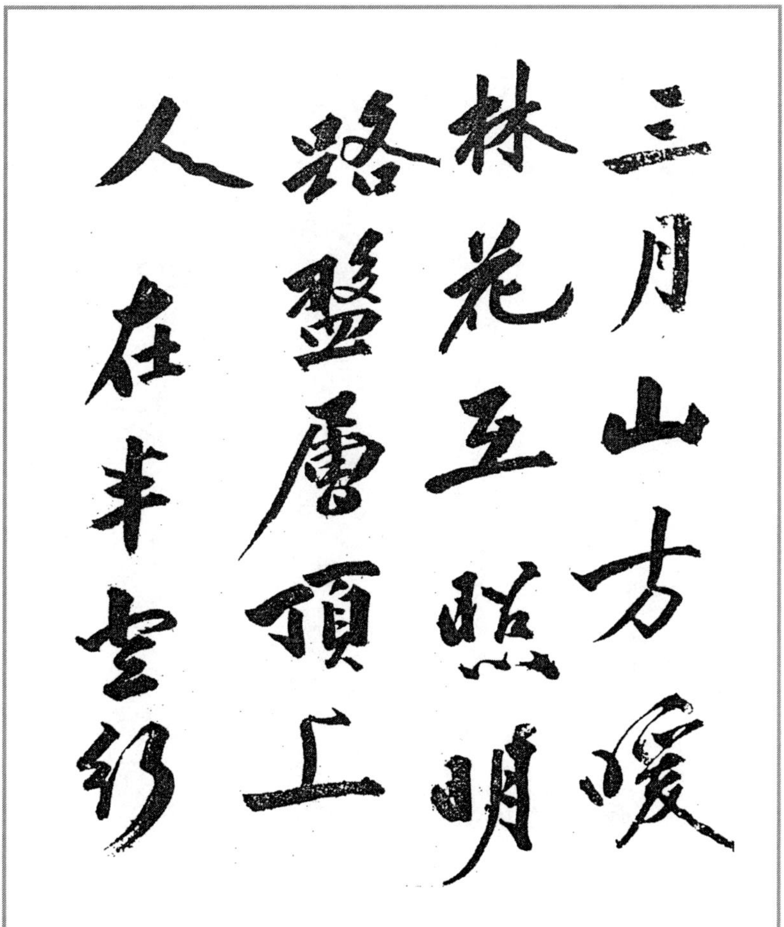

친필

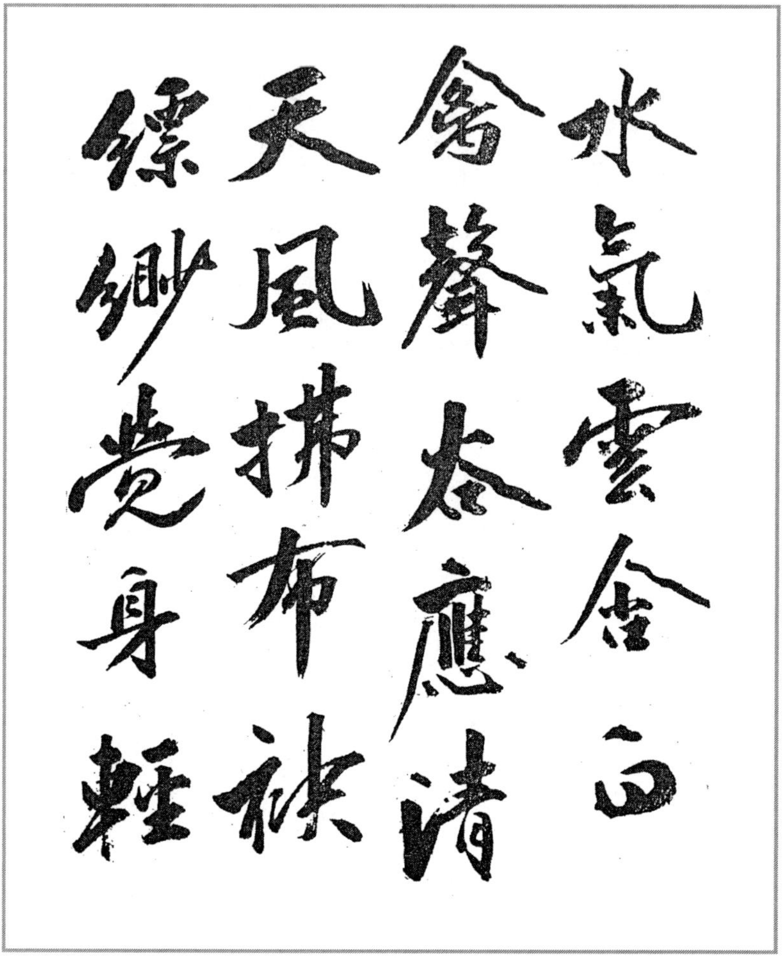

친필

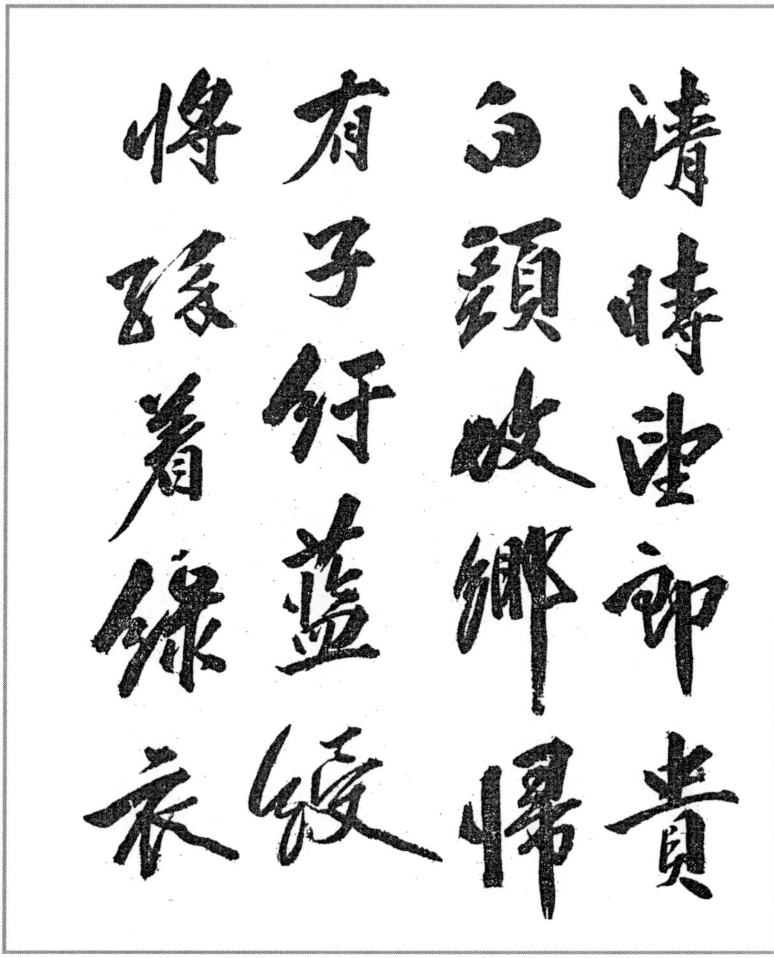

친필

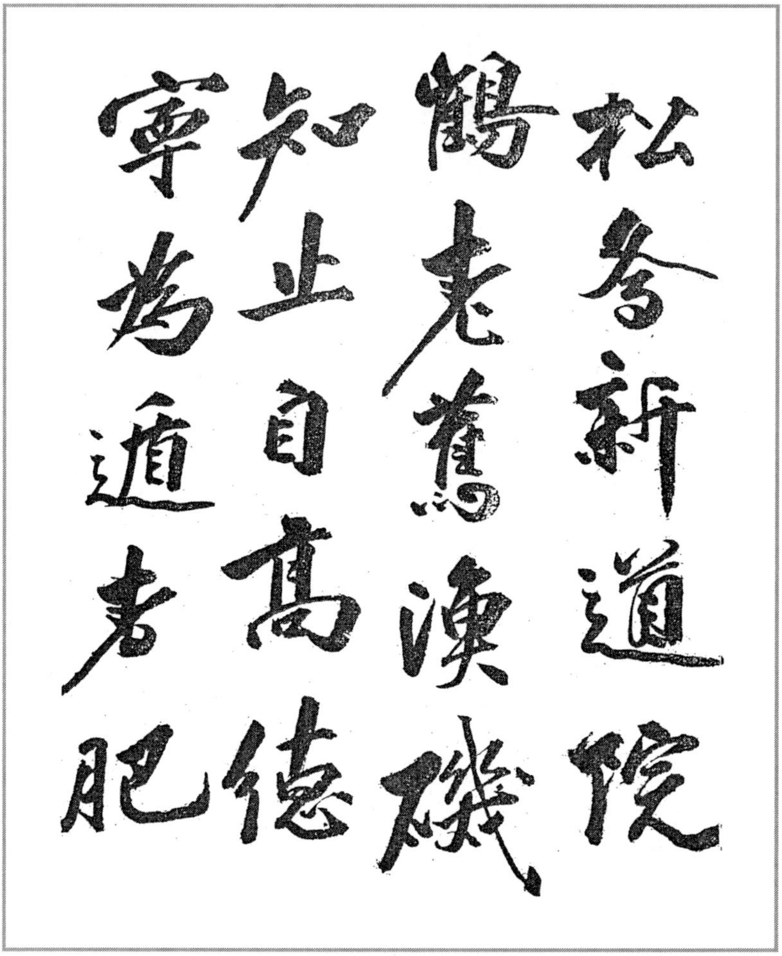

친필

항재유고 표지

제자(題字) : 항재선생 차남 도강 김재규 씀.

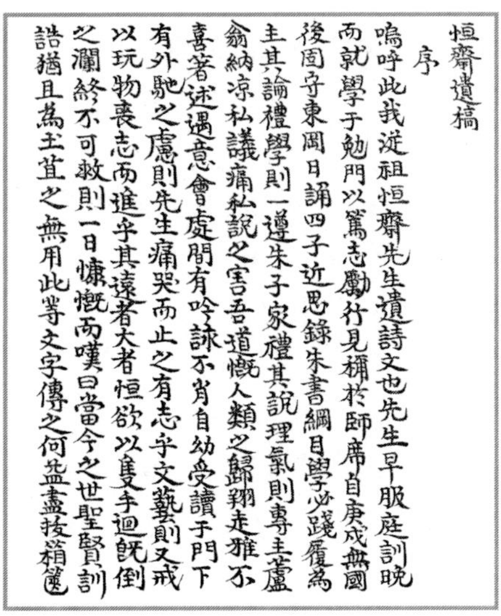

恒齋遺稿

序

嗚呼此我從祖恒齋先生遺詩文也先生早服庭訓晩
而就學于勉門以篤志勵行見稱於師席自庚戌無國
後固守東岡日誦四子近思錄朱書綱目學必踐履爲
主其論禮學則一遵朱子家禮其說理氣則專主蘆
翁納凉私議痛私說之害吾道慨人類之歸翔走雅不
喜著述遇意會處間有吟詠不肖自幼受讀于門下
有外馳之慮則先生痛哭而止之有志乎文藝則又戒
以玩物喪志而進乎其遠者大者恒欲以隻手廻旣倒
之瀾終不可救則一日慷慨而嘆曰當今之世聖賢訓
誥猶且爲土苴之無用此等文字傳之何益盡拔稍遂

항재유고서

목차 - 淵淵堂文稿

1. 항제유고(恒齋遺稿) ……… 37

2. 항재유고 부록 ……… 87

1. 항재유고(恒齋遺稿)

가. 가훈(家訓)

무릇 일이란 준비가 있으면 성공할 수 있으나 준비가 없으면 실패하기 마련이다.[1] (凡事豫則立, 不豫則廢.)

언행은 일치하도록 한다.[2] (言行相顧)

선비는 모름지기 복을 만들어야 하지 복을 추구하여서는 안 된다. (士當爲造福, 不當爲求福.)

나. 친필 문장 번역

무엇을 기미라고 일컫는가?
천근(天根)[3]의 이치는 극도로 미미하여 쉽게 알 수 없구나
올해가 다 가는 끄트머리이지만
내일은 아직도 찾아들지 않은 때로다.
이 겨를에 쉽사리 뜻을 이룰 수 있어도
그 사이의 심사만은 입에 담기 정말 어렵구나.
사람이 만약 이 도리를 깨닫는다면
세상만사 무엇인들 알지 못 하랴[4]

---

1) 《예기 · 중용(禮記 · 中庸)》에서 나온 말.
2) 《북제서 · 위수전(北齊書 · 魏收傳)》에서 나온 말.
3) 천근(天根) : 별 이름. 28수(宿)의 하나로 동방에 있는 저(氐) 별인데 동천(東天)의 밑바닥이란 뜻인데 여기에서는 수양공부의 핵심을 두고 말한다.
4) 송나라 소옹(邵雍)의 《동지의 노래(冬至吟)》의 원문이다.

(何者謂之幾, 天根理極微.
今年初盡處, 明日未來時.
此際易得志, 其間難下辭.
人能知此意, 何事不能知.)

명예와 이득의 소굴을 멀리하고
스스로 안락한 집이라 일컫고 있네.
구름은 백석동으로 돌아가고
학은 푸른 솔가지 위에 몸을 세웠네[5)]

(遠去名利窟, 自稱安樂窩.
雲歸白石洞, 鶴立碧松柯.)

현주(玄酒)[6)]의 맛이란 담담하기 그지없고
소리는 클수록 들리지 않는 법이다[7)]

(玄酒味方淡, 大音聲正希.)

도회지에 집을 잡고 살아간다만
산비탈에 사는 듯이 사뭇 조용하구나[8)]

(家雖在城闕, 肅瑟似山阿.)

---

5) 송나라 사마광(司馬光)의 《별일장개운동오시증요부(別一章改韻同五詩呈堯夫)》의 원문은 "家雖在城闕, 蕭瑟似山阿.遠去名利窟, 自稱安樂窩.雲歸白石洞, 鶴立碧松柯.得喪非吾事, 何須更寤歌."이다.

6) 현주(玄酒) : 제사 때 술 대신으로 쓰는 냉수를 가리킨다. 물빛이 검게 보이므로 玄이라 하고, 태고(太古) 때는 술이 없어서 제사 때 술 대신 물을 썼으므로 酒라 하며, 제사나 의식(儀式)에 쓰는 말이었다.

7) 송나라 소옹(邵雍)의 《동지의 노래(冬至吟)》의 원문은 "冬至子之半, 天心無改移.一陽初動處, 萬物未生時.玄酒味方淡, 大音聲正希.此言如不信, 更請問包羲."이다.

8) 주해 5)를 참고 바람.

춘삼월 햇살에 산속이 따스하여
숲과 꽃이 한창 어울리는데
구불구불 길을 따라 산봉을 걷노라니
반공에서 사람이 오가고 있었구나.
고요한 강물에는 백운 감돌고
활짝 개인 골짜기에 새들이 지저귀네.
하늘의 바람 따라 소맷자락 휘날리니
허공에서 나래 펴냐 이 몸이 둥둥 뜨네[9)]

(三月山方暖, 林花互照明.
路盤層頂上, 人在半空行.
水色云含白, 禽聲谷應清.
天風拂襟袂, 縹緲覺身輕.)

성세에 젊은 양반 귀하기를 바랐더니
백발 되어 마침내 금의환향 하였구려
자식 하나 남수(藍綬)[10)]를 매고 있었고
손자 녀석 색동옷을 떨쳐입었네
새로운 도원에는 송교(松喬)[11)]가 있고
옛적의 낚시터엔 은자가 늙네

---

9) 송나라 주돈이(周敦頤)의 《치평 을사 모춘 십사일에 송복고와 함께 산꼭대기에서 노닐며 대림사에 이르렀네(治平乙巳暮春十四日同宋複古遊山巔至大林寺)》의 원문은 "三月山方暖, 林花互照明.路盤層頂上, 人在半空行.水色雲含白, 禽聲谷應清.天風拂襟袂, 縹緲覺身輕."이다.

10) 남수(藍綬) : 남색의 도장 끈 이다. 고대시기에는 끈의 다른 색갈로 관리들의 신분과 등급을 나타내어었는데 남수는 등급이 비교적 낮은 관리를 표시하였다.

11) 송교(松喬) : 중국 고대 신화전설에서 나오는 신선 적송자(赤松子)와 왕자교(王子喬)의 병칭이다.

분수 지켜 그칠 줄 알아야(知止)[12] 스스로 덕성 높아지는 법
어찌하여 은자 되어 살만 찌우랴[13]

> (清時望郎貴, 白首故鄕歸.
> 有子紆藍綬, 將孫著彩衣.
> 松喬新道院, 鶴老舊漁磯.
> 知止自高德, 寧爲遁者肥.)

다. 《항재유고》 서언

오호라! 이것은 나의 종조부 항재 선생이 남기신 시와 글월이다.

선생께서는 어린 나이에는 가정에서 교육을 받으시고 나이가 들어서는 면암의 문하에서 학문을 터득하셨는데, 뜻을 굳히고 힘껏 실천한다고 스승님께서 칭찬을 마다하시지 않으셨다.

경술(庚戌)년 나라를 잃은 다음부터는 동강(東岡)을 굳게 지키시며, 날마다 사자서(四子書),[14] 《근사록(近思錄)》[15]과 《주서강목

---

12) 지지(知止) : 자기 분수에 지나치지 않도록 그칠 줄을 아는 것을 이르는데, 중용에서 가장 핵심으로 되는 것이다.

13) 송나라 주돈이(周敦頤)의 《벼슬을 마친 우부원외랑 담공방에게(贈虞部员外郎谭公昉致仕)》의 원문은 "清時望郎貴, 白首故鄕歸.有子紆藍綬, 將孫著彩衣.松喬新道院, 鶴老舊漁磯.知止自高德, 寧為遁者肥."이다.

14) 사자서(四子書): 공자의 《논어(論語)》, 증자의 《대학(大學)》, 자사의 《중용(中庸)》, 맹자의 《맹자(孟子)》 등 4부의 유가 경전을 가리킨다. 孔子, 曾子, 子思, 孟子를 가리켜 사자(四子)라고 하고 그들의 저작을 가리켜 "사자서(四子書)"라고 한다.

15) 《근사록(近思錄)》 : 1175년 주희(朱熹:주자)와 여조겸(呂祖謙)이 주돈이(周敦頤) 정호(程顥), 정이 (程頤) · 장재(張載) 등 네 학자의 글에서 학문의 중심문제들과 일상생활에 요긴한 부분들을 뽑아 편집한 책이다. 제목의 '근사'는 《논어 · 자장 제십구(論語 · 子張第十九)》의 "널리 배우고 뜻을 돈독히 하며. 절실하게 묻고 가까이 생각하면 인은 그 가운데 있다(博學而篤志 切問而近思 仁在其中矣)"는 구절에서 따온 것이다.

(朱書綱目)》[16]을 낭독하시며 배운 내용을 반드시 실천에 옮기는 것을 주요한 목표로 삼으셨다.

그는 예학(禮學)[17]을 논할 때면 하나같이 주자(朱子)의 가례(家禮)를 따랐고, 이기(理氣)[18]를 논할 때는 노옹(蘆翁)[19]학설의 "납량사의(納凉私議)"[20]를 골자로 전문 이야기하셨다. 그는 사설(私說)이 우리 도(道)를 해칠까 봐 가슴 아파하시면서 인간이 새나 금수로 돌아가는 것에 슬픔을 참지 못하여 정직하게 저술을 즐기지 않으셨는데 터득한 바가 있게 되면 간혹 시를 읊으시기도 하시었다.

불초자(不肖自)는 어려서부터 그의 문하에서 글을 익혔다. 내가 (심성 수련) 대신 외치(外馳)[21]하려는 생각을 가지기만 하면 선생께서는 통곡을 하시며 그것을 제지하셨고, 문예에 뜻을 두려면 또 완물상지(玩物喪志)[22]할까 봐 곧 경계를 내리시곤 하시면서 장원하고 위대한 뜻을 품게 하려고 하면서 언제나 한 손으로도 덮쳐드

16) 주서분류(朱書分類): 주자의 저술을 대상으로 주제에 따라 내용을 분류하고 절록하여 집약적으로 구성한 종합서이다.

17) 16세기 사림이 중히 여긴 예절을 연구하는 학문. 주자 가례를 중심으로 성리학적 가정 윤리를 세우는 데 영향을 주었다.

18) 이와 기로써 우주와 인간을 설명하는 이론적 틀로서 성리학의 기본개념. 심성론과 함께 성리학의 기본적인 범주를 형성한다. 기(氣)는 만물을 이루는 질료적 의미의 형이하적 존재로서 보통 음양오행으로 표현된다. 이는 기가 운동 변화하는 이법(理法) 또는 원리로서 형이상적 성격을 지닌다.

19) 노옹(蘆翁) : 기정진(奇正鎭;1798~1879)을 가리키는데 그는 조선 후기의 성리학자로서 본관은 행주. 초명은 금사(金賜), 자는 대중(大中), 호는 노사(蘆沙). 전라북도 순창 출신이다.

20) 납량사의(納凉私議) : 기정진(奇正鎭)의 '더위를 피해 서늘한 기운을 느끼며 사사롭게 의논하다' 는 뜻의 저술로서 이일분수(理一分殊,) 즉 이(理)는 하나지만 수많은 형태로 나눈다는 이론을 제출하였는데 '이(理)는 비교할 수 없이 존귀하며, 본체와 쓰임 모두를 구성한다' 고 했는바 세상사 모두, 이의 존귀함 아래 본질의 구성에 관여한다고 인정하였다. 이 글은 전북 고창군 고수면 전남북 경계 북쪽에 위치한 문수사(文殊寺) 남암(南菴)에서 지었다.

21) 외치(外馳): 외부 사물에 이끌려 달려가는 것을 뜻함.

22) 완물상지(玩物喪志) : 좋아하는 것에만 푹 빠져서 원대한 이상과 포부를 잃어버림.

는 세찬 파도를 돌려 세우고저 하시었지만 종당에는 모든 것을 더는 만구할 수 없게 되시었다. 이에 그는 어느 하루 강개한 마음으로 길이 탄식을 하시며 "당금 세상에서는 성현들의 가르침마저도 하찮은 무용지물로 알고 있으니 내가 쓴 이따위 문자들을 전수한들 무슨 도움이 있겠는가!" 라는 말씀을 남기시고는 상자를 모조리 뒤져 문장을 샅샅이 찾아내더니 손수 그것들을 모두 불살라 버렸었다.

오호라! 비통하고 애석한 일이로다! 그로부터는 다시는 일언반구의 문장도 짓지 않으셨다. 선생이 세상을 떠나 가신 후 당숙 재규씨가 불에 타다 남은 글월들을 부최(裒稡)[23]하였었다. 불초자가 건사하던 약간의 편장은 근근이 한 권에 미치지 못할 정도였으므로 천백 가운데서 겨우 열에 하나만을 남겼다고 말하기조차도 구차한 편이었다.

꼬리는 천하지만 구슬은 귀한 법이다. 그것은 귀하기 때문에 적은 것이고 적기 때문에 더욱 귀하게 된 것이다.

선생이 그때 취한 행동은 단지 경전이 전해지지 못하는 것에 가슴 아파하신 것이고, 후생들에게 혹 이로 하여 더욱 경각성을 높여 성현들의 글을 읽지 않고서는 되지 않는다는 것을 일깨워 주신 것으로 되니, 그 거동은 역시 세상에 도움을 주는 바가 아주 큰 것이다.

그런데 저 세속적인 유생들이거나 명성을 얻으려는 선비들을 보면 경전이나 사서에서 표절을 하고 책 상자가 넘쳐나도록 원고를 쌓아놓고서는 권질(卷帙)[24]이 많아 매우 풍부하다고 스스로 인정하고 있기는 하지만 세상에 도움을 줄 바가 되지 못하니 (선생과 비교하여 보면) 현저한 차이가 있는 것이다.

그런데 재규씨가 오늘날에 하는 일이 선생의 본의가 아닌 것은

23) 裒稡(부최): 여러 가지를 한데 모음.

24) 권질(卷帙): 책을 낱개로 세는 단위인 권과 여러 책으로 된 한 벌을 세는 단위인 질을 아울러 이르는 말.

어찌한단 말인가? 아! 그렇지 않다. 선생의 뜻은 세상 변화에 격한 심정을 보여 준 것이고, 오늘에 하고 있는 일은 사술(嗣述) 즉 이어받아 그대로 서술하여 놓은 효행이므로 이 양자는 서로 병행하고 상호 어긋나지 아니 하는 것이니, 어찌 손상을 줄 수가 있단 말인가!

임진년　시월　일

종조손 정회 삼가 지음

恒齋遺稿序

嗚呼！此我從祖恒齋先生遺詩文也.先生早服庭訓，晚而就學於勉門，以篤志厲行見稱於師席.自庚戌無國後，固守東岡，日誦四子，《近思錄》《朱書綱目》學必踐履爲主.其論禮學，則一遵《朱子家禮》；其說理氣吗，則專主蘆翁納涼私議.痛私說之害吾道，慨人類之歸翔走，雅不喜著述，遇意會處，間有吟詠.不肖自幼受讀于門下，有外馳之慮，則先生痛哭而止之；有志乎文藝，則又戒以玩物喪志.而進乎其遠者大者，恒欲以隻手迴既倒之瀾.終不可救，則一日慷慨而歎，曰：“當今之世，聖賢訓誥，猶且爲土苴之無用.此等文字，傳之何益?”盡拔箱篋，手自火.嗚呼！悲夫惜哉！自後不復著支句半篇.先生歿後，從叔在弓氏，裒稡於烟散霧滅之餘.不肖所藏有若干篇，僅一弓，未可謂存十一於千百矣.夫尾賤而玉貴，貴故少，少故益見其貴.先生之當日此舉，只為痛經傳之無傳，為後生輩庶或因此而益加警惕，知聖賢不可不讀，則其為世道補亦大矣.彼俗儒好名之士，剽剝經史，蓄稿盈箱，以卷帙猥多自為當贍，而無不足為補闕者，又相懸矣.然在弓氏今日之役，非先生之本意何？噫！不然也.先生之志激於世變也.今日之役，嗣述之孝也.並行而不相悖，奚落傷乎！

歲壬辰 十月 日

從祖孫正會 謹識

라. 시(詩)

1) 갑자년 상원절 밤 제우들을 만나 화답하여 읊은 시 2수

뜻이 깊은 벗들이 좋은 때를 골랐으니
인간 세상 꾸는 꿈은 더디기 마련이네
시구가 자연스레 평담함을 이루었고
시어는 뻗은 가지 전지한 것처럼 미끈하구나.
집집마다 등잔 밝혀 닭 무리 몰려오고
중천의 밝은 달은 한 가닥 연기일세
인생 백년 승사(勝事)를 이 밤에 얻었더니
개울가 꽃과 버들 또다시 기약하네.

갑자년의 상원절을 이 생에 만났으니
보름달과 여러 벗 어디 하나 늦지 않네
귀밝이술 전설을 장난삼아 전했더니
뜰의 매화 웃으며 가지 찾아 헤매누나
인정이란 모두가 기(氣)가 응해 생겨나니
세상살이 험악해도 인심에 비길 손가
대우하는 재간은 어디에서 얻어올까
봄날에 생긴 일 일생동안 기약하네

甲子上元夜逢諸友和唫二首
朋來有意趁良時, 問人間夢寐遲.
詩句渾成平淡體, 語言刊落橫竪枝.
列戶明燈亂雞到, 中天皓月一煙奇.
百年勝事今宵得, 花柳前川又在期.

生逢元甲上元時, 皓月良朋共不遲.
戱傳樽酒耳明說, 暗喜庭梅笑索枝.
人情盡是氣求應, 世路無如心險奇.
相待功夫何處得, 只將春事一生期.

2) 만수당에 남긴 시

깊고도 원대하신 선인의 숙심(宿心)[25]에
만사가 편안하여 다가설 곳 없구나.
한 줄기 청풍 감도는 절세의 놀이터라
동산에는 가목(嘉木)이요 뒷산은 숲이구나.
아름다운 내와 산을 너무나도 사랑하니
노는 물고기 나는 새는 서로를 잊고 마네.
갱장(羹牆)[26]이 여기 있어 조석으로 그려보니
그 시절의 걱정이 지금도 간절하구나.

晩睡堂韻
先人夙志遠而深, 萬事居然無處臨.
一道清風遊賞地, 滿園嘉木後凋林.
偏愛溪山多窈窕, 相忘魚鳥任浮沉.
晨夕羹牆斯有在, 殷殷當日尚憂心.

25) 숙심(宿心) : 오랫동안 마음에 품어온 뜻.
26) 갱장(羹牆) : 남조 송나라 범엽(范曄)의 《후한서 · 이고전(後漢書 · 李固傳)》에 이런 기재가 있다. "옛날 요(堯) 임금이 죽은 뒤에 순(舜)이 3년 동안이나 앙모(仰慕)하였기에 앉아있을 때에는 요임금이 벽에서 나타났고 식사를 할 때에는 요임금이 국물에서 보이었다." 뜻인즉 선조에 대한 사모를 비유한 것인바 선왕(先王)의 거룩한 업적을 사모하며 좋은 정치에 매진하는 것을 말한다.

3) 창랑대의 원시

한 갈래 찬 내에서 만년(晩年) 즐기며
뉘와 함께 적막강산 깨뜨렸던가
만사 잊고 돌에 앉아 미끼 무는 물고기 소리를 듣고
늦게야 귀가할 제 백사장에 쉬는 백로 눈에 띄네.
구슬같이 맑은 부용 거울 같은 추수에 비끼고
거문고 소리에 송백에는 사시절 안개가 피어나네.
우리네 창랑대에 창랑곡이 있을지니
무슨 일로 지금까지 하늘에 부끄럽지 않을까?

> 滄浪台原韻
> 一幅寒溪樂暮年, 誰曾相逐寂寥邊.
> 石頭坐忘聽魚食, 沙上歸遲得鷺眠.
> 玉立芙蓉秋水鏡, 琴生松柏四時煙.
> 我臺自有滄浪曲, 何事如今不愧天.

4) 삼가 용진정사의 원래의 운을 따라(오준석선생이 강학하던 곳)

우뚝 솟은 용진 땅을 남주에서 바라보니
천고의 석인(碩人)[27]이 오늘에 집을 잡네.
숲 아래에 홀로 남은 다락위의 송씨(宋氏) 집
문전에는 오랜동안 세간 소식 끊겼네.
깊은 골에 구름 덮여 찾아내기 어려운데
기암괴석 자리 잡아 나무마저 드물고나.

---

27) 석인(碩人) : 덕(德)이 많은 사람을 말함.

그래도 후생들이 송독할 수 있을지니
양기 맥락 다함없이 한 가닥 남아있네.

> 謹次湧珍精舍原韻 (吳俊石先生講學所)
> 湧珍屹立南州望, 千古碩人今始居.
> 林下獨存樓上宋, 門前久絕世間書.
> 難尋幽谷雲歸鎖, 不妨奇巖木自踈.
> 能使後生猶講誦, 儘孚陽線一絲餘.

5) 회갑일의 느낌을 읊으며, 2수

오늘 아침 갑자기 육십 생신 맞았으니
유유한 지난 세월 만감이 새롭구나.
풍수(風樹)[28] 여생 어렵게 지새우는데
상전벽해(桑田碧海) 재난 많아 후한 이웃 적었구나.
북방 소식 드물어 수심에 백발 되고
금현(琴絃)을 자주 바꿔 청춘에 부끄럽네.
억지로 잔을 잡고 옛 풍속 따른다만
성의가 아니어서 사람 따라 움직이네.

만에 하나 성공 없는 재간 보인 오늘 아침
앗어라, 귀밑머리 백발만 새롭구나.
선조 위업 잇지 못해 세상을 탓하는데

---

28) 풍수(風樹) : 풍수는 부모가 돌아가셔서 자식의 도리를 다하지 못함을 슬퍼하는 의미로 사용되는데 '나무는 고요하고자 하나 바람이 그치지 않고, 자식이 봉양하고자 하나 부모는 기다려 주지 않는다(樹欲靜而風不止, 子欲養而親不待)' 라는 구절의 압축어이다.

후생이 방종해도 이웃에 맡겨두네.
아무리 글을 봐도 마음 거울(心鏡) 얻지 못해
의의(疑意)[29]가 생긴다면 좌상춘(座上春)[30]을 그린다오.
예순이 넘었어도 만족할 것 하나 없어
이제부턴 근심 잊고 살아가는 망우인(忘憂人)이 되어야지.

回甲日感唫二首
今早忽見甲周辰, 往事悠悠百感新.
風樹餘生難過處, 滄桑浩劫罕芳鄰.
雁影漸疎愁白髮, 琴絃屢改愧青春.
強把兒杯依古俗, 倘非誠意適隨人.
百無一事見功辰, 已矣鬢邊白髮新.
先業難承空歎世, 後生多放亦由鄰.
對書未得心中鏡, 疑義還思座上春.
年過六旬不稱意, 從今願做忘憂人.

6) 차례로 외치(外馳)하는 자식들이 근심되네.

천억으로 헤아리는 마귀들이 미친 듯이 날뛰는데
누가 민생이 일하기만 즐긴다고 말하였던가
포식난의(飽食暖衣)로 재앙 부른 이 애비가 천치이지
뜻밖으로 가로 서도 조짐 있어 집안을 보전키는 어렵구나.
오늘날에 만사는 웃으면 그만이니
인생 백년 어느 날에 이 마음 편안하랴
무엇보다 선조 유지 진탕 위에 떨어졌으니

29) 의의(疑義) : 의미(意味)나 내용(內容) 등이 불분명(不分明)한 일.
30) 좌상춘(座上春) : 상대방의 덕을 미화하는 말로, 덕이 봄날처럼 온화하다는 뜻.

한밤에 생각해도 모골이 송연하구나.

病儿曺次第外馳
魅魔千億弄狂瀾, 孰謂民生喜競干.
飽暖召殃爲父惷, 浮橫有漸保家難.
萬事如今一笑足, 百年何日此心安.
最是先亭遺志墜, 中宵毛骨竦然寒.

7) 북행하려는(상경하려는) 정아(正兒;正會)에게 쓸쓸한 마음을 적어 경계로 삼게 한다

맑은 날씨 하루 없이 을씨년스러우니
내년에 봄이 와야 태평세월 이룩하리.
한강물 꽁꽁 얼어 샘물에 고기 놀고
금수가 칩거하니 호랑이가 날뛰누나.
바람 소리 귓전 치니 눈이 올까 걱정이고
물시계에 새벽잠 깨어 날밝기를 기다리네
이때에 먼 길 떠나 나의 걱정 더해주니
네가 나를 잊는다면 인정이 아닐레라

見正兒北行書寒懐以警
窮陰難見一天清, 知有來春自太平.
江漢堅冰泉活躍, 獸禽蟄伏虎縱横.
風聲觸耳更憂雪, 曉漏警眠苦待明.
遠遊斯時爾勞我, 若忘有已非人情.

8) 오상영(五常詠, 오상의 노래)의 운을 따라

듣자니 만물의 생명을 하늘이 주었다니
털끝 하나 빠짐없이 모두가 본연이네.
사덕(四德)[31]은 애당초에 하나의 이치였지만
오상(五常)[32]에선 다른 오묘 가지게 되었다네
익혀서 떠나가도 모두가 달리 되고
형태 갖춰 돌아오니 각자 편중해도 완전하네
성현이 서술한 지 천년 남아 되었는데
어이하여 머리 짜며 사사로이 연구한단 말이냐

> 步五常詠韻
> 曾聞万物命之天, 微细无遗即本然.
> 四德初非一理外, 五常已有分殊玄.
> 習成去出同还异, 各具来时偏亦全.
> 圣贤牖述千载後, 尚何用智自私研.

9) 도학의 불명을 탄식하며

아, 금세의 학문은 실행자가 드물어
항간이나 왕궁이나 의지할 곳 없다네
흉년 들어 경구비마[33] 더구나 역겨운데
추위가 다 가도록 그 누가 외톨 고아 옷 걱정을 하고 있으랴

---

31) 사덕(四德) : 군자(君子)가 행(行)해야 할 네 가지 덕목인 인(仁), 의(義), 예(禮), 지(智).
32) 오상(五常) : 인(仁), 의(義), 예(禮), 지(智), 신(信) 또는 오륜 (五倫 : 父義, 母慈, 兄友, 弟恭, 子孝)을 가리킨다.
33) 경구비마(輕裘肥馬) : 성구로 가벼운 가죽옷과 살찐 말이라는 뜻이며 줄여 경비(輕肥)라고도 하는데 부귀영화를 형용해 이르는 말이다.

전쟁을 항업 삼으니 그 심사 고약하고
간녕한 자 현명타 하니 도는 날로 희미해지네
양복(陽復)[34] 천시 다시 오면 별일이 없을지니
비록 공, 맹이라 하더라도 어찌 늦출 수가 있단 말인가

> 叹道学不明
> 嗟今世學實行稀, 閭巷王宮不可依.
> 歲歉尤憎輕肥態, 寒盡誰憐煢獨衣.
> 戰為恒業心何險, 佞得賢名道益微.
> 陽復天時無所事, 雖然孔孟豈曾遲.

10) 여인숙의 등잔 아래 세상을 탄식하며

세상은 바다같이 앞길이 아득한데
하는 일 따로 없고 마음만 따라 서네.
눈길에 귀가할 제 몸부터 앓아누워
잠 못 들고 등잔 켜고 외로이 시를 짓네.
솔과 대죽 찬 겨울에 장한 기개 떨치나니
강물만은 구로(鷗鷺)[35] 평생 알고도 남음 있네.
구름 덮인 산속의 적막함을 제외하고
어느 누가 창밖의 긴긴 해를 동반할까?

---

34) 양복(陽復) : 추운 음기(陰氣)가 사라지고 온화한 양기(陽氣)의 봄이 됨. 곧 악한 부류들이 물러나고 착한 사람이 모여들어 세상이 좋아짐을 비유함.
35) 구로(鷗鷺) : 갈매기와 해오라기.

祇燈歎世

世如滄海遠前期, 事事常無意與隨.
雪路將歸先患病, 祇燈不寐獨成詩.
松筠寒歲氣何壯, 鷗鷺平生水但知.
除是雲山閑寂裏, 誰同窗外日遲遲.

11) 족보를 다시 만들며

화수(花樹)[36] 가지 셈 세자니 기약이 아득하여
요령으로 오늘날 여러분이 함께 모였구나.
찼다가 비는 도리 잔손(孱孫)들이 어이 할까
성덕(盛德)이란 곧바로 감발(感發)할 때 있는 법이네.
천가 만호 한 달 새에 나누어 본다면
천리 길의 본원을 거슬러 올라가며 알 수 있으리.
생각하건대 갑자기 양복(陽復)[37]날을 만나게 되면
계림 춘색이 어이 더디 오리오.

修譜

筭枝花樹杳難期, 要領今朝衆影隨.
孱孫其奈盈虛理, 盛德無非感發時.
萬家一月皆分看, 千里本源遠溯知.
料得忽逢陽復日, 雞林春色那將遲.

---

36) 화수(花樹) : 종친을 가리킴.
37) 양복(陽復) : (추운 음기(陰氣)가 사라지고 온화한 양기(陽氣)의 봄이 됨. 곧 악한 부류들이 물러나고 착한 사람이 모여들어 세상이 좋아짐을 비유함.

12) 아침에 부여에서 떠나

절기는 엄동이나 맑고도 따스하여
수레 타고 그날로 반천리 길을 떠났네,
백수에 홀몸으로 무슨 일이 생겼던가
화목한 종친 정을 힘껏 안아 보려네.

朝發扶餘
序屬隆冬暖又清, 升車即日半千程.
白首孤行何所事, 爲抱彬彬花樹情.

13) 납량사의 뒷시(後詩)에 삼가 차운한 2수

일형(一形)에 일리(一理)는 사물마다 그러한 법
우리만이 혼자서 꼭대기에 오른 것이 아니었네.
편전(偏全)이 본체를 떠났다고 인정하면
제각기 바른 거라 하늘과는 관계 없네.

나누면 찬연하고 이치는 하나지만
오행 각기 하나 얻고 나는 겸해 온전하네.
기질 따라 얻은 것이 다르다고 할지라도
여기서는 마땅히 각자 지닌 하늘로 봐야 하리.

謹步納涼私議後韻二絕
一形一理物皆然, 不是吾人獨上巔.
若認偏全離本體, 成之各正又何天.

分是粲然理渾然, 五行得一我兼全.
雖隨氣質不同稟, 此處須看各具天.

14) 종친 창사에 느낌이 있어

그때까지 관창[38]에 참여하지 못하여
선조 그리는 성의 박한 하나의 먼 후손이지만
족보 짓는 제종(諸宗) 선비께 한 마디 여쭈네.
사당 문을 지나듯이 전전긍긍하여 주옵소서

此宗人蒼史有感
尙我未參灌鬯樽, 慕先誠薄一雲孫.
寄言修譜諸宗彥, 戰兢當如過廟門.

15) 눈 맞으며 귀가하네

천지에 펑펑 흰 눈 내릴 때 나 홀로 집으로 돌아가니
어이하여 나날이 한미하다 스스로 믿었던가

38) (灌鬯) : 신령(神靈)의 강림(降臨)을 위해 울창(鬱鬯)이라는 술을 땅에 뿌리고 제사 드리는 일을 가리킴. 관(灌)은 강신(降神)의 제사를 지내는 것을 의미하며, 창(鬯)은 강신제에 사용하는 울기장으로 빚은 울창(鬱鬯)이라는 술을 말함. 《예기(禮記)》의 "울창주를 사용하여 강신 제사를 지낸다.(灌用鬱鬯)" 라고 하는 말에서 유래되었음.

지팡이를 자주 들며 서서히 걸음 옮기고
짧은 머리 희끗희끗 덧옷에 의뢰하네
깊은 골에 홀로 선 솔과 품은 뜻이 근사하고
강에 내린 백조는 흥이 아직 도도하네
평범한 걸음이라 창랑수를 건너잖고
평생에 탄탄대로 드물었다 원한을 품네

雪中歸家
白雪乾坤獨往歸, 胡曾自信日寒微.
急筇窄窄憐徐步, 短髮蕭蕭賴襲衣.
窮壑孤松情甚近, 一江白鳥興猶依.
凡行不度滄浪取, 謾恨平生坦道稀.

16) 족보를 다 만들지 못하고 돌아옴이 서슬퍼

백년 가도 집안사람 한자리에 못 모이는데
게다가 선조들이 만든 족보 따라야 하네.
천리 밖의 고향 산천 꿈속에 자주 뵙고
오경의 눈보라에 옷 생각 절로 나네.
좋은 인연 잠간이요 악연은 무거운데
이해타산 싹이 트니 착한 뜻이 사라지네.
제일로 두통꺼린 소제일이 남아있어
어이하여 오늘날에 귀가하라 말하는지.

憫譜役未盡而歸

同堂宗族百年稀, 矧是修成先廟依.
千里鄕山頻入夢, 五更風雪更思衣.
美緣常短惡緣重, 利意乍萌善意微.
最是猶餘掃塵役, 如何今日卻言歸.

17) 월파정 시에 차운하여

조용한 월파정에 자리 잡고 살아가니
한평생 세속과 어울리지 않았구나
만 좌석의 의관차림 고대 모임 방불하고
책 상자에 넘친 원고 짜고 든 게 아니라오.
사시절에 비낀 구름 잠박에 비껴있고
밤새도록 찬 샘 소리 다락으로 찾아드네.
우리 같은 유생들이 세상을 잊었는가?
가벼운 쪽배 타고 바람 부는 바다를 노닌다네.

次月坡亭韻

月坡棲息樂其幽, 不見平生俗共流.
滿座衣冠求古會, 盈箱卷秩牖未謀.
四時雲影淡生箔, 竟夜泉聲冷入樓.
豈是吾儒忘世者, 肯將風海用輕舟.

18) 삼호정[39] 시에 삼가 차운하여

호수의 세 현자 으늑함을 함께 즐겨
형제 우의 지성(至性)이라 원천으로 되는구나.
한 이불에 한 베게 집안에 봄빛 돌고
흥에 겨워 악기[40] 탈 제 달빛은 섬에 차네.
비구름에 가랑비는 고깃배를 적시고
실버들에 창포 자라 유람객 가던 걸음 멈추고나.
하늘이 내려주신 두터운 음덕이라.
그것을 이어 적어 대대손손 전해가세

> 謹次三湖亭韻
> 湖上三賢共樂幽, 友于至性是原頭.
> 老連枕被春生室, 興到塤箎月滿洲.
> 淡雲微雨漁舟濕, 軟柳新蒲客杖留.
> 陰德知應天報厚, 來來繼述永千秋.

19) 영광정 시에 차운하여

정자에 올라서서 변란 초기 상상하니
강산의 어느 고장 몸을 둘 수 있었던가.

39) 삼호정(三湖亭) : 옥천 조씨 삼형제(인호 조현동, 덕호 조후동, 석호 조석동)의 호(湖)를 따서 서기1700년대에 지었고, 서기1864년에 중건한 정자다. 형제간의 우애를 다지며 시를 쓰고 글을 읽으며 지냈던 당시의 유교문화를 엿볼 수 있는 장소이다.
추배(趨拜) : 예를 갖추어 허리를 굽히고 나아가 절을 하다.
하정(下情) : 어른에게 대하여, 자기 심정이나 뜻을 겸손하게 이름.

40) 악기 : 원문은 훈지(塤箎)인데, 훈과 지는 모두 중국 고대 관악기며 발성 원리가 같아 음색이 비슷하다.

숲속에 자리 잡은 분수 아는[41] 새에게서 감동받아
파도 깊이 즐겨 노는 물고기를 사랑했었네.
해동 땅은 어이하여 오래도록 진(秦)을 황제로 삼았던가
다락 위에 지금도 송나라 받든 자취 남아있네.
얼마나 걸려야 제현(諸賢)들을 깨우칠 수 있을까
나 역시 유유히 푸른 하늘 우러러 볼 뿐이네.

次迎狂亭韻

登亭想像變聞初, 何處江山是可居.
感彼林間知止鳥, 憐而浪底樂深魚.
海東胡此帝秦久, 樓上至今尊宋餘.
幾日能蘇諸彥否, 悠悠我亦仰蒼虛.

20) 이복재 종택의 회갑시에 차운하여

삼세(三世)[42]에서 처음으로 회갑 봄철 맞았으니
뉘라 없이 하객인데 하물며 동갑이야.
그 때에 반찬을 물리치고 뼈 빠지게 일했으니
오늘에는 잔을 잡아 의미가 새롭구나.
마음 곱게 한평생을 살고 싶다 말하면서
말세에 살다나니 이웃 없다 탄식하네.
하늘 뜻을 따르면 보답 있다 믿었으니
자기 억제 그 어짐에 정녕 장수 누리리라.

41) 분수 알다 : 원문은 지지(知止)인데 자기(自己) 분에 지나치지 않도록 그칠 줄을 앎.
42) 삼세(三世) : 과거, 현재, 미래 또는 전생, 금생, 내생.

次李復齋回甲韻　鍾澤

三世初逢花甲春, 無人不賀況同人.
伊時卻膳劬勞切, 此日當杯意味新.
可欲平生惟好德, 每歎叔季罕芳隣.
循天天報吾曾信, 必壽如今克己仁.

마. 서(書)

1) 면암선생전 상서　기해　8월

순묵이 재배하며 아뢰옵니다.

봄철에 윤형이 남으로 내려오셔서 찾아 주셨기에 편안히 계신다는 소식을 삼가 전해 듣게 되었는데 그때 그 기쁜 심정을 어찌 다른 인편에 전해들은 소식과 비교할 수가 있겠습니까? 물론 한여름 장마가 한 해인 듯 지루하여 다른 인편은 믿을 수도 없는 형편이었습니다.

갑자기 서늘한 가을바람이 불어오는데 지난번 추배(趨拜)하던 일을 추억하여 보니 어언간 일주년이 다가왔습니다. 간절한 마음으로 앙모하는 하정(下情)은 누누이 끊어지지 않고 있습니다. 삼가 엎드려 생각하옵건대 하늘에 견주는 청고한 도체가 별 탈 없으니 복모하고 복축하며 시각마다 걱정을 놓지 못하고 있습니다. 둘째 형이 중병을 앓고 난 뒤이라 원기가 없을 텐데 혹 이제는 좀 나았는지 각별히 걱정됩니다.

지금 세상 변고는 날이 갈수록 험악해지고 있으니 삼가 생각하여 보니 시름과 상처는 세월이 흐를수록 더욱 깊어 질것만 같습니다.

이로 하여 마음이 답답하여 저의 몸이 먼 곳에 있다는 것마저 느끼지 못하였습니다.

소자는 부모님을 모시고 그럭저럭 지내고 있어서 천만 다행이지만 조상 묘지의 석역을 마치는 일은 기한이 없는데다 몸 역시 격위비만(隔胃痞滿)으로 하여 간간이 고생을 하고 있습니다.

스스로는 글을 읽지 못하는 자질이라고 핑계를 대지만 가장 송구(悚懼)스러워서 흘리는 진땀은 바로 순순한 가르침을 어겼기 때문입니다. 혹 조금이라도 조용한 때를 얻어 도지개로 평시의 소위들을 틀어본다면 급선무로 되는 것은 오로지 함양 공부(涵養工夫)에 달린 것이지 번거로운 일이 시끄럽게 굴거나 아니면 병마의 시달림을 받는 것은 아닙니다. 엎드려 탄식합니다. 탄식합니다.

번거로운 일이 시끄럽게 굴거나 아니면 병마의 시달림을 받는 와중에도 혹 함양 공부를 하는 요법(要法)이 없는지 한 마디 가르침을 내려 주신다면 천리 밖에서 서신(書紳)[43]의 자본으로 삼을 것입니다. 엎으려 천만 바라고 있을 따름입니다.

나머지는 인편을 기다려 소식을 전해드리겠습니다. 도를 위해서, 시대를 위해서 천만 자애하시어 산야 사람들의 희망에 어울리도록 하여 주시기를 복축합니다. 더 상세히 적지 않겠습니다. 저의 마음을 헤아려 주시기를 바라마지 않습니다.

43) 서신(書紳): 큰 띠에 교훈이 되는 글을 씀. 《논어 · 위령공論語 · 衛靈公》 공자가 자장(子張)에게 '言忠信 行篤敬(언충신 행독경 ; 말이 진실하고 믿음이 있으며, 행실이 돈독하고 공경함이 있어라.)' 고 말하니, 자장이 그 말을 자기의 허리띠에 써서 늘 보면서 경계했다는 기록이 있다.

上勉庵崔先生 己亥 八月

純默再拜白：春間胤兄南下枉訪，伏承候安.伊時欣忭，豈他便遞之比.但霖夏如年，無便可憑.忽見秋風，追思往時趨拜，則已周朞矣.悵慕下情，縷縷不絕.伏惟比天清高道體候無甚愆節，伏慕伏祝，食息不置.二兄經重症餘，真元無或見脫否，尤切懸仰.見今世變日下，伏想憂傷，愈去愈深矣.以是貢悶，便不覺身在遠外.小子奉親，粗遣伏幸.而祖墓石役，了畢無期.身亦以腹中隔胃，間間為苦.自托為未讀之資，最所悚汗者，是負諄諄然也.或得少清時，櫽栝平日所為，則當急務者，惟是涵養工夫，而非事擾，則便病祟魔之，伏歎伏歎.而事擾病魔之中，亦或無要法否？願賜一言，以為千里外書紳之資，千萬伏望耳.餘因便修候.惟伏祝為道為時，千萬自愛，以副山野之望.不備.伏維下察.

2) 면암선생전 상서　경자 5월

순묵이 재배하며 아뢰옵니다.

추배(趨拜)[44]한 지도 2년이 되었고 편지(便紙)로 안부(安否)를 여쭌 지도 거의 일주(一周)가 되었습니다. 강택 조생(曹生)이 드나드는 것을 본다면 두루 방문하는 것이 돌아오는 것보다 많았으니 다만 자고 먹는 예절 방면의 예절만 엿보았을 뿐 단 한 권의 책에 대해서도 언급하지 않았습니다. 간절히 사모한다는 데서는 약간의 안위를 받을 수 있었지만 허물과 두려움은 이미 얻게 되지 않았겠습니까?

엎디어 무더위에 도체후가 신령의 보우를 받아 말씀이 자상하고 얼굴표정이 온화하신지에 대(對)하여 늘 마음을 놓지 못하고 있습

44) 추배(趨拜)하다 : 예를 갖추어 허리를 굽히고 나아가 절을 하다.

니다. 택처(擇處)하는 일은 봄철에 존권(尊眷)께서 먼저 이미 결정을 내리셨는데 아직 장구(杖屨)를 움직이시겠는지 하는 여부를 받들지 못하고 있습니다. 엎드려 그리는 이 하정은 조석으로 끊어지지 않는 것이 다른 때와 비길 수가 없습니다.

흥성의 사우와 겸궐(鶼蟨)[45]되어 함께 나가보자고 약속을 하였습니다. 한 면으로는 새 집이 어떠한가를 살펴보려는 뜻이고 다른 하나는 차근차근 잘 타일러 가르치라는 뜻을 받들어서입니다.

오늘 속에서는 옛적의 마귀가 시종 목적(目的)한 바를 이루지 못하게 하고 있으니 오직 명이 기박하여 이 처지에 이르게 되었다고 한탄할 따름입니다.

소자의 부모는 전처럼 무사하시므로 천만 다행입니다만 저의 몸이 오래 전부터 앓던 병으로 말미암아 진작 소년의 기상을 잃어버렸는데 정녕 삼가지 못해 이루어진 것이라 역시 간절히 탄식하고 답답한 일입니다. 게다가 이 일 저 일이 겹치다보니 글을 읽는 등 일들은 변모(弁髦)[46]나 토경(土梗)[47]으로 되고 있습니다.

가만히 생각하여 보니 조용한 곳에서 글을 읽을 때에는 일호반점(一毫半點)의 단예(端倪)가 피어납니다. 하지만 일단 연고가 생기게 되어 방금 분요에 빠지게 되면 곧바로 사샛일이 싹트게 됩니다. 비록 이것이 화단으로 될 수 있다는 것을 알고 있기는 하지만 정작 단절하려고 하면 단칼에 두 토막으로 벨 수 없게 됩니다. 이것은 뿌리가 너무나 깊고도 확실한 탓인데 역시 그것이 화단이 된다는 것을 알지 못하기 때문입니다. 만약 진짜로 그것이 화단이 된다

45) 겸궐(鶼蟨) : 겸(鶼)은 항상 짝으로 나는 비익조(比翼鳥)이고, 궐(蟨)은 머리를 항상 맞대고 걷는 짐승 이름인데, 보통 부부나 절친한 친구에 비유된다.

46) 변모(弁髦) : 변(弁)은 관례(冠禮) 때에 쓰는 치포관(緇布冠)이고, 모(髦)는 어린애의 눈썹까지 드리운 머리카락으로 관례가 끝난 뒤에 모두 필요 없는 것이 된다.

47) 토경(土梗) : 흙으로 만든 허수아비 인형. 중요치 않고 하찮은 무용지물에 비유한다.

는 것을 알게 되면 사삿일의 뿌리를 뽑아버리고 나의 마음 오심(吾心)을 남겨두게 될 것이고 그렇게 되면 하나같이 성현들의 훈계와 교훈에 따라 문변(問辨)과 사행(思行)을 간단없이 진행할 것이고 그렇게 되어야 비로소 효과를 거둘 수 있을 것입니다. 그런데 문변(問辨)하고 사행(思行)하는 것은 오직 스승과 장자(長者)의 문하에서 직접 훈도를 받아야 할 것입니다.

지금 소자가 문하에 의귀한지 벌써 여러 해가 되었지만 진알한 것은 단지 짧은 시간동안의 문후 행차에 지나치지 않았는데 그래도 며칠 동안 명을 기록하고 행을 서술하기도 하였습니다. 이것은 가르침을 청하는 데 있어서 성실함이 간절하지 않았기 때문인 것이 아니라 집에 붙어있기만 하면 타는 배를 매어두는 경우가 많기 때문입니다. 이렇게 하고서도 어찌 감히 성공을 바랄 수가 있겠습니까? 정문입설(程門立雪)[48]하듯이 하고 여좌춘풍(如坐春風)[49]하듯이 하였지만 여의하지 못하였으니 마땅히 여력을 잃지 않고 배워야 만이 소인으로 되지 않을 수 있지만 아마도 타고난 천성이 하근(下根)이라 익힌 것이 곡망(梏亡)[50]이였으므로 역시 여력으로 그

48) 정문입설(程門立雪) : '정자(程子)의 집 문 앞에 서서 눈을 맞다'는 의미로, 제자가 스승에게 존경을 다하거나 간절히 배움을 구하는 자세를 비유하는 말로 《송사 · 양시전(宋史 · 楊時傳)》에서 나온 전고이다. 송나라시기 양시가 낙양으로 가서 정이를 배알하고자 하였는데 그때 그의 나이는 마흔이었다. 어느 날 양시가 정이를 찾아갔을 때 정이는 우연하게 앉아서 졸고 있었다. 양시는 유초(游酢)와 함께 떠나지 않고 문밖에서 공손히 기다렸다. 정이가 깨어났을 때는 눈이 한자이상 내렸을 때였다.

49) 여좌춘풍(如坐春風) : 인자하고 점잖은 사람과 화기애애한 분위기에서 만남을 비유하는 말로 주희(朱熹) 《이락연원록(伊洛淵源錄)》 권4에서 나온 성구이다. 송조시기 주광정(朱光庭)은 정이의 제자였다. 그가 여주에서 주희의 강의를 들었는데 얼마나 열중하였는지 한 달 나마 듣고서야 집으로 돌아왔고 귀가한 후에는 사람들을 만날 때마다 스승의 정묘한 강의에 대해서 이야기하면서 "광정은 춘풍 속에 한 달 나마 앉아있었습니다(光庭在春風中坐了一月)"라고 말하였다고 한다.

50) 곡망(梏亡): 욕심 때문에 본래의 선한 마음을 잃음. 이욕(利慾)의 마음이 선(善)한 마음을 구속하여 선을 행하지 못하게 하는 것이 수계(手械)와 같다 하여 곡(梏)을 수계로 보기도 함.

것을 얻을 수 없게 되었습니다.

병마와 세고(世故)가 뒤를 이어가며 몸을 구속하기 때문에 여력이 역시 여기까지 이르기가 쉽지 않았으므로 다만 분수에 따라 글자만 보기로 계획을 정하였는데 이것은 자포자기와 그 사이가 얼마 되지 않는 것입니다. 이렇게 해 나간다면 노복으로 돌아가는 신세를 면할 수 있는 사람이 거의 드물 것입니다.

간곡하게 타이르는 가르침을 어기게 되면 과연 어떻게 된단 말입니까? 아무리 이토록 우매하고 무지하다고 하여도 어찌 근심과 부끄러움이라는 물건의 한 부분이 없을 수 있단 말입니까?

도를 위해서 천만 자애하시어 산야 사람들의 희망에 어울리도록 하여 주시기를 복축합니다. 더 상세히 적지 않겠습니다. 저의 마음을 헤아려 주시기를 바랍니다.

上勉庵崔先生 庚子 五月

純默再拜白：趨拜者已二年，上候者幾一周矣.康津曹生之進退也，歷訪每多於其歸路.故只伏探寢啗之節，末及一書之上.慕鬱稍可釋慰，罪懼亦得已乎.伏未審榴熱道體候神佑申夭.擇處之役，春間尊眷先已下定，尚未承杖屨啓次與否.伏慕下情，晨夕縷縷，可非他時比也.與興城士友曾約鶵壓同進，一以審新寓之如何，一以承循誘之丁寧矣.今內故魔之竟未遂圖，惟歎命薄，致此而已.小子省候依昔伏幸，而以身宿恙，久失少年氣像，須是不謹之致，亦切歎悶.且以事物加之，所以讀書等事，將歸於弁髦土梗.竊惟靜處讀書時，一毫端倪，若或有發.至於有故，纔涉紛擾，則私萌便起，雖或知此禍，欲斷之，而不能一刀兩段.此乃根柢深確，亦未能其知爲禍故也.若或真知爲禍，拔私根，存吾心，則當一循聖賢規訓，問辨思行，無所間斷，乃可責効.而問辨思行，惟在親炙於先生長者之門.今小子依歸於門下者已屢年，而進謁不過一時問候之行，尚能有記命述行於多日，此非獨不切於就正之誠.居家每有繫泊者多焉.如此而豈敢望有為乎?立雪坐春, 旣不得如意, 則當不失餘力之學, 或不至小人, 而稟質旣下根所習, 多梏亡, 亦不可以餘力得之, 病魔與世故, 相繼絆身, 餘力亦不容易到此, 只以隨分看字為定計.與暴棄其間非幾分, 如此做去, 其能免斯養之歸者, 不幾希矣.辜負諄諄然者, 果何如哉.雖此蒙蔽, 豈無憂愧一端乎?維伏祝為道自愛, 以副山野之望, 不備.伏維下鑑.

3) 면암선생전 상서 신축 9월

순묵이 재배하며 아뢰옵니다.

고비(皐比)[51]께서 자리를 옮긴 지도 2년이 되었지만 아직 한 번도 찾아가 문안을 드리지 못했습니다. 근년에 와서는 마음대로 소식을 전하기도 그리 쉽지가 않다고하여 짧은 편지로 안부를 전하는 일마저 없어지게 되었으니 이것이 어찌 문하의 소자로서 마음이 편할 수 있는 일이겠습니까?

장구(杖屨)가 신산(莀山)에 있을 때에는 비록 거리가 거의 천리길이 되는 먼 길이었지만 수시로 찾아가 뵙고 문안을 전하면서 절대 남의 뒤를 따르지는 않았습니다. 그런데 황차 움직인다 하더라도 십여 일 밖에 걸리지 않는 거리인데도 새로 이사든 집으로 찾아가 뵙지 못한 지 한 해가 넘었습니다. 굶주리는 가운데서 백범(百凡)[52] 은 어떠하십니까? 비록 제가 미련하고 의지할 데가 없다고 하더라도 위로는 하늘에 부끄럽고, 아래로는 사람에게 부끄러운 앙괴부작(仰愧俯怍)의 마음은 어쨌든 버릴 수가 없게 되었습니다.

---

51) 고비(皐比) : 스승이 앉는 자리. 또는 스승을 가리키는 말. 고비란 원래 호피(虎皮)를 뜻하는 말로서 스승이 호피를 깐 자리에서 강의한 데서 스승을 의미하게 됨.

52) 백범(百凡) : 온갖 범절.

남몰래 생각하여 보니 영종씨(令從氏) 어르신의 상사는 춘추가 비록 높으시기는 하지만 장석(丈席)[53]께서 비통해하시고 한탄하시는 그 정은 더군다나 타향에서 이루 다 말할 수 없을 것이니 엎드려 생각해보니 답답하기만 합니다.

가을은 점점 깊어지는데 엎드려 복중에 도체와 기후가 절기에 따라 안녕하시고 옛날처럼 침식을 하시며 존권(尊眷)들은 차례대로 편안하고 건강하신지를 살피지 못하여 엎드려 사모하는 마음을 온종일 놓지 못하고 있습니다.

소자의 부모님들은 의연히 안녕하여 복행(伏幸)입니다. 그렇지만 아내가 저 세상으로 간 후 자질구레한 가무가 백배로 무겁게 몸을 누르는 통에 만 일 년이 되는 동안 단 하루도 사실(私室)을 떠난 적이 없습니다. 답답하고 가련한 여러 가지 정상을 감히 다 아뢸 수가 없습니다.

이번에 찾아가는 박생(朴生)은 본래부터 어진 가문의 자제로, 그의 숙부의 명에 따라 알문(謁文)[54]에 뜻을 두고 있는데 바로 그의 증조부와 조부인 성심(惺心)과 어은(漁隱)의 묘갈명입니다.

두 공과 숙인 김씨의 착한 행실은 사실상 이웃 동네에서 널리 전하고 있고 또 송사기어른의 글월이 있습니다. 소자는 그리 멀지 않은 곳에 살고 있고 직접 눈으로 보고 귀로 들은 일들을 어찌 감히 한마디도 스승의 문전에 알리지 않을 수가 있겠습니까? 엎드려 간절하게 황공함을 느끼고 있습니다.

다음 달 그믐 사이에 가질(家姪)과 함께 가서 배알하려고 생각하고 있습니다.

엎드려 생각하여 보니 공교롭게도 인편이 있어 이상과 같이 간략

53) 장석(丈席) : ≪예기(禮記)≫ 곡례(曲禮)에 스승과 제자의 자리는 한 길 정도의 거리를 둔다 하여, 스승을 가리킴. 또는 학문(學問)과 덕망(德望)이 높은 사람.

54) 알문(謁文): 문체의 일종으로 제문과 상사하다.

하게나마 문안을 올립니다. 도를 위하여 가중하시어 첨앙하는 정성을 안위하여 주시기를 복축합니다. 두루 갖추지 못하였더라도 엎드려 바라옵건대 살펴 주시기를 바라마지 않습니다.

上勉庵崔先生　辛丑 九月

純默再拜白：皐比移次, 今見二秋, 尚未能一進問候.此年來, 便遞不易, 尺紙上問, 亦隨而闕, 是豈為門下小子之安乎.雖杖屨尚在莅山, 近千之遠, 隨時謁問, 當不後人.而況今則進退不過費十許日, 而尚未省新寓餘年.餞中百凡之如何？雖此頑賴仰愧俯怍, 竟不能捨.竊念令從氏丈喪事, 春秋雖隆而丈席悲吁之情, 在客鄉尤有不可勝言者, 伏悶伏悶.秋意正深, 伏不審服中道體候循序安寧, 寢啗如舊時, 尊眷次第休康.伏慕下忱, 昕夕不置.小子親節依寧伏幸.而自遭婦喪, 碎少家務, 絆身百重, 一周年未嘗一日離私室, 鬱憐百狀, 不敢盡達.此去朴生, 素是賢家子弟, 而以其叔父之命, 有志謁文, 卽其曾與祖惺心、漁隱墓碣也.兩公與淑人金氏實善蹟實所鄰鄕播籍者, 而旣有松翁之筆.在小子則相距不遐, 旣所耳目, 則豈敢不進一言於師門乎, 伏切惶恐.來月晦間與家姪連行趨謁伏計.適有信便, 略此上候.惟伏祝為道加重, 以慰瞻慕之誠.不備.伏維鑑在, 上書.

4) 송사 기선생전 상서　무술 시월

순묵이 재배하며 아뢰옵니다.

편벽한 시골에서 나서 자라 타고난 바탕이 둔하고 어리석어 아직도 사람이 어이하면 사람으로 될 수 있는지를 알지 못하고 있습니다. 선생님을 뵙고 귀가한 이후에야 비로소 전날에 익힌 지식들이 모두 사람으로 되는 도가 아니라는 것을 알게 되었습니다.

이미 하늘같은 하사를 받았었지만 아직도 전날의 습관을 통쾌하게 잘라버리고 스스로 날로 새로워지는 경지에 들어서지 못하는 것은 힘이 부족해서가 아니라 그것을 진정으로 알고 있지 못하기 때문입니다. 그것을 진정으로 알고 있지 못하고 있다는 것을 알고 있기 때문에 어찌 수시로 문하로 달려가 직접 훈도(薰陶)를 받고자 하는 욕망이 없을 수가 있겠습니까? 그런데 몸에 몇 년 된 숙병이 있고 집에는 평상시의 시끄러운 일과 문안을 다녀야 하는 일들이 많아 제때에 찾아가지 못하여 지금까지 죄를 지고 있는데 더욱이는 배움을 떠나려는 수치스러운 생각조차 들었으니 다만 엎드려 황공할 따름입니다.

이번 겨울은 너무 춥지는 않습니다. 삼가 공손히 엎드려 생각하건대 도체 기후가 큰 손상은 없겠습니까? 근일 서울의 변란을 모아 듣고 나니 너무나도 놀랍고 당황하였습니다. 하물며 선생님의 병환이 심할 때가 아니었습니까?

노(老)선생님의 문집을 중간하는 일은 비록 선생님께서 늘 마음속에 잊지 않고 권권(眷眷)하며 싫증을 내지 않는다는 것을 알고는 있지만 물러나 생각하여 보면 한 해 동안의 경비와 수고가 어찌 손상되는 것이 없겠습니까?

소자의 친후(親候)는 예전처럼 안녕하시어 복행합니다. 저는 7월 그믐날에 포천 행차를 하고 8월 그믐날에 집으로 돌아왔습니다. 그런데 길에서의 피로와 병의 근본이 되는 증상인 본증(本證)으로 하여 협순(浹旬)[55]이 지나서야 일어나게 되었고 본증을 치료하기 위하여 날마다 도규(刀圭)[56]를 섬기면서 약을 다 먹기를 기다리려 한 번 달려가서 주자의 가르침을 이으려고 마음먹고 있습니다.

55) 협순(浹旬): 열흘 동안. 협일(浹日).

56) 도규(刀圭) : 옛날 가루약의 양을 잴 수 있게 만들어 쓰던 약숟가락의 하나인데 여기에서는 의원을 가리킨다.

취복백(就伏白)[57]하오면 어려서 학업을 닦을 기회를 잃은 사람은 반드시 글을 읽은 다음에야 절반의 지식이나마 얻게 됩니다. 짬짬이 틈을 타서 읽는다면 혹 글을 읽은 단예가 나타나게 될 것이지만 얼마 지나지 않아 사건이 생겨 시끄럽게 군다고 하면 그 단예가 인차 재처럼 변하고 맙니다. 이렇게 하루를 보낸다고 한다면 일 년을 지나도 역시 이와 같이 될 따름입니다. 사물의 시끄러움을 감소하고 없애려고 되질한다고 해도 부득이한 사정이 늘 눈앞에 나타나군 합니다. 어떻게 하여야만 요법을 얻을 수가 있겠습니까? 엎드려 바라옵건대 소자를 위해 가르침을 내려 주십시오.

다만 삼가 부호(扶護)하시기를 복축하는 바입니다. 두루 갖추지 못하였더라도 엎드려 바라옵건대 살펴 주시기를 바라마지 않습니다.

上松沙奇先生　戊戌　十月

純默再拜白：生長窮鄕，繼以稟質昏菲，尚未知人之所以為人矣.自見先生而歸，始知前日所習，皆非為人之道.旣其受賜如天，然尚未能快斷舊習，以自入於日新之地者，非惟力之不足也，以其知之未真也.知其未真，則豈無欲隨時薰炙於門下.身有積年宿屙，家多常時冗擾問候之行，亦未以時，至今罪負，尤有切於畔學之恥，只伏惶恐.冬日不甚寒，伏惟道體候無至大損.攝近日都下之變，聞甚驚惶.況先生病時之深者乎？老先生文集重刊事，雖知先生之眷眷無斁，伏念竟年費勞，豈無所損？小子親候依寧伏幸.而七月晦作抱川行，八月晦歸庭，卽以路憊與本證，浹旬而起，乃以治本證之意，日事刀圭至今，訖以俟卒藥，一趨承晦伏計耳.就伏白，少失學業者，必有讀，而後可以得一半知矣.間間得暇，或有念書之端，而未幾輒遇事擾，則斯念

57) 취복백(就伏白) : 나아가 엎드려 여쭙는다는 뜻으로, 웃어른에게 보내는 편지에서, 안부를 물은 뒤에 하고자 하는 말을 적기 시작할 때 쓰는 말.

便灰如.以此經日，則經年亦如此.欲以減省了事物為料，則亦不得已者，常在目下.何以則可以得要法乎？伏願為小子設教焉.維伏祝扶護謹.不備.伏維下鑑.

5) 최운재 영조에게 주는 편지 기해 팔월

2천 여 리를 오가며 산을 넘고 물을 건너자니 고생이 오죽했겠습니까. 하물며 항한(亢旱) 계절이 아닙니까! 누추한 시골을 찾아주시니 비록 과분하기는 하였지만 빈월산 산중에서의 이별은 병화의 나머지는 아니지 않습니까. 원별(遠別)에 따라 더해지는 슬픔은 오래 동안 그치지 않았습니다. 그 후로는 아무런 소식도 듣지 못하여 항상 마음속에서 걱정하였습니다.

장마철이 지난 다음 서늘한 가을바람이 불어오는데 우러러 생각하니 부모를 모시고 경체 기후가 고단하고 어지러운 노영(勞擾)하면서도 고달프고 손상 되지는 않았을 것이니 엎드려 절절한 축복을 올리는 바입니다. 삼삭(三朔)[58]에도 자주 궁핍하였는데 긴 장마에 부모님을 봉양하시는 여러 가지 일들은 어떠하였겠습니까?

호서로 이사하는 일은 이미 결정되었다고 멀리서 들어왔는데 농부들은 어떠합니까? 모든 것을 알고 싶습니다.

순묵은 경겁한 이후에 부모님을 모시고 그럭저럭 지나고 있으니 천만 다행입니다. 선갈(先碣)은 근근이 글자만 새겼는데 공교롭게도 놀라운 소란을 만나게 되었고 또 농사철이 눈앞에 닥쳤기에 석공들이 모두 손을 떼고 떠나갔으므로 아직 상주(床柱)도 채 갖추지 못하였습니다. 그리하여 시기의 분위기에 따라 숨겨 건사하였으므

58) 삭 삼시(三朔) : 연(年), 월(月), 일(日)의 처음이란 뜻으로, 정월(正月) 초하루의 아침을 가리키는 말.

로 깨끗하게 마무리 짓지 못하였습니다. 이 일을 어느 때에 가서야 완공하게 되겠는지는 알 수 없는 노릇입니다. 참으로 답답하기 그지없습니다.

또 몸이 흉격(胸隔)이 막혀 늘 건강하지 못하므로 하는 일이 나아가기는커녕 뒷걸음만 치고 있습니다. 산속에서 허물만 갖고 있어서 고명한 분들을 만나 머리를 트이게 하려고 생각은 하고 있지만 천애지각이라 만날 수가 없어서 오직 우매하고 무지하게 지나고 있을 따름입니다.

마침 믿을 만한 인편이 있어서 이렇게 하소연하는 바이니 밝게 살펴주시기를 바랍니다. 살펴서 읽는 성독(省讀)과 형제들의 기거인 체절(棣節)에서 강왕하고 편안하시기를 복축하는 바입니다.

與崔雲齋 永祚　己亥 八月

來往二千里, 跋涉極為難堪, 矧是亢旱時節乎.枉訪陋巷雖侈, 而賓月山中分張, 其非兵火餘乎.遠別增悵, 久不能已.自後利稅莫之聞, 恒庸耿鬱.積潦餘秋涼, 仰惟侍餘經體候, 不以勞攘傯損, 伏切溯祝.屢空三朔, 漫霖中供甘諸節何似.遠聞湖西搬策, 已成定算.莊農亦何似.都願聞.純默經劫後, 奉老粗遣分幸.而先碣僅鐫字, 值驚擾, 又農節見迫, 石工謝去, 床柱尙未俱, 而時氛隱納, 亦未了晴.此事未知何日能完否耳.悶鬱悶鬱.且身以隔痞, 每不健, 拙業有退無進, 吝疵山日, 思見高明得蒙開益, 而地角未得, 只自瞶瞶耳.因信便畧伸.只希鑑亮.伏祝省讀棣節旺安.

6) 최운재 영조에게 주는 편지 경자 오월

지난달에 겸산에서 돌아오는 길에 혜고하시어 후절(候節)과 이사 상황을 자세히 얻어듣게 되어 더할 수 없는 다행을 헤아릴 수도 있었고 볼 수도 있었습니다. 어진 사람은 정녕 용감하다고 하였는데 반 천리를 일 년 동안 돌아다니며 두루 주선하였으니 그 노영(勞攘)[59]은 마치도 나루터가 없는 바다를 건너는 격이니 곁의 사람들로 하여금 현기증이 나고 기가 꺾이게 하고 있습니다. 게다가 이전의 정첩(靜帖)은 끝날 가망이 없게 되었으니 믿을 수 있는 것이란 다만 지나간 것들이 하나의 끄트머리로 변화되었다는 것뿐입니다. 옛날에 살던 집과 비교하여 보면 멀지 않다고 말할 수 있지만 아직 한 번도 문안을 가보지도 못하였으니 또 무슨 일이 있었다고 꾸며 댈 수 있겠습니까? 세상의 많은 일들은 사람들의 뜻에 따르지 않는데 혹 그것을 변명하지 않아도 촛불이 환하게 비치듯이 밝게 할 수 있는 방법이 없겠습니까?

엎드려 생각하여 보니, 그때 장석(丈席)[60]의 행차는 이미 새집에 도착하였지만 자고 먹는 일은 아직 안정되지 않았을 것입니다. 부모님을 모시는 체후는 감돈(撼頓)[61]하였지만 건강이 좋지 않게 되지는 않았으며 조상의 덕택과 은혜의 그늘로 말미암아 모두 편안하게 되었습니다. 신산 제절(諸節)[62]은 역시 모두 편안하십니까? 엎드려 거슬러 올라가며 생각하니 너무도 그리워서 제 마음을 견디지 못하겠습니다.

새집에서 생활을 시작하자면 양식정책이 심히 어려울 것입니다.

---

59) 노영(勞攘) : 고단하여 어지러움.
60) 장석(丈席) : 학문을 강론하는 자리라는 뜻으로, 학문과 덕망이 높은 사람을 이르는 말.
61) 감돈(撼頓) : 어지러워 넘어지다.
62) 제절(諸節) : 남의 집안의 모든 사람의 기거 동작(動作).

무릇 일용물건들은 준비가 없었으니 어찌 골고루 장만할 수가 있겠습니까? 너무나 절절하고 답답하게 생각합니다.

순묵의 친후(親候)[63]는 곧게 말씀해야 하는 상황을 근근이 면하였으니 복행입니다. 그렇지만 집사람의 태중(胎中) 잡증(雜症)이 봄철에서부터 여름철에 잡아들면서 더욱 위중하게 되었고 저의 몸도 숙질(宿疾)로 하여 비록 병석에 누워있는 처지는 아니라고 하더라도 너무 오래 동안 시달리다나니 넌더리가 나고 따분하게 되어 다만 약 숟가락을 밤과 낮의 사업으로 삼고 있으니 상황은 너무나도 좋지 못합니다. 때문에 글을 보는 것도 스스로 멀리하게 되었으니 심지(心地)가 꽉 막히고 뉘우침과 유감스러움이 산처럼 쌓이게 되었습니다.

이때에야 비로소 "어려서 그것을 배워 장년이 되면 실행하려고 하여야 한다."[64]는 말씀이 그야말로 진실로 성현의 말씀임을 깨닫게 되었습니다. 지금 장년이 되어서 그것을 배우고자 하니 그 일이 어찌 어렵지 않겠습니까?

그렇지만 주희(朱熹)옹이 말씀한 오륙십이 되어 확고한 입장을 지녀야 한다는 교훈으로 헤아려 보면 천백 가지 일들에 솜씨가 있게 되면 역시 성인(成人)이 될 날이 있게 되므로 아주 불혹(不惑)[65]한 것으로 됩니다.

그렇다면 이것은 자용(自用)[66]에 빠지는 병에 걸린 것이 아니겠습니까? 만약 이 때에 선을 그었다면 이것은 만금 가는 명약을 내린 것에 비유할 수 있으니 어찌 엄청나게 큰 행운이 아니겠습니까?

지금 홍성에 계시는 여러 현자들의 모임에 있는데 거기로 따라서

---

63) 친후(親候): 주로 편지글에서, 부모의 기거나 건강 상태 따위를 이르는 말.

64) 이 말은 《맹자. 양혜왕하(孟子. 梁惠王下)》에서 나온 말로 원문은 "夫人幼而學之, 壯而欲行之."이다.

65) 불혹(不惑) : 의심이 없다는 뜻이고 40세의 별칭이기도 함. 즉 공자가 40세 때부터 세상일에 '미혹'하지 않았다고 한데서 나온 말임.

66) 자용(自用) : 무조건 제 고집을 피우는 독선적인 것을 이른다.

지 못하고 거만스레 집에 앉아 편지만 쓰고 있지만 서글픈 필치에 말이 짧아 마음을 다 담을 수 없으므로 집안의 우환이 조금 가라앉게 되면 직접 말씀을 올리(려야 되)겠다고 마음먹고 있습니다. 긴 여름은 어쩐지 한 해처럼 지루합니다. 다만 시후에 순서대로 편안하고 건강하시기를 복축하는 바입니다.

與崔雲齋 永祚　庚子 五月

去月謙山歸路見訪, 詳探候節與搬安, 至幸可量可見.仁者必有勇, 但半千里一周年周旋, 勞攘如涉無津海, 能使傍人尚神眩意沮. 況前頭靜帖姑無了期者, 惟所信者, 只所過者化之一端而已.比之舊居, 可謂不遐, 而尚未能一進審問.復以何事飾之？世間事多不隨人意者, 或有不待陳而燭者否？伏惟伊時丈席行次, 已抵新宅, 而寢啗無甚懲攝.侍餘體候撼頓, 餘不抵欠和, 德庇俱安.莚山諸節, 亦平迪否？伏溸區區不任慰忱.新寓之始, 糧政甚艱.凡用無備, 豈何以周辦, 甚切悶念.純默親候僅免侃言伏幸.而鄙室以胎上雜症, 自春入夏, 尤甚危荼.身亦以宿痾, 雖不至落席, 而為苦支離, 以刀圭作晝宵事業, 氣像甚不善.所以看字自亦遠去.心地茅塞, 悔吝山積, 始覺“幼而學之, 欲壯而行之”, 真聖人語也.今壯而學之, 其不難哉.然以朱晦翁五六十立定脚跟之訓揆之, 則百千已工, 亦有成人之日, 甚不惑矣.然則此莫非病於自用, 畫倘際此時, 下投萬金良藥之喻, 則豈非大幸乎.今興城諸賢之行, 不能隨之, 偃然坐室, 只以裁書, 顧以筆拙, 語縮不能盡意.第待家憂少淨, 直進謦蘊, 伏計耳.長夏如年, 惟伏祝侍候循序安康.

7) 조무우당 석휴에게 보내는 답서　무오 12월

국애(國哀)를 당한 서러움, 어느 때가 그렇지 않았습니까! 그런데 오늘에 있어서는 그 심정이 더구나 어떠하겠습니까! 천년을 내려가며 오로지 한숨과 탄식이 있을 뿐입니다! 밖에서 엎드려 삼가 서신을 받았는데 추위가 맵고 심한 궁호(窮沍)[67]의 날씨에 삼가 서신을 받았는데도 탈이 몸을 손상하기에 이르지 않았다고 말씀하시니 천만으로 위로를 받고 있습니다. 그런데 품에서 젖을 먹는 아이가 숱한 고생을 하였다고 말하니 참으로 답답합니다.

세생(世生)은 그럭저럭 이전의 형편과 비슷한 상황입니다. 지난번에 고생을 하기는 하였지만 기회를 타니 걱정이 없게 되었으니 참으로 복행(伏幸)[68]일 따름입니다.

은혜롭게도 산나물을 하사하여 주셨는데 보내주는 것이 관례가 되었다고도 말할 수가 있으니 황송한 가운데 어떻게 감사의 뜻을 올리면 좋을지 알 수 없습니다.

섣달 그믐날이 며칠이 남지 않았는데 엎드려 지난해를 바래고 새해를 맞이하면서 넝쿨이 뻗어나가듯이 더욱 건강하시기를 축원하는 바입니다. 불비하며 삼가 사례를 올립니다.

答曺無憂堂 錫休　戊午　十二月

國哀之慟, 何時不然？而在今日則尤當何如哉？千載之下, 猶有吁歎者矣.謂外伏承書, 伏承栗烈.窮沍氣候, 無以有祟.溹在致損, 伏慰滿萬.但聞於便人, 則令乳抱所苦不細云.是伏悶.世生姑依昔狀, 頃日所苦, 趂而無慮, 伏幸已耳.下惠山味, 可謂例施.皇恐不知攸謝.歲除無多, 伏祝錢迓蔓康, 不備, 上謝禮.

67) 궁호(窮沍) : 극심한 추위라는 뜻으로, 섣달의 추위를 이르는 말.

68) 복행(伏幸) : 자기(自己)의 다행(多幸)함의 낮춤말. 한문(漢文) 투의 편지(便紙)에서 씀.

8) 기오산 병도에게 주는 편지 병진 2월

만나 뵌 지가 언제입니까? 이제는 얼굴모습마저 거의 잊어버리다시피 되었습니다. 세상이 큰 변화를 일으킨 이래로 옛 친구들에게 마음이 있어 수소문하였으나 어디에서나 소식을 알 길이 없어 깊은 밤에 잠 못 이루고 그리면서 오직 한숨만 푸푸 내쉬고 있습니다. 형의 마음도 혹 이와 같지 않겠습니까?

삼가 묻고 싶은 것은 봄이 점점 깊어지고 있는 이 때에 철에 따라 몸이 편안하시고 일이 조용하시며 어진 보호를 받는 사람들은 모두 바로 나가고 있으리라고 생각하며 우러러 높이 칭송하고 절절이 그리고 있습니다.

이 동생은 여전히 예전의 사람 그대로라 아무 기꺼운 일도 없고 또 말할 만한 거리도 없으며 다만 가내 일동이 놀라운 일이 없이 무고하다는 것을 다행으로 삼고 있는 바입니다.

어제 예동의 이형 성진씨가 방문을 하였는데 말하기를 도형(道兄) 변운네 뜰 섬돌 가에 장미꽃이 자라고 있는데 일찍 한 포기를 부탁하였더니 허락을 받았다고 하면서 이 뜻을 편지에 담으면 형이 이 꽃을 얻을 수 있을 것이라고 말하였습니다. 이에 저도 몰래 용동(聳動)[69]하며 지금 바로 급히 사람을 보내어 알리는 바입니다. 다행으로 몇 포기를 얻게 된다면 해해연년 참된 춘색을 보게 될 것이고 그것은 친구가 하사한 것이라고 생각할 때면 혹 외롭지 않을 수도 있지 않겠습니까? 황송합니다. 나머지는 인편에 물으면 모두 알게 될 것입니다. 불비하여 올립니다.

---

69) 용동(聳動) : (무섭거나 놀랍거나 또는 기쁘거나 하여) 몸을 솟구쳐 뛰듯 움직임, 또는 움직이 게 함.

與奇鼇山 炳度 丙辰 二月

奉唔何時, 幾乎忘面.一自滄桑以來, 知舊相逐問聞隨處都闕.每中夜以思, 只增吁歎.兄之所懷, 亦或一般耶否？謹詢春意漸緊, 體事撫時安重, 仁庇俱迪, 仰頌願言.弟尚作昔年之人, 亦無嘉況, 無可道者.唯以家衆無驚為幸耳.第昨日禮洞李兄聲振氏來訪, 語道兄邊云, 庭砌有薔薇花, 而曾托一莖見許矣.以此意照及於文, 吾兄則可得此花云.故不覺聳動而茲急專人煩告.幸托數莖則年年春色, 真故人之賜也, 或可勿孤否？恐悚恐悚.餘在便人口致, 不備.上.

9) 족인 주사 문연에게 주는 답서 경오 시월

세상이 변한 이래로 유지인사들은 모두 시골마을로 은거하여 다시는 세상의 모든 일에 뜻을 두려고 하지 않았고 오히려 명성이 사람들에게 알려질까 봐 두려워하고 있습니다. 하물며 이 바탕은 뿌리가 아래 사람에게서 배워야 하는 하학(下學)인데다가 또 공소(空踈)[70]하면서 늙어 이미 백발이 성성하게 되었고 더욱이는 확고한 입장을 지닌 날마저 없었으니 소인의 행렬로 돌아가는 운명을 벗어나지 못하고 있습니다. 종사하는 사업이라는 것은 때때로 가동에게 농사일을 묻고 아들 손자들이 외우는 글소리를 듣는 것입니다. 이것으로 평생을 보낼 대계로 삼고 있으니 지부해함(地負海涵)[71]에 면괴스럽고 후회스럽게 언제나 소임을 떠메지 못하고 있는 처지입니다.

이전에 돌아다니는 소문을 잘못 듣고 고상한 인격을 굽히시고 멀

70) 공소(空踈) : 텅 비고 천박하여 실제적인 내용이 없는 것을 이르는 말이다.

71) 지부해함(地負海涵) : 땅은 만물을 지고, 바다는 넓은 지역을 적신다는 뜻으로 큰 땅과 깊은 바다를 가리키는데 곧 사람의 지식이 넓고 크고 정미롭고 깊이가 있는 것을 비유한 말이다.

리서부터 먼저 안부를 물으시며 '옛사람들이 아랫사람을 사랑하는 풍기가 있다'는 말을 사용하시고 있습니다.

스스로를 말했다고 하면 예의에 넘쳐나는 말이고, 남에 대한 칭찬이라고 하면 겉치레를 하는 부실(浮實)이니 천루한 점이 있지 않습니까? 감히 이것을 감당할 수 있다고 하면 고명한 사람의 겸손한 덕성이 비록 다시 빛을 낸다고는 하겠지만 이 헛된 명성을 얻은 사람은 떳떳한 기색을 얼굴에 올릴 수가 있겠습니까? 때문에 겨를이 없어서 감격하고 다행으로 여기는 사람들을 위해서 위안을 하지 못했습니다.

가만히 생각하여 보니 편지 언사의 뜻에는 거두고 물러나 스스로를 지키고 가지와 잎사귀를 깎아 버리고 담백함을 즐기려는 기미(氣味)가 보여 지고 있으니, 이것은 어찌 큰 은자가 저자거리에 은거하고 있는 것이 아니겠습니까? 그렇지만 상상속의 먼 이상국에서는 아직도 전형을 지키고 있으니 이것은 시골사람들의 본색이므로 논할 바가 되지 않습니다.

존귀한 가문에서는 전에 서울에 거주하고 있을 때 생각해보니 사면에서는 말을 거침없이 하는 풍조가 일고 있었지만 위세와 무력과 세력에게 부당하게 강제로 빼앗기지 않았으며 다시 궁벽한 산골의 부식된 물건들을 세상에 유무하게 만들었습니다.

이러한 성색으로 구하는 대로 도가 이루어지도록 하면서 정녕 상수(相守)의 뜻을 이루게 되었으니 이 사리에 어둡고 무딘 사람이라고 할지라도 어찌 잊지 않도록 마음속에 깊이 새겨 두지 않을 수가 있으며 아침저녁으로 머리에 쓰지 않을 수가 있겠습니까? 그것이 형제에 있는 다소와 현우는 만나서 이야기하지 않고는 궁구할 수가 없습니다. 모시고 세상사를 이야기할 그 때를 기다려 회포를 다 털어야겠다고 생각하고 있습니다.

전번의 문안은 이미 받아보았습니다. 섣달 그믐날이 눈앞에 닥쳐왔으므로 지난해를 바래고 새해를 맞이하면서 넝쿨이 뻗어나가듯이 더욱 건강하시고 장수하시기를 축원하는 바입니다. 불비하며 삼가 사례를 올립니다.

答族人主事文演　庚午　十月

一自滄桑以來, 有志之士皆屛伏閭巷, 無復有意於世, 猶恐見知於人.況此資本根下學, 又空踈, 已至於老白首, 更無立定脚跟之日, 脫不得小人之歸.惟所事者, 時問稼穡於家僮, 或聽字句於兒孫, 此為終身之計, 愧悔山負, 終是擔不起.乃者過誤聽聞, 降屈高標, 先施遠問, 用有古人愛下之風.自道過禮, 稱許浮實, 有非淺陋之所.敢承當者, 高明之謙德雖復光彰, 而見此虛譽者, 其無忸怩之達於面目乎?所以不暇為感幸者存焉.竊惟書中辭意, 自有斂退自守, 刊落枝葉, 樂其淡泊底氣味, 此豈非大隱隱於市.雖然遐鄉之尚守典型, 此野人之本色, 不足論也.尊族之舊居京府, 四面想是滔滔風潮, 能不為威武勢力之所撓奪, 復以窮鄉朽腐之物為有無於世間.以此聲氣, 應求之道, 致其丁寧相守之意.雖此冥頑, 敢不銘胏, 戴頭於晨夕間乎?其在兄弟子姪之多寡賢愚, 則非面莫能究.第俟奉討講世之日隨盡.餘懷仰計耳.前候已承審而歲除迫近, 更祝餞迓蔓休, 益增壽康.不備.謹謝禮.

10) 오자춘 동수에게 보내는 편지　신미　십이월

순묵이 돈수 배하며 아룁니다.

사문의 불행으로 말미암아 존백부선생께서 후학들을 영원히 버리셨으니 어느 누군들 절절한 마음으로 안앙(安仰)하는 아픔을 지니지 않고 있겠습니까? 하물며 부친과 스승이라는 은혜와 의리를 겸하고 계신 분을 잃은 사람으로서는 살을 저며 내는 듯한 그 아픔이 더욱 오죽하겠습니까?

순묵은 아직 상생지연(象生之筵)으로 달려가서 곡을 올리지 못하고 있으며 또 척지를 받들고 호곡하기 전에 영종 백씨(令從伯氏)를 위문하여야 하지만 하지 못하고 있으니 너무나 지나친 것이 아니겠습니까.

노인들의 일을 비록 근력으로 말하지 않는 것이 예의라고 하지만 마음에 두고서도 결과를 얻지 못한 사람들이 너무나도 많습니다. 이와 같은 도리에서 평소의 일을 생각하게 되면 면괴스럽고 어긋난 점들을 어떻게 입에 담을 수가 있겠습니까? 현자가 이것저것 따지지 않고 먼저 덕음을 베풀어주는 은혜를 베풀어 주셨지만 그것을 미처 개봉하지도 못하였으니 저도 몰래 황송하여 이마에 땀방울이 송골송골 돋고 면괴스러워 땀에 등이 흠뻑 젖고 있습니다.

선생의 글월을 수집하는 일은 글이 지원언근(指遠言近)[72]하기 때문에 사우들과 내왕한 글에서 그 대략적인 모습을 보여주고 있음으로 하여 몇 달이 되기도 전에 권질을 두루 갖추게 되었으니 이것은 그의 현명한 조카와 자손들의 고심혈성(苦心血誠)이 천만으로 심상치 않아 이루어진 것이 아니겠는가(습니까)? 그리고 또 이것은 아마 태괘(泰卦)에서의 한 가닥 양(陽)이 박괘(剝卦)의 아래에서 숨을 쉬고 있는 것이 보이는 것이 아니겠습니까?

상덕지문(狀德之文)은 손을 씻고 여러 번 읽어보았지만 캄캄한 저의 소견으로서는 감히 한마디 말도 그 사이에 보탤 수가 없었습니다. 하지만 이것은 웅대한 문자이므로 일언일동(一言一動)이나

---

72) 지원언근(指遠言近) : 뜻은 심원(深遠)해도 말은 가깝다는 뜻. 지(指)는 지(旨)와 같은 뜻이고, 언근(言近)은 하는 말이 비근(鄙近)함. 곧 비근한 말로 나타낸다는 뜻. 《맹자 · 진심장구하(孟子 · 盡心章句下)》에 '말은 비근(鄙近)하면서 그 뜻이 심원(深遠)한 것이 좋은 말이다.[言近而指遠者 善言也]' 라고 하였다.

일사일행(一事一行)을 혹 빠뜨리지는 않았는지, 평을 하는 언사에 혹 뜻을 제대로 전달하지 못한 곳이 있는 지를 염려하여 시일의 제한을 받지 않고 더욱 사역(思繹)하여 정조(精粗)[73]를 남김없이 궁구하고 섬호(纖毫)[74]를 모조리 드러낸 다음에야 《노론(魯論, 논어)》의 《향당(鄕黨)》편과 마찬가지로 편찬되었다고 말할 수가 있습니다. 이런 연고로 하여 아동 유현(儒賢)들 가운데서 먼 안광을 지닌 거벽(巨擘)들은 장덕문자(丈德文字)에 더욱 힘을 기울려 혹자는 몇 년을 두고 마무리를 짓기도 하였으니 신중(愼重)하는 그 뜻을 가히 보아낼 수 있습니다.

이 가르침을 이어 감히 평상시의 소견과 소문들을 읊었으니 어떻게 생각하시는지를 알 수가 없습니다. 글의 뒤에는 날짜를 밝히고 있습니다. 근순(謹詢)하오니 이때에 복후(服候)는 어떠하오며 형제들은 버티어 견뎌 낼 수 있습니까? 영종백씨(令從伯氏)의 쇠령(衰齡)[75]과 대성통곡으로 이효상효(以孝傷孝)[76]의 경계를 면할 수 있겠습니까?

동생은 사중(舍仲)[77]의 병환이 전보다도 더 중해져 바야흐로 대변(待變)[78]이 조석에 일어날 것 같아 애가 타고 답답한 심정을 이루 다 이야기할 수가 없습니다.

현혼하여 천초(倩草)[79]하였으므로 불비합니다. 사장(謝狀)을 올립니다.

---

73) 정조(精粗) : 정밀한 것과 거친 것을 아울러 이르는 말.

74) 섬호(纖毫) : 매우 가느다란 털이란 뜻으로 썩 작은 사물을 비유적으로 이르는 말이다.

75) 쇠령(衰齡) : 늙어서 점점 쇠약하여 가는 나이.

76) 이효상효(以孝傷孝) : 효로써 효를 상하게 한다. 효성이 지극한 나머지 부모의 죽음을 몹시 슬퍼하고 사모하기를 지나치게 하여 병이 나거나 죽음.

77) 사중(舍仲) : 손위형제 형수나 큰 형수(長兄嫂).

78) 대변(待變) : 병세(病勢)가 대단하여 살아날 가망(可望)이 없게 됨.

79) 천초(倩草) : 남에게 자기(自己)를 대신(代身)하여 글을 쓰게 함.

與吳子春　東洙　辛未　十二月

純默頓首拜言：斯文不幸尊伯父先生奄棄後學，孰不切安仰之痛.而矧兼父師之恩義者，摧割痛廓，尤復如何？純默尚未赴哭於象生之筵，且未奉尺紙慰訊於令從伯氏號哭之前，甚矣.老者事雖不以筋力為禮，而有意未果者類多.如是撫念平昔，慚負何言？迺蒙賢者之不較，先施德音.未及開緘，不覺顙泚而背浹也.先生文字之裒集，因鄙近士友之來往略承梗概，而曾未幾月，卷秩已備，莫非賢姪肖孫苦心血誠，出尋常萬萬.而抑可見泰來一線，將消息於剝底也.狀德之文，盥讀屢回，以余瞽見，無敢贊一辭於其間，而第念是大文字也，慮或一言一動，一事一行，有所漏闕歟，下語或有不達意處歟，不責時月，益加思繹，而至於精粗俱悉，纖毫畢擧，然後始可謂魯論之鄉黨編也.是故我東儒賢，以大眼巨擘於丈德文字尤致意，而或有經年歲而始成焉.慎重之義可見矣.承此垂訓，敢誦平日之所聞，恐未知以為如何？書後有日.謹詢此時服候，聯棣支勝，令從伯氏襄齡號痛，能免傷孝之戒否？弟舍仲患候比益添劇，待變方在朝夕，悶灼情事，有不可勝言.餘眩昏倩草.不備.謝狀.

11) 용즙종에게 주는 편지　　계축　12월

일전에 인편을 통하여 근간의 상황을 자세하게 알아보았기에 다행으로 생각합니다. 그렇지만 토지에 관여되는 문제는 착란(錯亂)이 있다고 말하던데 그 상세한 내막은 알 수 없으니 참으로 코 막고 답답한 일입니다. 지금에 와서는 혹 이미 귀정하였습니까? 회옹은 시에서 이렇게 말한 적이 있습니다.

"만사는 운명이 진작 정해졌건만
부생은 공연히 절로 설치고 있네"[80)]

이 말은 실제적인 도리에서 나온 것으로 한 오리를 더 보탤 수도 없고 더 뺄 수도 없습니다. 제발 예사로운 일의 비태(丕泰)[81)]로 하여 우리 방촌의 진정(眞精)을 어지럽게 하거나 잃어버릴 수는 없지 않습니까? 어떻습니까?

사실 군의 경력을 놓고 보면 분려(紛挐)를 일으킨 일이 한두 번이 아닌 것을 고려하여 혹 신기를 소모할까 적이 걱정되어 이런 과려한 망설을 뱉은 것이니 할 일 없어 한 싱거운 말로 여기지 말아 주시기를 바랍니다. 그렇게 하면 아마 실오리만한 이득이라도 얻을 날이 장차 있게 될 것입니다. 응당 십분 사역(思繹)[82)]하여야 하지 않겠습니까? 체의화락한 의태를 살피지 못하였는데 근자에는 구경 어떠하십니까? 혼천의(渾天儀) 역시 평형을 이루고 있습니다. 가슴 속으로 절절이 그리는 심정을 한 시각이라도 버릴 수가 없습니다.

기년복은 이전의 예법에 따라야 하는데, 크고 작은 집들이 있어 번쇄하므로 일일이 다 들 수 없습니다.

오는 열이렛날에 교군 4명, 그리고 말과 말구종을 보내 바래면 어떻겠습니까? 이곳의 말은 근간에 또 바꾸었으므로 부리지 못합니다. 나머지는 불선이오니 예에 따라 인사를 올립니다.

---

80) 원문은 "萬事分已浮生空自忙"으로 되었으나 문맥이 통하지 않음으로 "萬事分已定, 浮生空自忙"으로 수정한다. 이것은 중국의 속담으로 뜻은 인간의 팔자는 진작 정해져 있는데 사람들이 공연히 한바탕 설치며 돌아친다는 뜻이다.

81) 비태(丕泰) : 막힌 운수와 터진 운수.

82) 사역(思繹) : 생각하고 찾아서 구함.

與用楫從　　癸丑　十二月

日前憑便，詳探近節為幸.但土地所關，有錯亂云.亦不得其詳，甚是悶鬱.今或已歸正未？晦翁有詩：“萬事分己(定)，浮生空自忙.” 斯言自實理中來，無一毫可增減也.慎勿以凡事丕泰，亂喪吾方寸真精，如何？第念君之閱歷，自多紛挐，恐致神氣之耗，故有此過慮之妄說.或勿以看作閑說，則絲毫之益，將或有其日矣.當十分思繹否？不審棣儀近復如何？渾節亦平迪.區區願言，晷刻未能捨.朞服從依舊樣.而大小家細碎兒，故不能枚舉耳.第來十七日，轎軍四名，及鬣子牽夫起送如何？此處鬣近又換置，不可為用耳.餘不宣，例禮.

12) 나성암 상일에게 보내는 편지　임술　원월

새해에 우러러 절절히 그리고 있는데 더욱이는 한 마음을 지니고 있는 나의 심정은 어떠하겠습니까? 그러나 양춘이 눈앞에 다가와 동네 앞 개천의 꽃과 버들은 기수에서 기우제를 지내고 미역을 감고 봄바람을 맞으며 돌아오는 아름다운 모임을 갖기에는 여유작작하니 미리 가슴이 후련한 기운을 느끼게 됩니다. 나같이 게으르고 산만한 생활에 푹 젖은 사람에게도 이 같은 생활의 맹아가 싹트고 있다고 한다면 하물며 고명한 분들은 풍월과 강산을 평생의 생업으로 간주하고 있지 않겠습니까? 그들이 백 척 높이로 뜀을 뛰고 싶어 하는 그 심서를 가히 상상할 수 있습니다. 그야말로 소리치며 받들고 싶습니다.

우러러 생각하건대 정월 초순에 점잖은 옥체는 새해를 맞이하여 기쁨이 더해지고 만사에 길상한 일만 모여들며 인비(仁庇)가 모두 이루어지기를 우러러 높이 칭송하며 절절하게 바라고있는 마음은 실로 평소와 비길 수 없는 것입니다.

동생은 작년에 얻은 한질을 아직도 털어 없애지 못하여 몹시 고생하고 가련하게 지내고 있습니다. 다만 다행이라면 대소가(大小家)에 아직 드러난 일이 없는 것뿐입니다.

저택의 선포(仙圃)에 혹 생지황이 있으면 살이 두꺼운 걸로 두 근만 보내주실 수 있겠습니까? 급한 일이 있어 쓰려고 합니다. 나머지는 만나서 이야기하도록 합시다. 불비하며 문안을 올립니다.

> 與羅惺菴 相一　壬戌 元月
>
> 新年仰懐之切, 在我同情, 尤當如何哉.但陽春在即, 前川花柳, 沂雩風浴之好期會, 綽綽有地.預有開懷底氣味.如此懶散成痼者, 猶有此生活之萌.況高明則以風月江山為家計平生矣.可想像其幾百尺聳躍意緒也.奉呵奉呵.仰維正元棣體迓新增禧, 百祥湊合, 仁庇俱迪.仰頌願言, 實非平常之比.弟歲內寒疾尚不祛, 甚是苦憐.惟幸大小家無現耳.第仙圃或有生地黃, 則以內厚者二斤餘惠給耶? 方有緊急故也.餘非面莫究.不備.上.

13) 조 흠재(伯據)에게 보내는 편지　경자 시월

일전에 산속에서 사흘 밤을 묵고 나니 속을 다 비워놓은 듯 하여 지금까지도 붕중표외(弸中彪外)[83]를 만난 행운에 위로를 받고 있습니다.

그런데 문득 눈이 덮인 땅에 어디나 진창이 되어 지구(知舊)들을 찾아다녀도 쉽사리 만날 수가 없습니다. 이리하여 문득 옛날 일을 쇄신하고자 하는 생각을 품었지만 또 미처 이르지 못할 것이 있었습

83) 붕중표외(弸中彪外): 弸: 은 찰 붕, 中은 가운데 중, 彪는 문채 표, 外는 바깥 외로 사람이 속에 재주와 덕성이 차고 넘치면 문채가 있게 되고 자연적으로 바깥으로 노출하게 된다는 뜻으로 덕과 재능을 겸비한 사람을 이르는 말이다.

니다. 부끄러운 것이라면 고대사람 왕자유(王子猷)가 달밤에 흥을 푼 이야기에 미치지 못한다는 점입니다. 참으로 탄식할 일입니다.

근일에 삼가 우러러 생각해보니 어른을 모시고 있는 경력은 시기에 응하여 위중(衛重)하니 우러르고 추앙하면서 사무치게 그리고 있습니다.

이 동생의 상황은 이전과 다른 바가 없는데 다만 어린애의 산증(疝症)을 없애는데 어떻게 해야 하겠습니까? 걱정이 적지 않습니다. 치료할 방도를 상세하게 내려주었으면 어떠하겠습니까?

다음 석각(石刻)글씨를 적은 책을 베껴 올립니다. 그렇지만 예술에 원래부터 재간이 없는데다가 글씨도 칭찬할 만한 구석이 없어서 구차하게 미봉(彌縫)[84]하였을 뿐입니다. 나머지는 불비하고 문안을 올립니다.

與曺欽齋 伯據　庚子　十月

日前山中三宿, 甚得罄蘊, 迄今慰幸弸中.而忽見雪濘滿地, 知舊相尋, 不可易得.因此而懷遄復新, 而又有所不可及.愧者, 不及於古人山陰月夜之興遠矣, 可歎可歎.比辰仰惟侍餘經履, 膺時衛重, 仰溯願言.弟狀依昔, 而乳稚疝証去有甚？為 慮不細.治方詳示如何？第石刻書書呈, 然藝無素功, 而筆亦無稱.苟且彌縫耳.餘不備, 候上.

14) 조 흠재에게 보내는 편지

초여름의 부평초도 한때의 구경거리가 되겠지만 회답소식은 마치도 저 하늘의 서로 멀리 떨어져 만나지 못하는 삼성(參星)과 상성(商星)처럼 아무런 소식도 없으니 섭섭한 회포는 참으로 아득하

84) 미봉(彌縫): 빈 구석이나 잘못된 것을 임시변통(臨時變通)으로 이리저리 주선(周旋)해서 꾸며 댐.

다고 이를 수가 있습니다. 이 찌는 듯한 삼복 무더위에 당상의 기력은 별로 손상되는 일이 없으시고 부모를 모시는 경체는 덕비(德庇)가 더욱 광채가 나리라고 믿으며 모든 것이 길상할 것을 앙축하는 바입니다.

동생은 부모님들이 경염(庚炎)[85]에도 무사하시니 마음속으로 다행이라고 생각하고 있습니다. 그런데 몸의 숙병은 여름철 더위를 만나 갈수록 기세를 부리고 실우(室憂)[86]도 갈수록 무겁고 아찔해날 지경이어서 마치도 외나무다리를 건너는 식이고 도규로 막아보려고 하여도 아무런 효험도 보지 못해 실로 걱정만 될 뿐 방도가 없습니다.

동당 형제들과 여러 벗은 편안하고 날마다 새롭게 변모하고 있습니다. 몸이 비록 이곳에 있기는 하지만 때로는 마음이 산속의 샘물과 바위에로 날아가 잠시나마 조용한 안정을 얻을 수 있으니 이 역시 어찌 형이 하사한 것이 아니겠습니까?

절기는 이미 가을철에 들어서기는 하였지만 큰비가 한 번 쏟아져야 할 텐데 아직 내리지 않아 농사일은 매우 많은 수고가 있게 되었습니다. 특히 귀 동네는 자갈밭이 많아서 밭갈이를 하자면 아마 이미 시기가 늦어지고 땅이 메말랐을 것입니다.

일전에 운재의 서신을 받았는데 오는 윤달 보름에 강회를 가지자고 알려왔는데 혹 이미 그 소식을 알고 계시겠죠? 정산으로의 행차는 빠지게 되어 갈 수 없게 되었습니다. 이번은 좋은 기회이지만 나 같은 곤골(滾汨)한 사람은 어찌 정산(定算)을 얻었다고 말할 수 있겠습니까? 구적(久積)[87]은 구명해야 되겠습니다. 불비하며 올립니다.

---

85) 경염(庚炎) : '삼복더위' 를 달리 이르는 말. 초복(初伏)이 경일(庚日)에 시작하는 데서 유래한 말이다.

86) 실우(室憂) : 남에게 대하여, 자기 아내의 병(病)을 이르는 말.

87) 구적(久積) : 뱃속에 생긴 덩어리가 일정한 형태를 가지고 고정된 위치에 있으며 아픈 부위도 이동되는 일이 없이 오랫동안 고착되어 있는 병증임.

與曺欽齋

肇夏萍奉可為一盛，而厥復信息如参商，悵懷堪悠悠.仰問熱炎熾肆，堂上氣力，無有損攝，侍退經體，增勝德庇，仰祝俱吉.弟親節無譽於庚炎，私幸.而身痾當暑益夾持，室憂去益沉眩，如過獨木橋，如干刀圭，未能責效，實慮不措.同堂諸益亦太平而日新一日，身雖在此，而或遊心於山中泉石.則能得暫時靜存，亦豈非兄賜耶？序已屬秋一霈尚未洽.稼事甚辛苦，貴洞尤是沙石多，田所耕似未免晚且涸矣.向得雲齋書，示以來閏月望為講會，或已得聞否？定山行免，不可得已，則際此似好而如吾滾汨者，豈謂得定算耶？餘久積為探，不備，上.

15) 조 흠재에게 보내는 편지 병인 양부월(시월)

월초부터 꼭 한 번 찾아오시겠다고 말씀하시더니 지금까지 실망만 주고 있습니다. 형이 부모 곁을 떠날 수 없다는 것을 상상할 수도 있습니다.

근간에 또 전에 없던 큰 눈이 쏟아졌고 훤위(萱闈)의 환후가 예전처럼 되었으니 간절히 상세한 정황을 알고 싶습니다.

동생은 전에 환갑을 치른 이후 백감이 위집(蝟集)[88]하는데 며느리의 병상황은 날이 갈수록 치료하기 어렵게만 되고 있으니 답답하고 가련한 상황은 이루 형용하기 어렵습니다.

부탁하신 습자는 근간에 눈이 오고 날이 차서인지 거북이가 몸을 움츠린듯하기도 하고 지렁이를 본받아 구불구불하여 완력이 완전히 다 빠진 감을 느끼게 됩니다. 손이 마음먹은 대로 놀려지지 않은 곳이 많습니다. 참으로 가소롭습니다. 두 책을 보내 올립니다.

삼가 불비하며 문안을 올리는 바입니다.

88) 위집(蝟集) : 고슴도치의 털과 같이 많은 것이 한 곳에 모여든다는 뜻으로, 사물(事物)이 한꺼번에 많이 모임의 비유함.

與曺欽齋　丙寅　陽復月

自月初謂有當一顧矣，尙此失望.兄之不能離親側，此亦可想像矣.近又雪酷無前，萱闈患候復如，仰切願聞.弟曩經回甲，百感蝟集，而子婦病狀，去益難治，悶憐難狀耳.俯託習字，近賴雪寒，使之龜縮，輒效蚯蚓，甚覺腕力之棄耗，手不能從心所欲者多矣.可笑可笑.二冊付呈耳，謹不備，候上.

16) 조흠재에게 보내는 편지　기사　지월(동짓달)

생례(省禮)[89] 하고 절을 하며 말씀을 올립니다.

전번 엽서에 미처 사례를 올리지 못하고 있는데 은혜로운 편지가 또 날아왔으니 감격스러운 마음과 면괴스러운 마음이 어울리어 가슴이 저려납니다. 이 동생은 철이 바뀔 때마다 서신을 올리거나 뵙고 문안을 전하여야 했지만 오히려 상중(哀疚)에서 염려하여 주신 일이 한 번만이 아니니 비록 사리에 어둡고 완고한 사람이라고 할지라도 마음이 어찌 편안할 수가 있겠습니까?

삼가 양복(陽復)[90]이 멀지 않았다는 말씀을 받들어 살펴보니 시절의 느낌을 받아 애훼(哀毁)가 배로 늘어날 것이라고 생각이 되나 천만 다행으로 훼상되지가 않았으니 우러러 위안 받는 그 마음은 어디에 비유할 수가 있겠습니까?

동생은 예전과 마찬가지 상태를 유지하고 있지만 집안에 이러저러한 사고가 있어서 답답합니다. 손녀의 혼사는 순창 홍씨네 댁으로 결정을 내렸지만 날짜는 아직 정하지 않았습니다.

89) 생례(省禮) : 예절을 생략하고 씀. 예전에 상중(喪中)에 있는 사람에게 편지를 보낼 때, 첫머리에 썼던 말이다.

90) 양복(陽復) : 양의 기운이 회복되었다는 뜻으로 《주역(周易)》의 복괘(復卦)에서 온 말이며 음력 11월을 달리 부르는 말이다. 복월(復月), 선양(線陽), 일선양(一線陽), 신양(新陽)이라고도 한다.

말씀하신 꽃씨에 대해서는 상세한 말씀을 이후에 올리겠습니다. 그 사이에 어떤 사람이 청을 내고 캐어갔습니다만 어찌 숫자를 채울만하게 남겨두지 않았겠습니까? 궤물(饋物)로 은행을 보내주셨는데 하필이면 이와 같이 해야만 되겠습니까? 그 절절한 마음에 역시 괴한(愧汗)이 흐르고 있습니다.

이 동생도 근간에는 긴긴 밤의 시달림을 받아 때로는 잠을 이루지 못하고 아무렇게나 몇 마디를 갈겨놓기는 하였지만 지은이의 눈으로 살펴보아도 성차지 않는데 어찌 감히 다른 사람의 안목 앞에 내어놓을 수가 있겠습니까? 그렇다고 하더라도 꺼리어 감추고 숨기는 것을 재간으로 삼는다고 한다면 평생에 단 일점도 얻을 수가 없지 않습니까? 이것을 읽어보면 아마 배를 안고 웃음을 금치 못할 것입니다.

나머지는 근간에 만나 뵙고 이야기하렵니다. 불비하고 올립니다.

與曺欽齋　己巳　至月

省禮拜言.向書尚逋謝，而惠疏又至，感愧交切.弟不能以時序之變遷，書問面慰，而反受此哀疚中紀念不止於一，雖此冥頑，於心可安乎？謹承審陽復不遐，感時哀毁想一倍而幸不至毁傷.仰慰何喩？弟保昔狀，而不免有家故，是悶悶.孫女婚事，定于淳昌洪氏家，而日字姑未定耳.垂喩花種，當日後詳言矣.間亦為人所請而採去耳.然豈無充數者乎？饋物銀杏，何必如是，亦切愧汗.弟亦近苦夜長，或至失睡，有妄作數句.作者之眼亦多不成說，何敢擣人眼目乎？然若以隱諱為能事，則平生豈有一分取得也.覽之則想持腹劇劇矣.餘在從近面究，不備，謝上.

17) 김화동 한익에게 주는 편지 갑자 이월

사면을 둘러보아도 빠르게 갈 곳이 없으므로 언제나 유유히 남쪽을 향하여 청덕(淸德)을 그리고 우러러보기도 하고 혹 인차 용감히 그곳으로 달려가고 싶은 충동을 받곤 하지만 문득 또 거대한 산이 가로 막혀 있어서 두 발이 두려워하지 않을 수 없다는 생각이 들기도 하였습니다.

이로부터 미루어 보니 작년 가을에 왕림하셨을 때에 하기 어려운 일을 능히 해낸데 대하여 더욱 감명이 깊어집니다. 새해에 들어서서 이미 중춘이 지났는데도 여적 적연히 오가는 동정이 없고 소식을 기다렸지만 빙자할 곳이 없었으므로 오직 바라보며 한탄만 늘고 있습니다.

우러러 어른을 모시고 계시면서 복과 덕이 붇고 양생에 유상(有相)하리라 생각하고 있습니다. 매번 우러러 볼 때마다 백발이 성성한 분들이 훈지(塤篪)[91]로 즐기는 모습은 바로 천고의 승사였습니다. 형제가 함께 같이 늙어가는 일은 적지 않지만 동심동덕으로 함께 늙어간다는 것은 비단 보기 드문 일일 뿐만 아니라 역시 듣기에도 희귀한 일입니다. 공경하고 감탄하는 절절한 마음을 어찌 입으로 다 말할 수가 있겠습니까?

이 동생은 하나같이 작년의 그 사람일 따름입니다. 나머지는 불비하여 올립니다.

91) 훈지(塤篪) : 훈지는 형제를 뜻하는 말로, 훈(塤)은 흙을 구어서 만든 나팔이고 지(篪)는 대나무로 만든 피리이다.

與金華東 漢翼 甲子 二月

四顧無可遄處, 每悠然南望戀仰清德, 或輒欲勇進.忽又思之巨嶺間隔, 腳之不能無所憚也.推此而求, 昨秋枉顧, 尤感其能於難能也.新年又仲春, 尚寂然無往來, 候音莫憑, 只增詹悵, 仰維侍餘增禧德, 養有相.每仰想白髮塤篪之樂, 正千古勝事, 弟兄同老, 不為不多, 而同德同老, 非維罕見, 亦所罕聞也.敬歎之切, 不能容口.弟一是去年人而已, 餘不備, 上.

바. 발문(跋)

1) 파보 발문(派譜跋)

나라가 있으면 반드시 역사가 있기 마련이고 겨레가 있으면 반드시 족보가 있기 마련이다. 족보나 역사나 이름은 비록 다르다고 하지만 그 이치는 하나가 된다. 역사를 엮음에 법도가 없다고 하면 역사가 역사로 되지 못하는데 이것은 공훈을 표창한다고 하지만 사실상 반대로 죄를 범하는 것이며, 족보를 정리함에 표준이 없다고 하면 족보가 족보로 되지 못하는데 이것은 덕을 받든다고 하지만 사실상 어지럽히는 것으로 되니 후세의 족보를 정리하는 사람들이 어찌 삼가고 두려워하지 않을 수가 있겠는가?

우리 김씨는 만력 경진년에 처음으로 족보를 엮었고 그 이후에 수삼 차 펴내었는데 조심성 있고 엄밀하여 표준이 있었고 극치에 달하였다. 그렇지만 고증하고 징집하는 과정에 아직도 미진한 점이 있다. 그리고 우리 김씨는 대를 이어온 역사가 길고 친족이 방대하여 합보(合譜)하기에 어려운 점이 있다. 때문에 계미 연간에

파보(派譜)를 기획하기는 하였지만 끝을 보지 못하였고 경자년에 이르러서야 비로소 처음으로 정확한 파보를 얻어내게 되었다.

지난 신유 향축(享祝)에 제종(諸宗)들이 준분(駿奔)한 덕분으로 일이 곧 성공을 고하게 되였을 때 모두가 다 "우리 종친들의 일에서 족보를 만드는 것이 급선무입니다."라고 말하였다. 근간에 들어서서 세상이 변하고 풍속이 고쳐져 존조경종(尊祖敬宗)을 아는 사람들은 매우 드물게 되었다. 또 사손(嗣孫)의 정양후(定養後)는 종문에서 명문으로 규정된 것이 없는데 이것 역시 족보를 꾸미는 데 있어서 미룰 수 없는 일이다. 신의 대리로 신위에 앉는 혈통자는 사손(嗣孫)이고 그것을 성사시킬 수 있는 사람은 영상(榮相)이다. 영필씨(榮珌氏)가 이에 개연히 "이것은 먼저 나의 마음을 사로잡은 것이라고 가히 말할 수 있습니다. 제군들은 빨리 서둘러서 이 기회를 잃지 말아야 합니다. 자신을 스스로 돌아보면 이리저리 갈피를 잡지 못하는 사람이니 받아들이어 감당하지 못할 것입니다."라고 말하고는 물러서서 나서지 않았다.

3년이 지난 갑자년 봄에 단초(單草)는 이미 정해졌으나 아직도 기궐(剞劂)할 희망이 보이지 않아 유지(油脂)에 그림을 그리거나 얼음에 조각을 하는 것과 마찬가지로 헛수고를 할까봐 도유사(都有司)[92] 영필씨에게 교정을 맡기고 붕묵(鳳默)이 간간이 "여러 사람들의 의론이 군에게 돌아가고 있으니 군은 더 사양하시지 마십시오."라고 고무 격려하였다.

아, 다만 생각해 보니 합보(合譜)는 쉬우나 합심이 어려우니 만약 족보는 합쳐졌으나 마음이 합쳐지지 않으면 결구지도(絜矩之

92) 도유사(都有司) : 향교(鄕校), 서원(書院), 종중(宗中), 계중(契中)에 관(關)한 사무(事務)를 맡은 우두머리.

道)[93]를 잃은 것으로 되므로 어찌 덕을 받든다고 하지만 사실상 어지럽히는 것으로 되는 것이 아니란 말인가.

이에 팔도에 두루 알리고 각 파에서 여러 사람의 마음을 단합하게 하였기에 후에 지보(地步)가 넓어지고 확 트이게 되었다. 선대들의 성대한 덕과 위대한 공적, 수족(收族)[94]의 상략(詳略)과 득실, 여러 대의 족보의 서열이 해와 별처럼 밝고 환하게 되었는데 여기에서는 다시 언급하지 않기로 한다.

이해 겨울에 일을 마무리 지었는데 모두가 신속하다고 칭찬하였다. 공자가 이른 바의 "나를 알아주거나 나에게 죄를 주는 것은 모두 바로 여기에 달려있다."고 하였는데 그것이 바로 여기에 달려 있지 않은가!

派譜跋

有國者, 必有史 ; 有族者, 必有譜.譜與史, 名雖殊而理則一也.史而無法, 則史不史, 是計功而反罪.譜而無矩, 則譜不譜, 是尙德而反悖.後世修譜者, 豈不戒懼哉.我金自萬曆庚辰始譜, 而厥後凡數三刊, 其謹嚴有規, 至而盡矣.但考徵之間, 猶有未盡.且世遠族大, 有難合譜.故癸未年間, 經始派譜, 而不克有終.至庚子始得派譜之正.往在辛酉享祀, 諸宗駿奔, 將事告成.後咸曰 : "吾宗之事, 惟譜是急." 挽近世變俗改, 其知尊祖敬宗者幾希矣.且嗣孫定養後, 姑無

93) 결구지도(絜矩之道) : '혈(絜)' 은 잰다는 뜻이고 '구(矩)' 는 곡척을 말한다. 자는 물건을 재듯이 내 마음을 '자' 로 삼아 남의 마음을 재고, 내 처지를 생각해서 남의 처지를 헤아리는 것이 '결구지도' 즉 '자를 재는 방법' 이다. 《大學(대학)》 마지막 장에 나오는 말이다. "윗사람이 내게 해서 싫은 것을 아랫사람에게 하지 말고, 아랫사람이 내게 해서 싫은 것을 윗사람에게 하지 말며, 앞사람이 내게 해서 싫은 것을 뒷사람에게 하지 말고,뒷사람이 내게 해서 싫은 것을 앞사람에게 하지 말며, 오른쪽에 있는 사람이 내게 해서 싫은 것을 왼쪽 사람에게 하지 말고, 왼쪽 사람이 내게 해서 싫은 것을 오른쪽 사람에게 하지 않는 것이 바로 혈구지도라고 하는 것이다."

94) 수족(收族): 상하 존비와 친소 원근의 질서로 겨레의 사람들을 뭉치게 함.

宗中明文, 此又譜不可緩.其尸之者, 嗣孫也, 將成之者, 榮相也.榮珌氏乃慨然曰 : "此可謂先獲我心者也, 諸君亟圖勿失.自顧滅裂, 不敢承當." 退而不起.越三年, 甲子春, 單草已定, 尚無剞劂之望, 將歸於畫脂鏤冰.都有司榮珌氏與校正, 鳳默間相勉勵, 曰 : "衆議歸君, 君其毋辭."噫, 第念合譜易, 合心難, 苟譜合而不合, 則是挈矩之道失矣, 豈非尚德而反悖哉.乃通諭八域, 各派會合衆心, 然後地步寬豁.先世之盛德偉烈, 收族之詳畧得失, 累世譜序, 炳若日星, 此不復及.是歲冬, 功訖, 咸稱神速.夫子所謂"知我罪我其在斯", 其在斯乎.

사. 제문(祭文)

1) 면암 최선생 제문(祭勉庵崔先生文)

오호라! 가슴이 아프구나! 우리 면암선생은 장차 정미 사월 삭일 기묘의 신유에 유택(幽宅)으로 영원히 돌아가시게 되었습니다. 발인하기 사흘 전인 무오에 소자 안동 김순묵이 삼가 주과를 갖추어 감히 영연 앞에서 아뢰옵니다.

오호! 선생은 성덕과 대업을 지니고 있는데 보잘 것 없는 천박한 지식을 지닌 소자가 어찌 감히 그 만의 하나라도 형용할 수 있겠습니까? 그렇지만 관견(管見)[95]이 있어 사사로이 관측한 바가 있습니다.

선생은 공자의 시중(時中)의 도와 겸하여 백이, 숙제와 같은 홀로 실행하려는 뜻을 지니고 계신 분이옵니다. 선생은 어려서부터 배움에 뜻을 두고 수신과 치국과 평천하의 도를 터득하시였으며 강장지년(强壯之年)에는 그것을 실천하셨습니다. 나갈 것은 나가

95) 관견(管見) : 대롱 구멍으로 사물을 본다는 뜻으로, 좁은 소견이나 자기의 소견을 겸손하게 이르는 말.

고 물러설 것은 물러서고 표효와 침묵의 때를 알며 가까운 사이와 먼 사이가 없이 의롭지 못한 것은 비난하였으니 이것이 그래 벼슬 하여야 하면 벼슬하고 벼슬하지 말아야 하면 하지 않으며 오래 동안 벼슬하여야 하면 오래 하고 당장 그만 두어야 하면 즉각 거둬치우면서 각기 그 도를 다한 것이 아니며 태화의 원기가 사시절에 유행하는 것이 아니겠습니까?

지금은 바야흐로 대지가 침몰되고 구라파의 물결이 하늘에 사무쳐 천하가 흡연(翕然)히 따라 나서고 있는 때인데 유독 선생께서만 필주묵벌(筆誅墨伐) 하시며 여력을 아끼지 않으셨으며 어쩔 수 없는 처지에 이르게 되자 또 뒤를 이어 의려(義旅)를 일으켰습니다.

여러 사람은 모두 천운(天運)과 기수(奇數)가 그렇게 만든 것이니 하필이면 그렇게까지 할 것이 있는가고 인정하였고 간혹 선조 대대로 글공부를 좋아하는 혈통인 독서종자(讀書種子)로서 의리(義理)를 조금 담론한 자들 역시 한쪽으로 치우쳤다고 그를 눈 박아 보았습니다.

선생은 처음부터 마치도 듣지 못한 듯이 다른 마음을 품지 않고 아무런 고려도 없이 단연히 그것을 실행하였는데 원수의 땅에서 도를 위해 목숨을 바칠 때까지 후회한 적이 없었습니다. 아, 사건은 비록 같지 않다고는 하지만 특별하게 우뚝 서서 홀로 실행한 이것 역시 천지가 끝나고 만세가 흘러가도 아랑곳하지 않았을 일입니다.

오호라 그의 밝음은 일월과 더불어 밝을(빛날) 것이고 그의 수는 천지와 나란히 존재(영생)할 것이니 선생에게 무슨 유감이 있을 수 있겠습니까?

하지만 후생으로서 어리석은 학도인 소자와 같은 사람들은 강물로 배를 채우기도 전에 갑자기 동량이 무너지는 아픔을 당하게 되어 미로에서 낙담하며 누구에게 의지하고 누구를 우러러 보아야 하겠습니까?

둔석의 기일은 이미 알려졌으니 하늘에 사무치도록 서럽게 울고 있을 따름입니다.

오호애재라! 상향하옵소서

祭勉庵崔先生文

嗚呼痛哉！我勉庵先生將以丁未四月朔日己卯辛酉，永歸幽宅.發靷前三日戊午，小子安東金純默謹具酒果，敢照告於靈筵之前，曰：

嗚呼！先生有盛德大業，小子膚末何敢形容其萬一，但以有得於管見者，私竊圭測.蓋先生以孔子時中之道，兼伯夷獨行之志者也.先生少日志學，得修齊治平之道，壯而行之也.進退語默，無適非議，此非所謂仕止久速，各盡其道，太和元氣行四時者耶.方神州陸沉，歐瀾滔天，天下翕然從之.獨先生筆誅伐，靡有餘力.至無可奈何，又繼之而義旅.衆皆以為氣數使然，何必乃爾.間有讀書種子，稍談義理者，亦且以偏於一節目之.先生初若不聞，無貳無慮，斷然行之，竟至殉道讎域而無悔焉.噫，事雖不同，其特立獨行，亦可謂窮天地亙萬古，而不顧者也.嗚呼！其明與日月明，其壽與天地齊，在先生何憾焉.但後生蔑學之如小子者，未充飮河之量，遽遭摧樑之痛.悵悵迷路，疇依疇仰.窀穸告期，徹天長慟.嗚呼哀哉！尚饗.

아. 잡저(雜著)

1) 《주자대전 · 황도부에게 주는 답서》 후기

삼가 해석을 가한다. 이 편지와 《서자융에게 주는 답서》에서의 "기질(氣質)에서의 성(性)은 다만 성이 기질 가운데에 떨어져서 기질에 따라 스스로 하나의 성으로 되는 것이다."라고 한 말과 바로 주자(周子)가 이른 바의 “각기 하나의 성을 이룬 것들은 부동한 것이 있다.”라고 한 말은 그 아래위 글귀의 주요한 뜻으로부터 살펴보면 역시 “기로 찾은 성은 불성(不性)이 있게 된다는 뜻”이다.

書朱子大全答黃道夫書後
謹按：此與答徐子融“氣質之性只是性墮在氣質之中，隨氣質而自為一性.” 正周子所謂“各一其性者有不同焉”，而觀其上下文主義，則亦有以氣覓之性有不性之意焉.

2) 정회의 물음에 대답한 조목(答正會問目)

“정회야, 요임금이 이미 만방을 협화(協化萬邦)하였지만 순은 또 설에게 명을 내리며 ‘백성들이 가까이하지 않고 오품벼슬들이 불손하고 있다.’라고 말하였는데 이것에 의혹을 품지 않을 수가 없다. 단지 이 한 수를 보더라도 진보하고 앞으로 더 나갈 것임을 알 수 있다. 대개 성현들의 가르침은 모두 아직 미연(未然)일 때에 베푼 것이지 그것들이 이미 그렇게 변해버린 기연(已然)을 기다려 힘을 쓰는 것이 아니다. 요와 순 임금 시기에 어떻게 가까이하지 않고 불손하게 하는 일이 있을 수 있었겠는가? 위에 있는 사람들의 교화가 단 하루라도 사라지게 되면 세속의 풍습이 망가지는 현실이 곧 눈앞에 나타나기 마련이다. 다섯 가지를 가르친다는 오교(五教)는 교화를 바로잡는 근본이니 어찌 공경스럽게 펴서 명(命)으로 간주하지 않을 수가 있겠느냐? 그렇다면 대순의 뜻은 다만 미연(未然)일 적에 근심한다는 것이지, 그것들이 이연(已然)으로 된 것을 보고서 이 말을 한 것은 아니다. 또 요, 순, 우가 대를 전할 때에는 서로 정일집중(精一執中)으로 경계하였다. 성인들이 주고받는 때에도 역시 서로 경계하는 것이 있었는데, 하물며 백성을 위하여 그 가르침을 세우는데 있어서야! 저 인군들이 가르침으로 만민들을 교화하는 것은 마치도 천지의 기가 화하여 만물을 만들어내는 것과 마찬가지이다. 만약 기가 변한 것이 성실하지 못하다고 한다면 사물은 생겨날 수가 없기 마련이고 교화가 중간에서 끊어지게 된다면 백성들은 교화될 수 없게 되는 법이다. 순이 어떻게 지극하게 다스린 요임금의 정사만을 믿고 편안하게 지낼 수가 있단 말인가? 저 문왕과 같은 사람을 기다리지 않고 일떠난 사람들은 오직 호걸다운 선비들일 뿐이다. 그들을 거느리고 포학하게 나간다면 포학해지고 그들을 거느리고 어질게 나간다면 어질게 되는 것은 바로 백성들이다. 바로 여기에서 성인들 역시 경계를 하고 삼가면서 두려워하고 있을 따름이다."

答正會問目

正會兒, 堯已協和萬邦, 而舜又命契, 曰 : '百姓不親, 五品不遜.'此不能無致疑焉.只此一着, 可有望于進步向上處也.盖聖賢之教, 皆施於未然, 而不待其已然而用力也.堯舜之時, 豈有不親不遜底事 ? 若上之教化一日或息, 則風俗之頹敗卽隨而至.五教, 正教化之本, 豈不以敬敷爲命乎 ? 然則大舜之意, 只在憂於未然, 而不見其已然, 而有此言也.且堯舜禹相傳之意时, 相戒以精一執中.聖人授受, 亦有相戒, 況為其民而立其教乎 ? 夫人君教化之化萬民, 如天地氣化之生萬物也.若氣化不誠, 則物不生.教化間斷, 則民不化矣.舜豈徒恃堯之至治而無爲乎 ? 若夫不待文王而興者, 惟豪傑之士而已.率之以暴而暴, 率之以仁而仁, 惟百姓也, 惟於此處, 聖人亦戒愼恐懼也.

제생들에게

무릇 일이란 저절로 그렇게 되기만 기다린다면 사람은 아무런 할 일도 없이 허송세월을 할 따름이다. 반드시 노력하여 따라잡아야 한다. 너희들이 일상생활에서 이것을 체험하게 된 다음에야 이 말이 허망으로 한 이야기가 아니라는 것을 알 수 있게 될 것이다.”

書示諸生

凡事若待其自然, 則無可爲之日.必須勉强, 庶幾及之.汝輩體驗於日用間, 則可知此言之不誣也

무릇 일이란 미리 준비를 하면 성공할 수 있으나 준비가 없으면 실패하기 일쑤이다.[96)]

凡事豫則立, 不豫則废

자. 금강산록(金剛山錄)

갑자년 하 4월 임인, 장성 사가리역에 이르러 차에 올랐는데 곧바로 김한익 화동을 만나게 되었다. 화동은 그의 호이다. 이에 앞서 금강산으로 떠나자는 약속이 있었기에 서로 만나게 되자 문득 마음이 개운해져 지칠 줄 모르고 마음을 터놓고 이야기하였다. 십이역(十二驛)을 지나 대전에 이르렀고, 차에서 내려 점심 식사를 했다. 비방울이 약간씩 떨어지기 시작할 때 우리는 경부선에 올랐다. 날이 어둑어둑 저물어서 남문역에 이르렀는데 장대 같은 비가 억수로 쏟아지므로 인력거를 타고 성안으로 들어갔고 여관에 투숙하였다.

96) 《예기 · 중용(禮記 · 中庸)》에서 나온 말.

계묘, 비가 그쳤다. 아침 식사를 마친 후 화동을 따라 계동의 안종달을 찾아갔다. 종달은 바로 화동의 질녀서이다. 옛적의 궁전을 구경하고자 서로 손을 끌고 문을 나섰다. 가는 길에 이상국의 집에 들렸는데 상국 역시 화동의 지인이었다. 얼마 지나지 않아 임종혁이 문득 찾아왔는데 그를 만나자 무척 반가웠고 함께 문을 나섰다. 그런데 또 이병두를 만났다. 이병두와 임종혁 두 젊은이는 나의 종손서들이다. 우리 네 사람은 함께 광화문으로 들어가 사정전, 만춘전, 천추전, 경회루, 수정전을 두루 참관하였는데 근정전은 대문을 채워서 들어가지 못하게 되었다. 나는 가슴이 갑자기 울컥하면서 광란이 일어 혼백이 날아날 정도고 창자가 꼬이는 듯 하여 차마 오래 동안 구경할 수가 없었다. 문을 나선 나는 이렇게 탄식했다. "굉장하고 화려한 양옥과 광채가 찬란한 석탑을 보니 기자가 은나라의 도읍을 지나며 부른 《맥수가》[97]보다 더한 탄식을 짓게 되는구나." 돌아와 계동에서 묵었다. 밤에 재종인 헌묵이 촛불을 밝히고 찾아왔다가 돌아갔다.

갑신, 아침 식사를 마치고 화동을 따라 이차순네 댁을 방문하였는데 화동과 사돈이었기 때문이다. 우리가 곧 남산에 오르려고 하자 차순은 막내 동생을 시켜 길을 안내하게 하였다. 그런데 산꼭대기에 이르지도 못하였는데 비라는 마귀를 만나 곧 산을 내렸고 종로의 여관에 이르러 점심을 들었다. 전차를 타고 홍화문 앞에서 내려 동물원을 찾아들었는데, 바로 선왕의 구궁(舊宮)이였기에 답답

97) 맥수가 (麥秀歌): 기자(箕子)가 은(殷)나라의 도읍을 지나며 보니 고국은 망하였고 옛 궁실은 폐허만 남아 보리밭이 되어 있었다. 이에 감개하여 탄식하며 "보리 이삭은 점점 자라고/벼와 기장 기름지기도 해라/저 교활한 아이는/나와는 사이가 좋지를 않네(麥秀漸漸兮 禾黍油油兮 彼狡童兮 不與我好兮)." 라는 맥수가 (麥秀歌)를 불렀다 한다.

한 마음이 치밀어 올라 시 한 수를 읊었다.

천리 밖의 두 늙은이 서로서로 손을 잡고
금강산 구경 길에 낙성(洛城, 낙양성)부터 들렸구나.
죽장 짚은 한나절에 무슨 세상 보았더냐
석양 무렵 옛 궁전서 눈물을 훔치누나.
한강수의 물오리는 여전히 흥겹지만
남산의 푸른 솔을 그 누가 어여삐 여기랴.
글 읽은 그대만이 《춘추》의 뜻을 알고 있어
말이 없는 마음속에 만고천하 간직했네

얼마 지나지 않아 석양이 서산에 지고 있었으므로 문을 나서 돌아가 차순네 댁에 묵었다.

을사, 하늘이 맑게 개였다. 일찍 길을 떠나 남문역에 이르렀고 차를 타고 목멱산을 지나갔다. 남한강의 아름답고 수려한 산수는 의연히 변화 없이 예전과 다름없었지만 내 가슴속에 부글부글 괴는 울분과 극도에 달하는 원한은 또다시 당초처럼 새롭고도 절절해졌다. 열두 역을 지나 평강역에서 내렸는데 난데없이 먹장구름이 몰려오더니 소낙비를 퍼부었다. 자동차를 탔는데 지나는 고장들의 이름을 기록하지 못하였다. 차는 금화읍에서 멈춰 섰다. 오후에는 날씨가 쾌청하였고 연경이 실로 아름다웠으며 강산도 무척 사랑스러웠다. 이것은 혹 금강산으로 차츰 나아가는 지세가 아니겠는가? 땅거미가 찾아들 때 금성을 지나 창도에 이르러 차에서 내렸고 여관에 투숙하였다.

병오, 욕식(蓐食)하고[98] 나서 장안사까지 떨어진 거리를 물어 보았더니 주민이 이렇게 알려주었다. “걸어가면 백리쯤 되지만, 대통로를 따라 자동차로 가게 되면 백육칠십 리 길입니다.” 이에 짐을 챙겨 절로 짊어지고 보행할 차비를 하는데 화동이 웃으며 말을 건넸다. “금강산의 점잖은 재미가 바로 이것이랍니다. 하필이면 김부자(金夫子)처럼 거오(倨傲)스럽게[99] 설쳐대야 하겠습니까?” 나는 “이것은 먼저 내 마음을 알아봤다고 할 수 있습니다.”라고 대답하였다. 우리는 함께 서두르면서 길을 떠나 통구진을 건넜고 지현리에 이르러 점심 식사를 했다. 겨우 십리쯤 걸어갔을 때 갑자기 광풍이 불며 비가 내리므로 당평리에서 묵어가게 가게 되었는데 따져 보니 사십 리 길을 걸은 셈이었다.

정미, 아침 일찍 길을 떠났다. 진령이 눈앞에 있었지만 한창 발에 물집이 생겨 발을 옮겨 딛기 어려웠다. 공교롭게도 잇따라 나타난 짐꾼 아이 둘을 만나게 되었고 내가 지친 사정을 이야기하였더니 그들은 아무런 난색도 없이 짐을 메여다 주겠다고 청을 내는 것이었다. 때문에 그들의 힘을 빌려 발고령과 신덕령 두 고개를 넘어섰다. 묵패에 이르렀더니 금강산의 한쪽 면이 갑자기 눈앞에 나타났다. 거기까지의 거리를 물었더니 짐꾼 아이가 “한 삼십 리는 착실히 됩니다.”라고 대답하였다. 북창시에 이르자 두 짐꾼아이에게 짐을 메다준 삯전을 치러주었다. 점심은 여관에서 먹었다. 장천의 판교를 건너고 나루터에서 철이령을 넘어섰다. 산 고개는 그리 가파르지 않았다. 평지까지 내려갔더니 동천 하나가 펼쳐지고 맑은 시냇물이 쏟아져 내렸으므로 아마 금강산 지역 안에 속하겠다는

98) 욕식(褥食)하다 : 아침 일찍이 떠나게 되어, 잠자리 속에서 아침을 먹다.
99) 거오스럽다(倨傲스럽다) : 거만하고 오만해 보이는 데가 있다.

짐작이 갔다. 시냇물을 따라 고목리 여관에 이르러 북을 바라보니 뭇 산이 푸른 가운데 새하얀 설봉 수삼 개가 찬란한 얼굴을 드러내고 있어서 문득 저도 몰래 신사가 나래치고 있었다.

몇 리를 걸어 청계수의 판교를 건넜더니 면바로 장안사의 동구였다. 소나무, 전나무, 등나무, 측백나무가 우거진 사이로 오솔길 하나가 뻗어있었는데 과녁 몇 개를 세울만한 거리였고 띄엄띄엄 산가 몇 채가 자리 잡고 있어 그것이 여관이라는 것은 물으나 마나 뻔한 사실이었다. 옥천관에 숙소를 잡자 곧 지니고 간 술을 꺼내 화동과 함께 대작하였는데 얼마 들지 않았는데도 벌써 거나하게 취기를 느끼게 되었다. 한상에서 밥을 먹고 한 잔으로 술을 마시고 한 침대에서 뒹굴었으니 그 정이야말로 참으로 동기와 다를 바 없이 아무런 허물도 없었다. 게다가 아침저녁으로 담소하고 산수를 두고 시를 주고받으니 참으로 미증유의 일이라고 말할 수 있었다.

무신, 아침 식사를 하는데 주인이 너스레웃음을 지으며 말을 건넸다. "이 산에 들어가려면 길잡이가 없어서는 안 되지요. 만약 제가 주선하여 드린다면 아마 돈도 많이 적게 들고 구경도 제대로 할 수 있을 겁니다." 이에 그의 말에 따라 스님에게 길안내를 맡겼더니 스님이 "예서 장안사가 가깝기는 합니다만 돌아오는 길에 들려도 무방합니다."라고 말하기에 거기에 들리지 않고 미로에 들어섰다. 숲을 꿰지르며 앞으로 나가 지장암을 향했다. 암자의 뒷면에는 장경봉 하나와 관음봉 셋이 솟아 있었는데 모두 깎아지른 듯한 천길 석벽이었다. 암자는 거의 비다시피 되어 스님이 없었다. 조금 아래로 내려서면 시내에 다가서게 되는데 그것이 바로 영원동이다. 시냇물 북쪽에는 만길 석봉이 우뚝 솟았는데 이름을 '석가'라고 불렀다. 시내를 따라 위로 올라가면 기이한 산봉이 겹쳐져 시냇물을 끼고 깎은 듯이 솟아 있었다. 혹 앞으로 나서면 가로 막아서서 마치도 길이 없을듯하였으나 정작 다가서니 문득 다시 열렸고 또 하나의 산봉우리가 앞에서 서술한 바와 마찬가지로 나타났다가 다시 열렸다. 시냇물 위에는 업경대가 있었는데 열 몇 사람이 앉을 수 있을 정도였다. 업경대 옆에는 못 하나가 있었는데 물이 괴어 깊었고 누른빛이 비껴있었으므로 그 이름을 황류담이라고 불렀다. 위에는 명경대가 있었는데 깎아 세운듯한 수십 장 높이의 판석은 마치도 거울을 세워놓은 듯한 모양새였다. 뒤에는 거북의 모양을 갖춘 구암이 있었는데 역시 십여 명이 앉을 수 있을 정도였다. 대개 산봉은 무궁하게 첩첩이 겹쳐있었고 동굴은 무진히 열렸다가 닫히곤 하였으며 시냇물은 굽이굽이 우여곡절하면서 측행도 하고 무릎을 꿇기도 하는 상 싶었으니 그 변화는 참으로 이루 다 헤아릴 수 없었다. 지름길을 따라 절벽을 오르고 물을 건넜더니 절름발이 행색을 내는 돌들은 마치도 맷돌이 돌아가는 상 싶었다.

몇 리를 걸었더니 돌담이 둘린 빈터가 나타났고 빈터 뒷면의 흘러가는 시냇물 물가에는 동경의렬, 북지영풍(東京義烈, 北地英風)"이라는 여덟 글자가 돌에 새겨져 있었다. 스님이 소개하였다. "신라 경순왕 왕자가 피세하여 수의(避世守義)하던 곳이랍니다." 절유하여 보니 경순왕은 우리의 먼 선조였는데 왕위를 선위할 때 왕자 하나가 홀로 불복하여 산으로 들어가 스님으로 되었다는 한 단락이 족보의 선계사실(先系事實)에 명백하게 기록되어 있었지만 다만 도대체 어느 산으로 들어갔는지 하는 것만은 아직도 알지 못하고 있었다. 이 기이한 자취를 보니 절대적으로 사실임이 의심할 바 없으며 백 세대를 내려가면서 역시 사람들의 신사를 격발시킬 수 있는 일로서 다만 우리 가문 선조의 사적만으로 되는 것이 아니었다.

몇 리를 더 올라가면 또 망군대(望軍坮)가 있는데 너무나 가파르게 생겨 근본 높아오를 수 없다. 스님이 알려주었다. "이곳 역시 왕자께서 올라 오셔서 후환을 고려하며 외군(外軍)을 바라보던 곳이기에 이 대에 이런 이름이 생겼답니다." 앞으로 곧게 꿰뚫고 나가 영원암에 들어서니 참으로 깊숙하고 으늑하며 덩굴이 뻗었는데 남쪽을 바라보니 다만 스님 하나가 승사를 지키고 있었다. 이에 절구 한 수를 지었다.

영원동에 찾아들어 신선 신령 찾아뵐 제
바위 아래 황류 청수 굽이치며 흘러가네.
발원지도 못 갔는데 눈에 띈 절간에서
스님 한 분 홀로 앉아 소리 내어 경을 읽네.

그리고는 휴대한 화밀주(和蜜酒)를 마시고 나서 또 지니고 간 진미 미숫가루와 꿀물로 주린 배를 달랬다. 암자 앞에는 배석대가 있었고 서쪽에는 옥구대가 있었으며 뒤는 지장봉이고 동은 세존봉, 남은 십왕봉, 서남은 판관봉이었다. 지장을 지난 다음 시냇물의 발원지까지 거슬러 올라가려고 하였으나 스님이 말리며 입을 열었다. "이것의 발원지는 백봉입니다. 여기서 이십 리 길인데 예로부터 지금까지 통하는 길이 없으니 더 나가서는 안 됩니다." 서쪽은 마면봉인데 깊숙하고 그윽함에 잠겨있어서 멀리서 바라보니 역시 가관이었기 때문에 스님이 손짓하는 대로 기록하여 두었다. 이리하여 서서히 아래쪽으로 발을 옮기는데 그래도 어쩐지 이리저리 흩어진 냇물을 건넌다는 감이 들었는데 어느 새 백천동에 이르렀고. 무려 스물세 굽이를 돌았던 것이다. 백천동을 내려서면 장안사가 자리 잡고 있다. 냇물 위의 평지에 서서 동남 방향을 바라보면 장경봉, 관음봉, 지장봉에서부터 석가봉, 천주봉에 이르는 여러 산봉뿐이었다. 뒷산은 여러 이상야릇한 산봉우리들과 비교하여 보면 흙으로 된 큰 둔덕에 지나치지 않았지만 동우가 굉장하고 아름다웠으며 전나무와 측백나무가 빽빽이 들어서 있었다. 법당 앞에 일본 여관이 자리 잡고 있는 것을 보니 또 절구 한 수가 떠올랐다.

뭇 산들이 터지다가 백천동서 돌아서니
온갖 나무 자란 속에 사원 하나 자리 잡네
가소롭네 돈만 아는 이역 땅의 저 장사치
어이하여 또다시 불사까지 찾아드느냐
석양 무렵이 되자 여관으로 돌아왔다.

을유, 식사를 마치자마자 일찍 길을 떠났다. 다시 백천동에서부터 만폭동까지 훑어보려는 생각이었다. 대체적으로 보면 영원은 동쪽에서 흘러나와 서쪽으로 흘러가고 만폭동은 북에서 흘러나와 남으로 흘러간다. 얼마 가지 않아 명연담이 나타났는데 옛날에는 '명운'이라고 불렀었다. 거무스레한 빛깔은 무겁게 드리우고 급단은 어지러운 돌 위에 울부짖으니 귀뿌리는 너무나도 맑고 시원하였다. 사면의 암석 사이에는 고금의 사람들이 이름을 적어놓은 석각들이 수두룩하였다. 몇 리를 걸었더니 백화암이 나타났다. 암자는 길가의 평지를 의지하고 있었고 네, 산은 흙으로 된 언덕이었다. 또 근년에는 화재를 당한 변고로 하여 한두 채의 자그마한 집이 남아있을 따름이었다. 암자의 뒤에는 돈도봉이고 산봉 아래에는 자그마한 암자 하나가 있었다. 스님이 소개하여 이렇게 말했다. "마의 왕자의 모후가 살던 곳입니다." 조금 더 앞으로 나갔더니 표훈사에 이르렀다. 절간의 불당은 매우 굉장하고 화려하여 장안사와 비교가 되였지만 역시 낮은 곳은 볼만한 곳이 없었다. 냇물을 떠나 북으로 길을 잡아들어 흙으로 된 언덕에 올랐는데 몇 리를 가지 않아서 정양사에 이르게 되었다. 절간 옆에 다락이 있었는데 그 이름이 정양이고 또 헐성이라고도 했다. 안계가 넓게 확 트이었다. 왼편 비로봉으로부터 시작하여 바른 편 백미봉까지 이르면서 삐죽삐죽 높이 솟은 만이천봉 기암괴석들이 죽 벌이여 섰으니 그제야 금강산을 금강산이라고 부르는 이유를 깨닫게 되었다. 이에 마음껏 술을 마시며 절구 두 수와 율시 한수를 읊었다.

"금강산에 힘들게 올라 좌정해 보니
천지의 생긴 모습 볼대로 다 보았네.
동방의 어는 곳을 여기에 비할손가
봉마다 기암 이룬 만이천봉이네"

"스님의 길안내가 내 마음 열어 주냐
정양사에 이르니 안계가 확 트이네.
깊은 골 첩첩 산봉 제 모습을 자랑하니
입산한지 사흘에야 이 다락을 얻게 되네"

"금강산 진면모를 예 와서 마주하니
반한 김에 귀가 않고 석양까지 머물구나.
산을 톺고 내 건너며 사흘 동안 쉬면서
두 사람은 슬픔 기쁨 다 함께 나누었네.
사면을 싼 기암괴석 구름 속에 잠겼건만
만폭동도 청계수도 바윗돌을 못 떠나네.
게다가 더한 것은 의담 토한 군의 시에

다음 날 영웅호걸 격한 마음 드설레리"

표훈사를 돌아내리자 잠간 다리쉼을 쉬었다. 곧 만폭동에 들어서고자 하는데 동구에 선 두 바위가 아래는 넓게 사이가 벌어지고 위는 하나로 이어져 여덟 팔(八)자 형태를 하였고 길은 그 중간으로 났으며 '금강문'이라는 이름을 갖고 있었지만 청연대 아래에 자리잡고 있었다. 이 곳을 지나자 별안간 우레 같은 소리가 땅을 진동하고 있었다. 조금 더 앞으로 나가니 바로 폭포였다. 폭포 옆에 있는 반석에는 수십 명 내지 백 명이 앉을 수 있었다. 옛날의 "봉래풍악 원화동천(蓬萊楓嶽 元和洞天)" 여덟 글자가 새겨져 있었다. 이것은 양봉래 사언이 남긴 글이다. 옆에는 대소 향로봉이 자리 잡고 있었는데 모두 만길 높이의 바위 산봉들이다. 폭포는 그리 높은 축은 아니었고 못도 그리 넓은 축이 아니었지만 그 기이하고 웅장한 절승은 이 내 평생에서 처음으로 만나보는 것이었다. 이에 술잔에 술을 따르며 절구 한수를 읊었다.

"팔담수의 절승경계 예로부터 전해오고
웅장한 만폭동은 문득 앞에 다가 서네.
짝을 무은 향로봉의 천길 높이 아래에서
지팡이 짚은 두 늙은이 흥에 겨워 머뭇대네"

백용담에 이르렀다. 백용담 위의 길 옆에 매월당이 몇 마디를 적어놓은 석각이 있었는데 읽는 사람들로 하여금 감격의 눈물을 금하지 못하게 하며 자신의 몸이 그와 한 세대가 아닌 다른 세대에 있다는 것을 느끼지 못하게 하고 있다. 글은 이렇게 되어있다.

"산을 즐기고 물을 즐기는 것은 인간의 상정이다. 그렇지만 나는 산에 오르면 눈물을 짓게 되고 물에 다가서면 눈물을 짓게 된다. 산을 즐기고 물을 즐기는 그러한 흥은 없고 이렇게 무궁하게 눈물만 짓고 있을 따름이다. 슬프도다! 여덟 번째로 금강산에 들어서며."

한자로는 모두 마흔 글자이다. 백용담 위에는 구불구불 굽이를 돌며 무릇 여덟 개의 못 즉 팔담(八潭)이 자리 잡고 있다. 그것들로는 흑용, 비파, 벽파, 분설, 진주, 구담, 선담, 화룡담 등이다. 진주담 물가에 있는 석각이 바로 우옹(尤翁)이 지은 것으로 이렇게 씌어 있다.

갠 달과 맑은 바람 특별히 전하는데
맑은 냇물 흰 돌은 취향을 함께 하네.
속세 밖의 세상에선 오늘도 질탕하건만
인간 세상 어디서나 시끄럽게 지저귀네.

왼편에는 '송시열' 세 글자가 새겨져 있었다. 분설에서 구담에 이르는 길은 수십 길 되는 벼랑에 걸려있었는데, 길에는 "법기보살(法起菩薩)"이란 큼직한 네 글자가 있었고 한 획에는 가히 양쪽 발을 용납할 수 있었다. 김규진(해강)이 써놓은 것이다. 이에 냇가를 떠나 마하연(摩訶衍)[100]으로 들어갔으나 별로 볼거리가 없었지만 다만 암자 뒤에 자리 잡고 있는 설봉 몇 폭이 신기한 감을 안겨주었고 전날 고목점에서 바라보던 원경이 상기되었다. 꿀물과 술 그리고 진미 미숫가루는 어제 점심식사 때와 똑 같았다. 오후에 백운대로 떠나려고 하였는데, 백운대 위에 금강수가 있고 대는 엄청 가파롭기에 전문 철삭(鐵索)으로 올라간다고들 말하였다. 이 말을 듣고 서로 오르지 말자고 경계하며 이렇게 말했다. "우리가 비록

100) 마하연(摩訶衍): 대승교(大乘敎)를 가리키는 말로, 이타(利他) 구제의 입장에서 널리 인간 자체의 평등과 성불을 이상으로 삼고, 그것이 불타의 가르침의 참다운 대도(大道)임을 주장하는 교파.

단 반걸음을 내딛는다고 할지라도 어찌 변두리에 앉지 말라고 받은 주의를 잊을 수가 있겠습니까? 무릇 금강산에 입산한 사람들이 만약 이렇게 하지 않는다고 한다면 정녕 험한 길을 다니면서도 요행수를 바라는 경우를 면할 수 없을 것입니다. 추성(鄒聖)의 '곧 굴러 떨어질 바위 밑에 서지 말라'[101]는 가르침이 어찌 우리를 속일 수가 있겠습니까?" 석양을 이고 산을 내려 여관에 이르렀는데 산이라면 못 본 곳이 없이 낱낱이 다 구경한 셈이다.

경술, 욕식하고 온정리로 떠날 작정을 했다. 그곳은 외금강으로 거리를 따져보면 백여 리가 되었다. 공교롭게도 순귀편(順歸便)이 있어 짐을 실려 보내고 도보로 여관을 나서 돌아와서 철령을 넘어섰다. 아직 북창에 채 미치지 못했지만 시냇물을 따라 동북으로 향했는데 대개 시냇물의 원류는 온정령에서부터 흘러나온 것이다. 서행하여 장현 여관에 이르러 점심밥을 먹었다. 만약 이 몇 리 길을 걷지 않았다고 한다면 가는 길을 잠시라도 떠나지 못하였을 것이다. 청계에는 수석이 매우 아름다웠다. 우리는 산은 그다지 기이한 편이 못 되지만 수석은 역시 금강산 절경의 하나가 될 수 있다고 이야기를 주고받았다. 걸어서 고개 아래에까지 내려가니 폭포 하나가 나타났는데 역시 쇄락기이(灑落奇異)하였다. 조금 더 올라가니 파파 설악(皤皤雪嶽)이 난데없이 눈앞에 나타났다. 주민에게 물어보았더니 주민은 "오봉산입니다. 산의 동남에는 만물초(萬物超)가 있는데 재를 넘어 조금 아래로 내려가면 길에서 본 기암괴석이 만상을 이룬 곳이 바로 그곳입니다." 황혼이 깃들 때가 멀지

101) 추성(鄒聖): 맹자를 말한다. 《맹자 · 진심상(孟子 · 盡心上)》에 이런 구절이 있다. "명일 따름이다. 순응하여 그 바른 것을 받아야 한다. 이런 까닭에 천명을 아는 자는 곧 굴러 떨어질 바위 밑에 서지 않는다. 자기의 도리를 다하고 죽는 것은 바른 명이지만, 죄를 지어 형벌을 받고 죽는 것은 바른 명이 아니다(莫非命也, 順受其正, 是故知命者不立乎岩牆之下.盡其道而死者, 正命也;桎梏死者, 非正命也.)"

않았으므로 급히 걸음을 다그치어 재를 넘어섰고 조금 자나서 여관에 이르러 투숙하였다. 오늘의 일정을 헤아려 보니 팔십 리가 되었다.

신해, 아침에 흐렸다가 저녁에는 개였다. 나가 만물초를 노닐었는데 기괴한 형색은 내금강에서는 전혀 보지 못한 것들이었다. 이곳에는 또 옛 구역과 새로운 구역 두 구역이 있는데, 옛 구역은 이미 철삭을 붙잡고 올라간 적이 있었지만 새로운 구역을 오르자면 이곳보다도 위험성이 열 배나 더 된다고 말하고 있었으므로 거저 멀리서 바라보기만 하였을 뿐 올라가지는 않았다. 앞에서 이른 바의 변두리에 앉지 않는다는 가르침을 잊지 않는다는 뜻이다. 절구한 수를 읊었다. 온정까지 내려와서 전날 점심과 마찬가지로 꿀물과 술과 진미 한 미숫가루를 들었다. 석양을 빌어 온정에서 목욕을 했는데 온천의 물이 몹시 뜨거워 단숨에 물에 뛰어들지 못하고 조금씩 몸을 잠근 다음에야 전신을 물에 잠글 수가 있었다.

임자, (온정을) 떠나 극락현에 이르렀다. 현(峴)을 내려서면 바로 신계사가 있었다. 온정에서 여기까지 이르는 거리는 5리이다. 모퉁이 하나를 지나 보광암이 있었고, 암자에서 얼마 가지 않았더니 처음으로 물소리가 들려왔다. 여기서부터 일봉의 기암, 청계의 백석은 만폭동과 더불어 가히 백중지세(伯仲之勢)를 이루었다고 볼 수 있다. 때때로 작은 시내는 버려두고 큰 물길만 좇아가기도 했다. 수십 리를 걸어가니 거대한 바위가 동굴을 이루고 있었다. 동굴의 크기는 사람이 드나들 수 있을 정도였기에 그 가운데로 길이 났고 이름을 '금강문'이라고 불렀다. 또 몇 리를 걸어가니 갑자기 길이 막힌 상 싶었다. 그런데 돌벼랑을 돌아서니 불현간 골짜기가 끝이 나고 바위 하나에서 폭포수가 쏟아지는데 그 아래가 바로 못을 이루고 있었고 이름을 '연주'라고 불렀다. 그 위에는 비봉폭포가 있었고 또 그 위에는 무봉폭포가 있었다. 굽이마다 못을 이룬 물은 맑고 깨끗하고 상쾌하여 문자로 이루 다 형용할 수 없었다. 제일 인상적인 것은 오솔길이 때때로 푸른 못 위의 수십 길 벼랑 사이에 걸려있고 번마다 철삭이 가로세로 뻗어 길을 돕고 있기는 하였으나 그곳을 지나는 사람들이 정녕 몸을 움츠리지 않을 수 없는 그것이었다. 아아히 높이 솟은 바위와 산악의 험준함과 수석을 절단하는 극도의 기이함은 비록 금강산의 제일경이라고 말한다 하더라도 지나친 말이라고 할 수 없을 것이다. 또 몇 리를 걸었더니 갑자기 폭포가 산을 넘고 곧추 수백 길을 날아 내리는데 물이 적다보니 물길의 너비가 비록 한 폭의 베에 비길 만한 하였지만 양편에서는 헤아릴 수 없는 밝은 구슬들이 뿔뿔이 흩어져 날아 떨어지고 있었다. 나는 스스로 폭포의 기이한 장관을 여기까지 보았으니 대단한 만족이라고 생각했다. 이에 그곳에 주저앉아 한참 동안 넋을 잃고 뚫어지게 바라본 후에 화동을 향하여 이런 말을 건넸다.

"이 폭포는 산에서 내려오는 지류에 불과한 것이지 절대로 구용이 아닐 것입니다. 그렇다면 오늘 일정은 구룡으로 가기로 기약하고 물줄기를 따라 원천까지 찾아보는 것이 어떻습니까?" 군은 자신도 동감이라고 대답하였다.

이리하여 한 가닥 길을 찾아 이리저리 옮겨 다니며 안으로 깊이 들어갔으며 때때로는 철삭에 매달려 험한 곳을 지나면서 한 단계 높은 길을 찾아 헤매었다. 그런데 갑자기 바위로 이루어진 골짜기가 나타났고 둥글고 넓은 큰 폭포가 거기로부터 수백 척 높이에서 곧추 날아 떨어지고 있었는데 이가 바로 '구룡연'의 아홉 번째 깊은 못(潭)이었다. 화살 하나가 날아갈 만한 거리에 자그마한 객사가 자리 잡고 있었다. 등산임수(登山臨水)하여 명승을 거닐면서도 그것을 알지 못하는 사람은 꼭 주인에게 물어보기 마련이다. 주인은 “이 폭포 위에는 아직 여덟 개의 못 즉 팔담(八潭)이 있습니다만 가는 길이 너무도 위험해 올라갈 수 없습니다.”라고 대답하더니 또 말을 이었다. “폭포는 이백 칠십 척을 날아 떨어지고 못은 깊이가 사십 척이 됩니다.” 이에 가져간 술을 잔에 붓고 또 진미 미숫가루와 꿀물을 마시면서 절구 한 수를 적었다. 여관에서 나와 못에 이르렀더니 두렵고 떨려서 함부로 하지 못했다. 못가에는 반석 하나가 있었는데 평평하고 널찍하고 길기도 하여 백여 장은 실히 되었다. 그 가운데서 특별히 큼직하게 쓴 여덟 글자는 우옹의 필적이다. 돌아서 내려와 극락현에 이르러 또 술을 마신 다음 돌아와 온정에서 묵었다.

(이하는 본 ‘금강산록’의 원고가 불에 타서 없어졌다. 절반을 편집한데 불과하지만 여기에서 멈출 수밖에 없다.)

金剛山錄

甲子夏四月壬寅, 至長城四街裡驛登車, 即逢金漢翼華東.華東, 其號也.前此已有金剛約, 故相得悅然醒心, 亹亹言心事.歷十二驛, 至大田, 下車午飯.雨色微動, 乘京釜線.犯暮, 至南門驛, 雨下如注.乘人力車入城, 宿旅館.癸卯, 雨歇.早飯後隨華東訪桂洞安鍾達.鍾達, 即華東姪婿也.將欲觀舊宮殿, 相攜出門.歷路訪李相國.相國, 亦華東所知也.俄而李鐘爀忽到, 見之忻然.乃相與出門.又逢李丙斗.林、李兩郎, 我從孫婿也.四人同入光化門, 遍觀思政殿、萬春殿、千秋殿、慶會樓、修政殿, 而勤政殿門鎖, 不得入.心忽狂亂, 魂消腸斷, 不忍久觀, 出而歎曰 : “洋屋之宏麗, 石塔之玲瓏, 有甚於麥蕲禾油之歎.”歸宿于桂洞.夜再從憲默舉燭來訪而歸.甲辰, 朝食後隨華東訪李次淳, 與華東有姻誼故也.將欲登南山, 次淳使其季導之.未到山巔有雨魔, 下山, 至鍾路店午飯.乘電車下弘化門前, 入動物園, 即先王舊宮也, 不勝沖悒, 自有唫曰 :

“千里相攜兩老人, 金剛去路洛城先.
半日投笻何世界, 夕陽揮淚古宮邊.
漢水鳧鳴猶爾興, 南山松柏獨誰憐.
惟君讀得春秋義, 無語心中萬古天.”

已而夕陽在山, 出而歸, 宿於次淳家.乙巳, 天晴.早發, 至南門驛, 乘車過木覔山.南漢江上, 山水之佳麗清朗, 尚依舊無變, 而我懷之嗚悒絶恨, 復如新益切矣.歷十二驛, 下平康驛.忽然作雲有急雨.乘自動車, 所過地名不能記, 而停車于金化邑.午後快晴, 煙景甚美, 山水亦佳.是或金剛漸進之勢耶？侵夕過金城, 至昌道下車, 投宿於店.

丙午, 蓐食, 問長安寺距離, 居人曰:“步行則百里, 車行則百六七十里”云.乃束裝自擔, 間關步行.華東笑曰：“金剛清致, 亦在於此.何必若金夫之豪矜耶？” 余曰：“此可謂先獲我心者也.”相與劇劇行, 渡通口津, 至賢里午炊, 才行十里, 急風吹雨, 止宿於當坪里, 得路為四十里也.

丁未, 早發, 泰嶺在前.方患褰, 腳之難支.偶逢兩童接蹤, 予說我憊狀, 則厥兒無難, 請擔行裝, 故賴之踰發古及新德兩嶺.到墨沛, 則金剛一面, 忽然在前.問距離, 兒謂:“三十里強.” 至北倉市, 償二童馱.午炊於店.渡長川板橋, 渡頭踰鐵伊嶺.嶺不甚峻.下至平地, 則洞天一闢, 清川瀉出, 想是金剛圈幅內.緣溪到古木里店, 北望則群山蒼翠, 中皓皓雪峰數三面, 玲瓏而見, 忽不覺神思飛越.行數里, 渡清溪板橋, 則即長安寺洞口也.松檜藤柏, 纔能通一路, 不過數帿.往往山家相間, 其為旅館, 不問可悉也.入玉泉館, 出所珮酒, 與華東對酌, 飲少輒醉.其同案而食, 同酌而飲, 同席而寢, 情誼與兄弟無間.而晨夕之劇談, 山水之唱和, 亦可謂未曾有也.

戊申, 朝飯, 主人曰：“此山之行, 無前導不可能.吾若周旋, 省其費而使用可矣.”乃如其言, 隨前導僧.僧曰：“長安寺雖近, 而歸路歷入無妨.”云.故不入, 而得迷路.前穿向地藏庵, 菴後有長慶一峰, 觀音三峰, 皆千仞石壁.菴前近空無僧, 稍下臨溪, 即靈源洞也.溪北有石峯萬丈，名釋迦.緣流而上，重疊奇峰，夾溪削立，或當前而閉塞，必似路窮，忽然復開.既又有峯，如向所見.已又復開，溪上有業鏡坮，可坐十數人.坮邊有潭，渟泓黃映，故名黃流.潭上有明鏡坮，板石削立幾十丈，如懸鏡樣.後有龜巖，亦可坐十數人.蓋峯不勝其迭出，洞不勝其開闔.溪水之百折委曲，側行跪出者，又不勝其變幻也.由徑攀崖渡水，跛石如將礩焉.行數里，有石牆古墟，墟後溪邊有"東京義烈，北地英風"八字石刻.僧云："新羅敬順王王子避世守義之地."竊惟敬順王我遠祖，而禪位之時，一王子獨不服而入山為僧一段，昭載於譜冊先系事實中，然尚不知入於何山矣.見此異跡，的實無疑，百世之下，亦可激發神思，非獨以為吾家先世事也.上數里，又有望軍坮，峭絕不可登.僧云："此亦王子所登，而以後患望外軍之地.故坮有是名耳."前穿入靈源菴，真深邃幽蔓，而南向只有一僧守舍，因拈一絕：

"靈源洞裏訪仙靈，巖下黃流百折清.
未到窮源卻見寺，孤僧坐有誦經聲."

乃酌所珮和蜜酒，又以所持真米末和蜜水療饑.菴前有拜席坮，西有沃舊坮，後為持藏峯，東為世尊峰，南為十王峯，西南為判官峰.地藏之後，欲溯源，則僧曰："此源出白峯，可為二十里，古今無通路，不可進."西有馬面峯，深邃之中，其眺望亦可觀，故隨僧點指記之.於是徐行而下.還覺支離數溪水渡來，則至百川洞，凡二十三曲也.百川下而有長安寺.據溪上平地，東南向所睹，自長慶、觀音、地藏至釋伽、天柱諸峯而已.後山則比諸奇巒不免土陵，但棟宇宏麗，檜栢叢立耳.見法堂前設日本旅館，又有一絕：

"群山中坼百川回，萬樹才通一寺開.
可笑殊方貪利客，如何又向佛家來."

隨返照而歸館.

乙酉，食後早發.復由百川洞，將欲窮萬瀑洞.蓋靈源東出西流，萬瀑北出南流.行小許，有鳴淵潭，古云鳴韻.沉沉黛黑，迅湍吼石，耳根甚清涼.四面岩石間，多有古今人題名石刻.行數里，有白華菴.菴據路傍平地，四山土陵.且近年以火變，只餘一二小舍而已.菴後有頓道峰，峯下有小菴.僧曰："麻衣王子母后為所居也."稍進，至表訓寺.其佛宇之壯麗，可與長安寺相埒，亦汚下無可睹處.捨溪而北，登土巒數里，即有正陽寺.寺邊有樓，名正陽，又名歇醒，眼界甚闊.左自毗盧，右至白馬峰，萬二千奇巖，矗矗羅列，始覺金剛之所以為金剛也.乃放懷縱酒，而有二絕，及四韻一篇.曰：

"一坐金剛上，窮可天地容.
東方無與敵，一萬二千峰."

"僧能前導開吾意，寺到正陽眼力流.
屢壑群山盡呈露，入山三日得斯樓."

"金剛於此對全容，為愛忘歸到夕紅.
多涉多臨三日歇，能愁能樂二人同.
四圍奇岳常雲裏，萬瀑清溪摠石中.
最是君唫吐義膽，異時亦可激豪雄."

旋下表訓小憇，將入萬瀑洞.洞口雙巖，下寬上合，為八字形.路由其中，名金剛門，而青鳶坮下也.過此，忽然雷聲振地.稍進，則乃瀑布也.瀑傍磻石，可坐數十百人.古古刻"蓬萊楓嶽，元和洞天"八大字.是楊蓬萊士彦書也.傍有香爐大小峯，皆萬丈石峯.瀑不甚高，潭亦不甚廣，然其奇雄絕勝，乃生平創見也.乃酌酒拈一絕：
"八譚絕勝昔相傳，萬瀑奇雄忽直前.
雙立香爐千仞下，盤桓二杖興無邊."
至白龍潭，潭上路傍有梅月堂數句石刻，讀之令人感泣，不覺此身之在異代也.其文曰："樂山樂水，人之常情，而我則登山而哭，臨水而哭.其無樂山樂水之興，而有此哭無窮哉.悲夫！八入金剛."四十字也.白龍之上，凡曲曲八潭，曰黑龍，曰琵琶，曰碧波，曰噴雪，曰真珠，曰龜潭，曰船潭，曰火龍潭.真珠之水邊石刻，即尤翁書.曰：

“霽月光風更別傳，清溪白石聊同趣.

物外只今成跌宕，人間何處不啾喧.”

左別有宋時烈三字.自噴雪至龜潭，去路懸在於石崖數十丈，路上有“法起菩薩”四大字，一畫可容兩足，金圭鎮書也.乃捨溪入摩訶衍，別無可觀，只菴後雪峰數幅為奇，而想向日古木店所遙望也.蜜酒真末一如昨日午.午後將向白雲坮，坮上有金剛水，而坮甚峭絕，專以鐵索登云.故相戒不登，曰：“吾輩雖跬步，豈可忘垂堂之戒乎.凡入金剛者若不知此，則必不免行險而僥倖也.鄒聖之‘不立岩牆’，豈欺我哉.”帶夕陽而下，至客館內，山則可謂盡矣.

庚戌，蓐食，將欲往溫井里.此則外金剛也，計程為百餘里.行裝適得順便而馱送，徒行而出，還踰鐵嶺.未及北倉，而隨川東北向，蓋川源出自溫井嶺.西行，至長峴店午喫，不托過此數里，則去路暫不離.清溪上水石往往甚嘉，相與言山不甚奇，水石則亦可入於金剛勝狀.行行到嶺下，有一瀑布，亦灑落.稍上則皤皤雪嶽忽面前.問居人，則曰：“五鳳山，山之東南有萬物肖.踰嶺稍下，乃路上奇怪萬像即厥處也.”黃昏不遠，乃急進越嶺，稍至店投宿.此日程為八十里也.

辛亥，早陰晚晴.出翫萬物肖，其奇怪形色，多有內山所未見者.而又有新舊二區，舊區攀鐵索，而登新區則其危險十倍於此云.故但眺望而不登，向所渭不忘垂堂之意也.拈一絕.下至溫井，蜜酒真末又如前日午.乘夕照浴于溫井，井甚溫熱，不可直入，漸之而後可入.

壬子，發至極樂峴.峴下直有神溪寺.自溫井至此為五里.過一隅，則有保光菴.菴行小許，則始聞水聲.自此釼峰、奇岩、白石、清溪與萬瀑洞，可為伯仲.往往舍小流，而惟逐大流.行數十里，巨岩作窟.窟之廣，容人出入.路由其中，名金剛門.又行數里，忽似路窮.石崖轉入，則忽然山谷盡.是一岩中有一瀑，瀑下成潭，名連珠.其上飛鳳瀑.又其上舞鳳瀑.曲曲成潭，其清淨灑落不可形.最是徑蹊往往多懸於碧潭上數十仞岩崖間，每以鐵索縱橫輔程，然過之者必不免縮．聳岩嶽之峻，截水石之奇絕，雖謂金剛中第一，不為過言也．又行數里，忽見飛瀑踰嶺，直下數百仞．水小故波不過一幅布，而兩邊明珠無數散落．自謂瀑布奇觀止於此，足矣．因留坐熟觀後，言於華東曰："此瀑不過山上支流，則絕非九龍潭也．今日之行，既以九龍爲期，更隨幹流而窮源，如何？"答云，君亦復可，乃覓一線路，轉轉深入，又往往攀鐵涉險，更上一層路．則忽見一岩谷，圓闊而大瀑布直下數百尺，此為九龍淵第九潭也．間一帿有小館．而登臨翫勝像，而若不知者，則必問於主人．答云:"此瀑之上有八潭，然去程危險，不可登．"又曰："瀑落二百七十尺，潭深四十尺．"云．乃酌所佩酒，又飲真末水，拈一絕．出館而臨潭，懼慄不能狎．潭邊磐石，平闊廣袤可百餘丈．又多古今人題名，其中特大書八字，尤翁書也．旋下，至極樂峴．又酌而歸，宿溫井．

以下燒失，不過半編而止此．

2. 항재유고 부록

가. 창랑대기

선비의 출세와 은퇴에는 시기가 귀중한 것으로 된다. 시기가 은퇴하여야 할 때인데도 출세하려고 한다면 그것은 의롭지 못한 것이다. 시기를 얻었다면 패옥을 차고 진수성찬을 차린다[102]고 할지라도 편안하다고 여기지 않고 시기를 얻지 못하면 바위굴에서 잠을 자고 벌판에서 살아간다고 할지라도 빈궁하다고 인정하지 않는다. 빈궁하지만 그 뜻을 지키고 출세하여도 그 도를 행한다고 한다면 그가 행하는 것이 바로 그가 지키려는 뜻으로 된다. 이것은 실로 서로 다른 두 가지 도가 아니다. 모든 나라에서 솥에 양념을 넣어 국을 끓인다는 이정조갱(以鼎調羹)의 방법으로 나라를 다스리는 것[103]은 원래부터 이윤(伊尹)이 유신(有莘)의 들에서 농사를 지을 때부터 정해져 있은 것이고, 누룩이 되고 소금과 매실이 되어야

102) 진수성찬을 차린다: 원문은 열정(列鼎)인데 정(鼎)은 중국 고대 왕조인 상대(商代)부터 제작된 예기로, 덕(德)이 있는 왕조만 소유할 수 있다고 여기던 권력의 상징물이었다. 삼족과 양이가 달린 원형 정(圓鼎)과 사족(四足)과 양이가 달린 방형 정(方鼎)이 있으며 주례(周禮)의 규정에 따르면 천자는 9정, 제후는 7정, 대부는 5정, 사(士)는 3정을 갖도록 되어있는데 여기서는 그릇이 많이 놓인 식탁 즉 진수성찬을 말한다.

103) 이정조갱(以鼎调羹)으로 나라를 다스리는 것: 원문은 "以貞之治"인데 여기에서 "貞 자는 갑골문에서 보이는데 최초에 이 "貞"자는 "鼎"자와 같은 글자였으므로 여기서는 고대의 세발 달린 솥 鼎이며 고기 같은 것을 넣고 삶는 조리 기구라고 로 해석하여야 한다. 이것은 요리사 출신인 상탕의 재상 이윤의 이야기에서 비롯된 고사이다. 원래 유신의 들에 은거하여 농사를 짓던 이윤은 상탕을 만나게 되자 세발 솥으로 요리를 할 때 불의 온도와 화력의 정도 그리고 조미료를 사용하는 시기와 양 등을 통제하는 요리법으로 정세 변화의 기미를 제대로 파악하면 그에 맞추어 적절한 시기에 적절한 정책을 과감하게 실행할 수 있다는 도리를 상탕에게 이야기하였다 한다. 이것은 노자가 말한 "치대국약팽소선(治大國若烹小鮮, 큰 나라를 다스리는 것은 작은 생선을 삶는 것과 같다)"이라는 뜻으로 풀이할 수 있다.

한다는 국얼염매(麴糵鹽梅)[104]의 도리는 부열(傅說)[105] 이 부암(傅巖)에서 판축(板築)을 하던 때에도 진작 존재하고 있었다. 이것은 그들이 특별히 때를 만나느냐 못 만나느냐 하는 우불우(遇不遇)에 달려있을 따름이다.

나의 종조부 항재선생은 일찍부터 가정교육을 받았고 자라서는 면옹(勉翁)선생에게서 학문을 배우시어 경세제물(經世濟物)의 포부를 지니셨을 뿐만 아니라 수기치인(修己治人)의 도를 터득하셨지만 때를 만나지 못하여 새장 같은 숲속에 거주하며 하늘과 인간 성명(性命)의 미묘함을 궁구하셨고 춘추의 왕실을 존중하고 외세를 배척하는 존왕양이(尊王攘夷)의 대의를 가슴에 품으시어 일문(一門)에 정사를 행해 후손들의 본보기로 되셨다. 얻음과 잃음, 총애와 수모 사이에서 간교한 심보를 완전히 잊어버리고 냇물과 산색, 바람과 달의 형태에 자신의 마음을 담고 있었다.

지난 병진년 봄에 한 곳의 점괴를 보더니만 만수당 앞의 과녁 하나를 세울만한 땅에 못을 파고 연꽃을 심고 고기를 기르면서 못 한가운데에 누대를 세우고 빙 둘러 소나무와 측백나무를 심어놓았더니, 야외 같으면서도 야외 같지를 않았고, 평탄하면서도 속되지 않아 구름과 안개가 모였다가 흩어지고 날짐승과 물고기가 제각기

104) 국얼염매(麴糵鹽梅) : 《서경 · 열명(書經 · 說命)》에 "약작주례, 이유국얼; 약작화갱, 이유염매(若作酒醴, 爾惟麴糵; 若作和羹, 爾惟鹽梅)"라는 말이 있는데 이것을 뜻풀이를 하면 "만약 술과 단술을 빚을 것 같으면 그대가 누룩이 되어 주고, 잘 조화된 국물을 만들려 하거든 그대가 소금과 매실이 되어 주오"라고 할 수 있는데 이것은 짠 소금과 신 매실이 국의 조미료가 되므로 신하가 군주를 도와 선정(善政)토록 함을 비유하는 말이다.

105) 부열(傅說) : 부열은 부암(傅巖)이란 곳에서 널빤지를 대고 흙담을 쌓아 올리는 노역을 하는 즉 판축(板築)을 하는 노예였다. 그런데 은(殷)나라 22대왕 무정(武丁)이 꿈에 어진 사람을 꿈꾸고 그와 같은 사람을 찾은 결과 부암(傅巖)이란 곳에서 열(說)을 얻었다 하여 부열(傅說)이라고 부른다. 고종은 그를 불러 재상으로 삼아 국정을 맡겼고, 부열은 고종의 기대를 저버리지 않았다.

즐기고 있어, 멀리서 바라보면 마치도 높은 산에 울창한 숲이 자리잡은 듯한 기세여서 마치도 하늘이 내린 조화인상 싶었다. 대의 이름을 '창랑'이라고 지었는데, 물이 맑으면 갓끈을 씻고 물이 흐리면 발을 씻는다는 뜻을 담고 있었다. 이에 율시 한 수를 지었더니 당세의 지명인사들이 다투어가며 수창하면서 명승지라고 칭찬하였으므로 그 명성이 원근에 자자하게 되었다.

노을 피는 아침이거나 달이 뜨는 저녁이 오면 선생께서는 언제나 각건에 야복 차림으로 지팡이에 의지하여 홀로 찾아가 옷섶을 제치고 발을 씻고 연꽃 향을 맡아보며 푸른 숲속의 맑은 공기를 들이키곤 하였다. 시대를 가슴 아파하는 탄식을 언제나 읊조리는 시에서 발로하군 하였는데 때로는 어부가 창랑가를 부르며 거기에 화답하기도 하였다.

오호라! 선생이 후생들을 가르치신 지도 어언간 십년이 되었다. 강하는 날마다 흘러가고 세상의 도는 갈수록 무너지고 있으니 창랑의 물도 맑을 때가 없게 되었다. 명월은 외로이 둥실 떠올랐지만 청풍은 누가 감상한단 말인가? 유고를 어루만지며 머뭇거리니 감회가 북받치는데 다만 흘러가는 구름의 그림자와 하늘 빛 즉 운영천광(雲影天光)만이 전과 다름없이 배회하고 있을 따름이다.

어떤 사람이 이렇게 묻고 있다.

"하나의 《유자가》인데 부자는 거기에서 자취(自取)를 얻었지만 삼려대부 굴원은 거기에서 그 때 시기의 의로움을 얻었습니다. 무엇 때문입니까?"

"거기서는 하나의 의로움이고 여기서도 역시 하나의 의로움입니다. 착하여 복을 얻고 악하여 화를 얻는 것은 자취한 것입니다. 갓끈을 씻거나 발을 씻는 것은 맑고 흐린 물이 수시로 변하기 때문입니다. 하나의 말에 두 가지 뜻이 있는데 무슨 손상이 있단 말입니까?》

종조손 정회 근지(謹識)[106)]

滄浪臺記

夫士之出處, 時爲貴耳.時可隱而出, 非義也.得其時, 而珮玉列鼎, 不以爲泰；不得其時, 則巖居野處, 不見其窮.窮而守其志, 達而行其道, 其所行乃所守之志也, 實非二道也.萬邦以貞之治, 素定於莘野之耕；麯蘖鹽梅之道, 已存乎傳巖之築, 特其遇不遇耳.我從祖恒齋先生早服庭訓, 晚而就學于勉翁, 以經世濟物之志, 得聞修已治人之道.遭逢不辰, 隱居林樊之下, 究天人性命之微妙, 抱春秋尊壤之義, 為政一門, 垂範後昴, 息機乎得喪寵辱之際, 寓懷於溪山風月之狀.往丙辰春, 筮一區於晚睡堂前一帿地, 鑿池種魚, 中池為坮, 環以松柏.野而不野, 夷而不俗.煙雲之舒卷, 禽魚之相樂.遠望之隱然有岑鬱之勢, 若天造焉.臺曰滄浪, 以寓清纓濁足之義.因賦四韻, 當世知名之士爭相酬和, 以道其勝, 名遂著於遠近.每煙朝月夕, 先生以角巾野服, 負杖孤往, 披襟濯足, 荷香林翠之間.病時之嘆, 累發於吟詠.時有漁父, 歌滄浪而和焉.嗚呼! 先生之衰後生輩忽已十禩矣.江漢日下, 世道益敗.滄浪之水, 無時可清.明月獨舉, 清風誰賞.撫遺躅而興感, 惟有雲影天光, 依舊徘徊而已.或曰："均是孺子歌, 而夫子取其自取, 三閭取其時義, 何也？" 曰："彼一義也, 此亦一義也.善福禍惡之自取也.纓足清濁之隨時也, 一語而兩義, 該庸何傷乎."

從祖孫 正會謹識

106) 謹識(근지) : 이 말은 자신이 쓴 어떤 문장이나 편지 끝에 겸손에 뜻으로 자기의 이름 뒤에 붙여쓰는 말이며, 그 뜻은 "삼가 적는다" 는 말이다. * 識(식)자는 "알 식/ 적을 지/ 깃발 치" 등의 뜻이 있는데 여기서는 기록한다 혹은 적는다는 뜻이므로 응당 지로 읽어야 한다.

나. 창랑대 원시의 운을 삼가 차운하며(謹次滄浪臺原韻)

1) 후석 오준선

새로 지은 작은 누대 세월을 바래주는데
멀리서 바라보면 산색이고 다가서면 물가로구나.
물외(物外)[107]에서 물고기의 즐거움을 홀로 아니[108]
한적하면 우연히 바윗돌 위에서 잠을 잔다네.
비 그친 갈대 섬에 초승달 떠오르고
훈풍 부는 언덕 위에 버들은 파란 물기 머금었네.
물 맑으면 갓끈 씻고 물 흐리면 발 씻으려니
유자가(孺子歌)[109]
한 곡조에 석양이 물드는구나.

---

107) 물외(物外): 세상의 속된 일이나 물정에서 벗어남.

108) 물고기의 즐거움을 홀로 알다: 원문은 "호상락(濠上樂)"으로 되어있는데 濠는 중국 안휘성에 있는 물의 이름으로 풀이하면 호수(濠水)에서의 즐거움으로 된다. 《장자 · 외편 · 추수(莊子 · 外篇 · 秋水)》에 의하면, 장자(莊子)와 혜자(惠子)가 함께 길을 가다가 호수에 이르러, 장자가 물속의 고기를 보고 즐겁겠다고 하니, 혜자는 '자네는 물고기가 아닌데 물고기가 즐거운지 아닌지 어찌 아는가?' 라고 물었고, 장자는 '자네는 내가 아닌데 내 마음을 어찌 아는가?' 라고 반문했다고 한다. 이를 "호상락(濠上樂)"이라고 하기도 하고 "호거지락(濠渠之樂)"이라고도 한다.

109) 유자가(孺子歌): 이 노래를 《창랑가(滄浪歌)》 라고도 하는데 《초사 · 어부(楚辭 · 漁夫)》와 《맹자 · 이루상(孟子 · 離婁上)》에 보인다. 창랑(滄浪)은 양자강(揚子江)의 지류 가운데 하나인 호북성 경내에 있는 한수(漢水)의 하류를 말한다 하기도 하고 물이 맑은 모양을 형용하였다고 하기도 한다. 이 노래의 원문은 아래와 같다. "창랑수가 맑으면 나의 갓끈 씻을 지고 창랑수가 흐리면 나의 발을 씻으리라(滄浪之水淸兮, 可以濯我纓.滄浪之水濁兮, 可以濯我足.)"

後石 吳駿善

小臺新築送流年, 遠望山光近水邊.
物外獨專濠上樂, 閑中偶或石頭眠.
蘆洲雨歇添新月, 柳岸風和帶翠煙.
纓足知爲淸濁取, 滄浪一曲夕陽天.

2) 위당 최영학

창랑수에 누대 선지 몇몇 해가 지났던가
주인장은 언제나 백구(白鷗) 곁에 계신다네.
속속 잇는 풍광이라 돌아오며 시를 읊고
세상사가 유유하니 취중에 잠이 드네.
거울 같이 맑은 못에 물고기 뛰어 놀고
외딴 섬에 솟은 달은 안개 없어 말쑥하네.
유자가(孺子歌) 한 곡조에 청탁(淸濁)이 분명하니
갓끈 씻든 발을 씻든 하늘 뜻에 맡겨 두네

緯塘 崔永學

臺居滄浪問幾年, 主人長在白鳩邊.
風光續續歸吟詠, 世事悠悠入醉眠.
魚躍空潭明似鏡, 月生孤嶼淨無烟.
孺歌一曲分淸濁, 濯足濯纓只任天.

3) 성암 조우식

창랑수가 여생을 바래주는가
물에 띄운 쪽배 한 척 비스듬히 매여 있네.
연꽃 아래 장수거북 바야흐로 노닐라니
맑고 밝은 백사장에 새가 함께 조으누나.
사간(絲竿, 낚싯대)을 거두잖아 갈 숲에 명월 비꼈는데
연기 피는 버들에 도롱이와 삿갓이 높이 걸렸네.
맑고 흐린 물 밖에도 또 자취(自取) 따로 있어
누대의 둥근 지붕 한국 하늘 마주 섰네.

> 省菴 趙愚植
>
> 滄浪之水送餘年, 泛彼孤舟繫一邊.
> 蓮暗靈龜將有躍, 沙晴閑鳥每同眠.
> 絲竿不撤蘆明月, 簑笠高懸柳翠烟.
> 自取又存清濁外, 臺頭圓對我韓天.

4) 계당 이원섭

누대 서고 시를 짓자 나이마저 잊었구나
여긴 맑고 저긴 흐려 두 변두리 생겼다네.
딱 친구들 마주하면 그때마다 취하건만
실속 없는 들뜬 말은 물리치고 낮잠 자네.
백로 쉬는 물가에는 비낀 달빛 정취 깊고
낚시터엔 오래 앉아 뭉게구름 기껏 보네.
방금 몇 곡 불렀으나 구성진 노래 이어지고
파파 머리 정성 다해 날이 새길 기다리네.

溪塘 李元燮

臺起詩成自忘年, 斯淸斯濁兩其邊.
好朋每對因謀醉, 浮話時聞卻就眠.
鷺渚趣深多水月, 魚磯坐久飽風煙.
纔終數曲還歌美, 白首餘忱待曙天.

5) 춘파 유채선

마음도 창랑처럼 나이가 듬직하니
정해진 지역 안에 자연스레 누대가 서네.
찬 솔과 여윈 돌(瘦石)은 진토를 멀리 하고
지친 백로 노는 백구 세속 잠을 아니 자네.
인간세상 살아가도 가는 세월 잊고 살며
홀로 깨어 물외에서 풍연 속에 묵어가네.
노래가 있었기에 맑고 탁함 스스로 취해
충정을 토로하며 두 하늘을 이지 않네.

春坡 柳采善

心與滄浪老大年, 臺成信地自然邊.
寒松瘦石遙塵境, 倦鷺閑鴣非俗眠.
雖在人間忘歲月, 獨醒物外宿風煙.
隨其淸濁因為曲, 感發衷情不貳天.

6) 인재 김곤

물 가운데 누대 선지 어언간 몇 해 지나
한 갈래 창랑수가 사면을 감도누나.
이와 같이 혼혼한데[110] 원래의 근원 있고
도도(滔滔)한[111] 자 옳다는 데 홀로 잠에 깨어있네.
맑게 갠 밤 발돋움해 명월을 감상하고
해종일 낚시질로 옅은 안개 뒤따르네.
세상만사 모두가 스스로 취한 바니
영화든 치욕이든 창천을 원망할손가.

> 忍齋 金坤
> 中洲臺立已多年, 一道滄浪繞四邊.
> 混混如斯元有本, 滔滔者是獨醒眠.
> 跂足清宵弄明月, 乘竿終日趁輕煙.
> 萬事人間皆自取, 肯將榮辱怨蒼天.

7) 월송 김용선

당을 지은 이후에 조상 유업 이었으니
자연적인 성의는 곁을 종시 못 떠나네.
자취해 갓끈 씻고 때에 따라 떠나가며
낚시에는 무관하고 땡볕 아래 잠을 자네.
맑고 밝은 백사장서 찬 산 명월 감상할 제
먼 포구의 안개인양 버들개지 새로 돋네.

110) 혼혼(混混) : 음양(陰陽)이 섞여 나뉘지 않는 모양.
111) 도도(滔滔) : 말을 거침없이 잘하는 모양.

창랑대를 두루 밟아 관광을 시작한들
괜한 걱정이 감천(感天)일 줄 그 누가 알아보랴.

> 月松 金容善
> 築後先堂肯構年, 自然誠意不離邊.
> 濯纓有取隨時去, 垂釣無關向日眠.
> 晴沙明得寒山月, 新柳青生遠浦煙.
> 滄浪從是遊方作, 誰識閑愁更感天.

8) 부해 안택승

은사는 스스로 만년(晩年) 편안 꾀할지니
세상에 창랑 있어 살아가기 맞춤이네.
낚시터에 먹이 뿌려 고기떼를 구경하고
경치에 만사 잊고 조는 백로 아껴주네.
맑은 유수 즐기어 성명이 순전타만
온 세상의 먼지 구름 어이한단 말인가.
내 비록 바다에 떠서 갈 곳이 없다마는
별유천지 근심하는 그대 생활 부럽구려.

> 浮海 安宅承
> 逸士身謀善晩年, 滄浪適在世居邊.
> 臨磯撥餌觀魚集, 對境忘機愛鷺眠.
> 好向清流全性命, 莫何舉世暗塵煙.
> 吾雖浮海歸無處, 羡子寄憂別有天.

9) 복재 이종택

창랑에 몸 맡긴지 몇몇 해가 지났던가
땅과 주인 상칭하니 손짓하며 돌아보네.
아름다운 그늘 아래 꼭 친우가 거쳐 가고
낚시터서 천연스레 조는 백구 희롱하네.
단자 전할 연꽃인가 입에 이슬 머금었고
깔개 이은 향초인가 푸른 안개 앉아 짜네.
유자가에 깊은 뜻 무한히 담겼으니
힘 다해 자연 찾는 그대가 부럽구나.

復齋 李鍾澤

滄浪托跡已多年, 地與人稱指顧邊.
窈窕陰中須友涉, 從容磯上狎鷗眠.
荷堪遞單唇霑露, 草可承茵坐織煙.
孺子歌中無限意, 羨君寘力所能天.

10) 니산 변종혁

몇 해 동안 맑은 물에 갓끈 씻고 흐린 물에 발 씻으며
여기에 은거하여 즐거움을 누렸구나.
덕성을 살펴보니 세간의 봉익(鳳翼)과 같고
백사장에 고개 돌리니 갈매기와 함께 쉬네.
가을 등 밝은 언덕 삼경이라 달이 떴고
훈훈한 봄바람에 거울 같은 십리 못에 안개가 이네.

주문(朱門)[112]의 도리(桃李)[113]는 꿈도 아니 꾸니
본성 다한 항옹(恒翁)은 하늘을 알고 있었네

尼山 卞鍾爀
清纓濯足已多年, 行樂隱然在此邊.
覽德世間同鳳翼, 回頭沙上伴鴟眠.
秋燈古岸三更月, 春暖平湖十里煙.
桃李朱門無夢寐, 恒翁盡性乃知天.

11) 만취 고순진

티 없이 맑은 대에 여생을 맡겼더냐
선정(先亭)에서 도를 듣자고 가까이에 다가왔네.
활리(活理, 살아가는 이치)를 살펴보니 고기 절로 뛰놀고
한적한 맹약 맺고 언제나 새와 함께 잠을 이루네.
맑은 물가 찾아가 갓끈 씻자 앉았었고
낚싯대 거두고서 밤안개 타고 돌아오네.
푸른 솔과 빨간 꽃에 잠겨있는 깊은 뜻 속에
말이 없는 하늘 있다 알고 있구나.

112) 주문(朱門) : 고귀한 사람의 집의 대문은 붉은 색칠을 하였으므로, 고관(高官)이나 부호(富豪)의 집을 말함.
113) 도리(桃李) : 과거 시험을 통해 채용되었거나 천거된 문인(門人), 또는 인재를 천거하거나 채용하는 일을 일컬음.

晩翠 高舜鎮

一臺乾淨托餘年, 聞到先亭至近邊.
活理靜觀魚自躍, 閑盟長與鳥同眠.
濯纓坐處臨淸水, 捲釣來時踏暮烟.
松翠花紅無限意, 箇中知有不言天.

12) 일헌 김훈택

맑은 유수 스스로 아껴 만년(晩年)을 기탁하니
새 누대 맞춤하게 냇가 땅을 베였구나.
멀리 흐른 가을 향내 붉은 부용 싱싱하고
정오의 땡볕 아래 해오라기 한 마리 낮잠을 자네.
거문고 그만 타고 노래하며 돌아오[114]는 한적한 세월
쪽배 타고 낚시 놓고 시원히 풍연에 미역 감네.
창랑수에 햇빛 차고 마음은 거울 같아
인간 세상 홀로 깨어 별유천지 찾았구나.

114) 거문고 그만 타고 노래하며 돌아오다(舍瑟歸吟) : 공자의 《논어 · 선진(論語 · 先進)》에 "자로, 증석, 염유, 공서화가 시좌하다(子路, 曾皙, 冉有, 公西华侍坐)" 편에 공자와 네 제자의 대화 기록이 있다. 공자가 제자들에게 각기 자기 뜻을 이야기하라고 하였더니 자로, 염유, 공서화는 모두 벼슬을 하겠다는 뜻을 밝혔다. 이에 공자가 증석에게 물었더니 그는 "거문고 소리에 여운을 울리게 하더니 퉁하고 줄을 긋고는 거문고를 버리고 일어나서(鼓瑟希, 鏗爾, 舍瑟而作)" "늦봄에 봄옷을 입고 관자 대여섯과 동자 예일곱을 데리고 이수에 미역을 감고 봄바람 속에서 무우제를 지낸 다음 노래를 부르며 귀가하겠다.(莫春者, 春服既成, 冠者五六人, 童子六七人, 浴乎沂, 風乎舞雩, 詠而歸.)" 라고 대답하였다.

逸軒 金勳澤

自愛清流寓晩年, 新臺得地枕溪邊.
秋香遠漏紅蓮濕, 午影全睛一鷺眠.
舍瑟歸吟閑日月, 指船洼釣爽風煙.
滄浪滿照心如鏡, 獨醒人間別有天.

13) 만송 이정희

몇 곡조 창랑가로 모년을 바래나니
드문 솔과 긴 대죽 누대 주변 둘러섰네.
재화를 멀리하여 먹이 뜯는 청록(靑鹿)[115]을 보고
기미 잊고 백구 함께 백사장에 잠을 자네.
영흠한 이 땅위에 수석(水石)이 반짝이고
사시절 좋은 흥에 바람 안개 만끽하네.
물 맑으면 갓끈 씻고 물 흐리면 발 씻으며
평생이 즐거우니 하늘에 일점 부끄러움 없구나.

晩松 李定熙

數曲滄浪送暮年, 踈松脩竹護台邊.
遠害從看青鹿食, 忘機相伴白鴗眠.
一片靈區明水石, 四時佳興飽風煙.
隨其清濁纓兮足, 自樂平生不愧天.

115) 청록(靑鹿) : 사슴은 십장생의 하나이고, 천년을 살면 청록(靑鹿)이라고 한다. 이천년을 살면 흑록이라고 하는데, 흑록은 뼈도 검어 이를 얻으면 불로장생 한다고 한다.

14) 경암 김로수

창랑을 얻었으니 모년(暮年)에 즐거웁고
호방한 노래 속에 깊은 뜻이 숨겨있네.
흥에 나면 낚시터에 앉아서 낚시하고
흥이 지면 지팡이 없이 돌 위에 낮잠을 자네.
지세 보면 두 갈래 물길이 북에서 합류하고
들을 보면 남을 향한 십리 벌에 푸른 안개 일고 있네.
여기에서 맑으면 갓끈 씻고 흐리면 발 씻으니
무릉도원 지향하며 별유천지 찾을 손가.

敬菴 金魯洙
爰得滄浪樂暮年, 浩歌浩歌意無邊.
興來垂釣磯頭坐, 志倦投笻石上眠.
地形北合雙條水, 野色南通十里烟.
清纓濁足於斯在, 肯向武陵覓別天.

15) 송천 고예진

시(是)와 비(非)를 다 잊은 모년의 세월에
후미진 냇가에 작은 누대 쌓았다네.
유자가에 깃든 자취(自取) 스스로 터득하여
낚시터서 자던 어옹 홀로 잠에 깨여나네.
연꽃 섬에 풍년 들어 이슬 향이 옷 적시고
세밀이라 솔숲에 푸른 기운 감도누나.
바닥 뵈는 물결 위는 밝은 거울 흡사하여

진천(眞天) 찾는 온갖 사물 속속들이 비친다네.

松川 高禮鎭
是非兩忘暮遲年, 為築小臺靜寂邊.
孺子歌中知自取, 漁翁磯上覺孤眠.
秋殷蓮嶼霑香露, 歲晩松林帶翠烟.
徹底波光明似鏡, 照看品類遂真天.

16) 족제 준묵

고령인 모양처사(牟陽處士) 연세가 예순인데
남 먼저 냇물 얻어 물가를 일떠세우네.
바람결에 갈꽃 날고 모래는 얼굴 스치는데
백구는 등에 비 맞으며 언덕에서 잠을 자네.
세상 인정 마치도 복숭아 그물을 친 듯하고
밝아오는 새벽에 대죽에는 푸른 안개 이는구나 .
갓끈 씻고 발 씻는 건 자취한 일이거늘
신용 지켜 믿고 따르며 창천을 가리키네.

族弟 峻墨
牟陽處士六旬年, 優得前川興一邊.
風送蘆花沙面拂, 雨添鴗背岸頭眠.
世情彷彿陳桃網, 曉色依稀楚竹煙.
濯足與纓皆自取, 履思信順指蒼天.

17) 흠제 조덕승

만사를 다스리며 만년에 이르나니
맑든 말든 관계 않고 냇가에 자리잡네.
뛰노는 물고기 하도 예뻐 백사장에 서 있고
둥둥 뜬 백구 곁을 찾아가며 낮잠을 쉬네.
고상한 지조로 속무(俗務) 어이 전하며
안개 서린 경물에 미련을 어이 두랴.
가지고 버리는 건 하나로 꿰여야 하니
당시에 생기 넘치는 자연에만 순응해보세.

欽齋 曺悳承
萬事經綸到晩年, 任它清濁在川邊.
好看魚躍晴沙立, 更近鳩浮白日眠.
高尚何曾遺俗務, 流連不是取風烟.
須知用舍同條貫, 秖順當時活潑天.

18) 몽암 안석우

창랑을 자취한 일 몇몇 해가 되었던가
맑진 노래 한 곡조에 한 고장이 청신하네.
언제나 죽림 찾아 고사(高士)들과 담론하고
때로는 사공 따라 노농들과 함께 쉬네.

담박한 시편 속에 삼경(三逕)[116] 달이 잠겨있고

116) 삼경(三逕): 삼경(三徑), 혹은 장사삼경(蔣舍三徑), 도잠삼경(陶潛三徑)이라고도 한다.

의미(依微)[117]한 그림 속에 반궁(半宮)[118] 안개 서려있네.
명승 누대 어진 주인 서로가 어울리니
초심을 어기지 않은 솔성(率性)[119]의 하늘이네.

夢菴 安錫禹
滄浪自取問何年, 有一清歌濯濯邊.
每向竹林高士語, 時從船野老農眠.
淡泊詩懷三逕月, 依微畫景泮宮烟.
名臺賢主今相得, 不負初心率性天.

19) 족재 봉묵

옆에 지은 창랑대도 어느덧 옛일인데
어이하여 여기에 서식하게 되었을까?
공부하다 짬짬이 노는 고기 구경하고
채전 일에 여가 타면 학과 함께 잠도 자네.
구슬 같은 연꽃 그림자 못의 달을 머금고
비취색 소나무는 언덕의 안개 속에 잠겨 있네.
항재의 그 심사를 그 누가 알아줄까

삼경(三徑)은 은자가 사는 집의 정원을 이른다. 동한(東漢)의 조기(趙岐)가 쓴 삼보결록(三輔決錄) 도명(逃名)에 "장후(蔣詡)는 자(字)가 원경(元卿)인데 집 정원에 오솔길 세 개를 만들어두고 오직 양중(羊仲)과 구중(裘仲) 두 사람만을 불러 어울렸는데 그 둘은 모두 고상하고 청렴하며 명리를 멀리하는 선비였다"라는 기재가 있다.

117) 의미(依微)하다 : 아리송하고 어렴풋하다.

118) 반궁(泮宮) : 성균관과 문묘(文墓)를 통틀어 이르는 말.

119) 솔성(率性) : 《중용》에서는 "천명지위성 솔성지위도 수도지위교(天命之謂性 率性之謂道 修道之謂敎)"라고 말하고 있는데 '솔성'은 곧 천지의 명한 바에 순응하고 따르는 것을 의미한다.

유자가 노래 속에 만고 하늘 비껴 있네.

> 族弟 鳳默
> 傍築滄浪已舊年, 如何棲息在斯邊.
> 劬書休暇觀魚躍, 洽圃餘閑伴鶴眠.
> 玉影荷含潭裡月, 翠容松透岸頭烟.
> 恒齋心事無人識, 孺子歌中萬古天.

20) 죽계 고제만

할 일 없는 낚시터는 하루가 한해인가
적막강산 바장이며 외로이 시편 읊네.
가을 물위 부용꽃은 볼수록 탐스럽고
저녁바람에 백구 백로 마주하여 잠을 잔다네.
옷섶에는 언제나 네모진 연못의 달을 달고
무관한 지역의 무거운 수심은 절반 강산 푸른 안개로 되네.
한 곡조 창랑가의 깊은 뜻을 아는 자가 거의 없어
만나는 경우 따라 다른 하늘 따라 가네.

> 竹溪 高濟萬
> 釣台無事日如年, 獨自行吟寂寞邊.
> 秋水芙蓉看不厭, 晚風鳩鷺對相眠.
> 襟前長帶方塘月, 局外猶沈半壁烟.
> 一曲滄浪知者少, 只隨所遇聽他天.

21) 장조카 재종

용강땅 얻은 지 몇 해가 지났는데
만년의 즐거움 누구에게 맡기는가.
아들 손자 동반하여 연꽃 심어놓고
돌밭 갈며 때때로 야옹 따라 잠자네.
몇 마지기 논밭에 비이슬이 새로웁고
동그란 못물 위에 바람 안개 깃들었네.
창랑가 부른 뒤에 창랑대가 일떠서니
유유한 만념은 우리 하늘 따라 가네.

姪 在鍾
卜得瀧岡已有年, 晩來逸樂屬誰邊.
種荷每伴兒孫採, 耕石時從野叟眠.
數畝桑麻新雨露, 一圓潭水宿風烟.
滄浪歌後臺初迄, 萬念悠悠聽我天.

22) 죽포 한용묵

《유자가》가 앞장서서 노년을 노래할 제
창랑대는 창랑수가 사면으로 감도누나.
맑은 날 악기 탄 후 노는 고기 바라보고
험한 날 백로는 떼를 지어 쉬고 있네.
연에 피는 부용꽃은 붉고도 말쑥하고
그대 사랑 대죽은 파란 안개 서리누나.
어부가 찾던 곳을 시인이 찾은 것은

도화원은 아니건만 이 세상의 별유세계로구나.

竹圃 韓用默

孺子歌先唱暮年, 滄浪臺水四圍邊.
弄清吹末看魚樂, 欺雲點叢許露眠.
花乃於蓮紅潤玉, 君惟其竹翠和烟.
詩人更覓漁郎覓, 不是桃源別有天.

23) 경재 김명철

노래하며 갓끈 씻고 가는 세월 바래주며
담담한 심사로 물가에서 세상 보네.
대가 바른 솔과 대죽 겨울 지나 싱싱하고
자유로운 새와 고기 사람 마주 잠을 자네.
공 들인 반무 땅에 거울 같은 못이 생겨
바람 자고 청파 일며 저녁 안개 거둬가네.
창랑대 누대 아래 향화 지초 심고 가꿔
길이길이 보우하소 저 하늘에 아뢰보네.

敬齋 金明喆

自歌自濯送流年, 心事淡然觀水邊.
貞秀松筠經歲立, ○近魚鳥向人眠.
真工半畝開明鏡, 和氣清波捲暮烟.
臺下芝蘭培又植, 無窮保佑想申天.

24) 월담 김재석

창랑수에 누대 선지 몇몇 해가 지나갔나
석인(碩人)[120]이 수레 타고 백운 가를 지나가네.
청탁 따른 탁영탁족(濯纓濯足) 고금의 통례이고
영고성쇠 뒷전이니 홀로 잠에 깨어있네.
세상 피해 살아가니 방장산 달빛 밝고
마음속 깊은 정에 노주(鷺洲) 안개 의구하네.
활가(活歌) 소리 끊어지고 여태까지 무소식이니
초창하여 배회하며 신선 세계 담론하네.

月潭 金載石
臺起滄浪問幾年, 碩人過軔白雲邊.
濯隨清濁同今古, 心絕榮枯獨醒眠.
高蹈尚輝方丈月, 幽情依舊鷺洲煙.
活歌一斷無消息, 怊悵徘徊說洞天.

25) 성재 김수익

냇물 끌어 대를 쌓은 후 몇 해가 지났던고
찾아온 손님 노를 잡고 주인 곁을 안 떠나네.
물결 이는 맑은 물에 갓끈을 씻어놓고
돌베개 높이 베고 취해서 잠이 드네.
오곡 자란 넓은 벌에 이슬비 내리고
냇가의 꽃과 버들 바람 안개 돌돌 감네.
창랑가 한 곡조에 시를 지어 화답하니

120) 덕이 높은 사람.

이 세상의 별유천지 이제야 믿어지네.

醒齋 金秀益
引水作臺問幾年, 客來依棹主人邊.
獵纓波面清斯濯, 高枕石頭醉或眠.
遠野桑麻添雨露, 前川花柳捲風煙.
以詩賡和滄浪曲, 始信世間別有天.

26) 종조손 정회

창랑대에 높이 누워 가는 세월 아니 헤며
산골의 개울가에 오두막을 지었구나.
연잎에는 진주 이슬 장수거북 예서 놀고
명월 비낀 갈대숲에 백구가 숨을 쉬네.
속세를 떠나자고 낚싯대를 드리운 이
어이 세속인과 더불어 오곡밥을 먹을손가.
갓끈 씻을 밝은 마음 이처럼 맑을진대
명경 같은 모 난 못은 상하천광(上下天光)[121] 이루었네.

從祖孫 正會
高臥滄浪不記年, 考盤寓此磵阿邊.
露珠荷葉靈龜在, 明月蘆花白鳩眠.
擬從塵外閑垂釣, 肯向人間共食煙.
襟纓濯濯清如許, 一鑑方塘上下天.

121) 상하천광(上下天光) : 위의 하늘과 아래의 호수(湖水)가 서로 비치는 하늘빛.

다. 항재기(恒齋記)

항상 항(恒)자는 오래도록 그 도를 행하면서 그 방법을 변치 않는 것을 일러 말하는 것이다.

나의 벗인 김 순묵군은 이것을 문자로 표구하여 자기가 거처하고 있는 서재 정면에 걸어두었다. 나는 그가 독실(篤實)이란 이것을 돌아보고 살피며 훈계와 면려를 매우 가까이하는 그 뜻이 다른 것에 있는 것이 아니라 가렵지 않은 데도 긁어대기도 하는데 황차 그가 궁구하고 실행하는 것이 그가 걸어둔 편액의 뜻과 거리가 있기 때문이라는 것을 잘 알고 있다.

군은 어려서는 연참(鉛槧)에 종사하여 부지런히 수고를 아끼지 않았다. 그런데 얼마 지나지 않아 그것을 그만두고 가문의 생계를 주관하였는데 부지런하게 몹시 바삐 일하였으므로 모아놓은 재산은 위로 부모님을 봉양할 수 있었고 아래로는 자식들을 양육할 수 있었다. 그런데 하루아침에 그것들을 버리고 전문 적륵(趯勒)[122]에 힘을 들여 해서, 예서로부터 전자(篆字), 주문(籒文)에 이르기까지 갈겨쓰지도 않고 오리지도않으며 각기 그 극치에 이르도록 하였다. 나이 이립(而立)이 넘어서자 또 그것을 포기하고 다시 사자(四子)[123] 및 송나라 시기 제현(諸賢), 그리고 아동(我東) 제유(諸儒)들의 저서들을 얻어다가 반복적으로 숙독하면서 어느 한 글자도 빠뜨리지 않았으므로 남들이 보아내지 못하는 것들을 보아내게 되었고, 남들이 알아내지 못하는 것들을 알아내게 되었다. 일찍 나에게 이런 시구를 보여준 적이 있다.

---

122) 적륵(趯勒) : 趯과 勒. 갈고리와 가로 긋기를 가리키는데 서예 필법의 하나이다.

123) 사자(四子) : 《논어(論語)》《대학(大學)》《중용(中庸)》《맹자(孟子)》 등 사자서(四子書)의 작가들인 공자(孔子), 증자(曾子), 자사(子思), 맹자(孟子)를 가리킨다.

"익혀서 떠나가도 모두가 달리 되고
형태 갖춰 돌아오니 각자 편중해도 완전하네
(習成去出同還導, 各具来時偏亦全)[124)]

아! 도를 알지 못한다면 어찌 언사가 여기에까지 미칠 수가 있단 말인가! 그렇지만 도를 모르고 있는 내가 어찌 도를 알고 있는 것 분의 이런 말씀을 알 수 있단 말인가. 정자와 주자의 학설이 동으로 건너온 다음에 여러 철인들이 일떠섰고 선비와 지인들은 이 도를 흠모하고 숭상할 줄 알게 되었다. 후세에 이르러 의론이 여러 갈래로 나누어져 마침내 이치가 나누어지고 서로 의심을 하게 되어 편중과 온전 이론이 둑이 터진 듯 무너졌고 넓은 안광이거나 대발명이 없는 사람이라면 본원을 잘못 인정하는 착오에서 벗어나기 어려웠다. 그런데 이 머리가 어디에서 온 것인지를 알고 있으니 군은 여러 사람들을 훌륭하게 사숙(私淑)[125)]하였다고 말할 수 있다.

이리하여 처음으로 네 번을 모색하여야 변할 수 있는 것[126)]이 어

---

124) 시의 제목은 《步五常詠韻》이다.

125) 사숙(私淑): 존경하는 사람에게 직접 가르침을 받을 수는 없으나 사람의 도나 학문을 본으로 삼고 배우는 것을 이르는 말.

126) 네 번을 모색하여야 변할 수 있는 것: 원문은 "其四營而變者"인데 《직방주역(直方周易)》 계사상(系辞上)에 이런 구절이 있다. "때문에 네 번의 모색을 거쳐 《역경(易经)》의 하나의 효(一爻)를 완성하였고 열여덟 번의 변화를 거쳐 하나의 괘(一卦)를 완성하게 된다. 여덟 개의 단괘(單卦)가 이렇게 정밀하고 세밀하게 중첩되면서 하나로 조합되었다. 문사(文辭)에서 인용한 사례들을 쫙 펴서 늘여놓을 수 있는데 유사한 사건들과 접촉하게 되면 한층 더 제고할 수 있으며 그렇게만 된다면 천하에서 능히 해낼 수 있는 일들은 전부 여기에 포함되게 된다. 《역경(易经)》의 두드러진 도리와 신기함이 널리 보급될 수 있으므로 《역경(易经)》은 각종 사물을 응대할 수 있다고 칭찬할 수 있고 세상 사람들을 보우하는 신령이라고 칭찬할 수 있다. 공자가 말하였다. '변화의 방법을 아는 사람은 신령이 하는 짓을 알 수 있다.' (是故四营而成《易》, 十有八变而成卦, 八卦而小成.引而伸之, 触类而长之, 天下之能事毕矣.显道神德行, 是故可与酬酢, 可与祐神矣.子曰: '知变化之道者, 其知神之所为乎.')"

떻게 항구한 것으로 될 수 있는가를 처음으로 알게 되었고, 이로 하여 항구하다는 것의 뜻을 가히 추리할 수 있게 되었다. 천도(天道)가 언제 한 번 항구하지 않았는가? 봄은 따스하고 가을은 서늘하여 절기에 따라 변화하면서 유구한 도로 되는 원인이 바로 여기에 있다. 따스한 봄이 항구하게 되면 여무는 사물이 없게 되고 서늘한 가을이 항구하게 되면 싹이 트는 사물이 없게 될 것이다. 때문에 꽃 피우고는 장양하고 열매가 익으면 또 페장한다. 꽃 피우고 장양하고 익으면 페장하는 이것들은 끝없이 순환하게 되는데 반드시 그 절기를 따라야 하고 조금이라도 차이를 두거나 어기여서는 되지 않는다. 이것이 바로 항구한 것이다. 절기에 따라 변하여 조화를 일으키게 되면 만물을 양성할 수 있는 것이다.

그렇다면 《대학》의 순서에 따라 이야기하여 보기로 하자. 격물치지가 전일한가? 격물치지하게 되면 정성이 바른 성정(誠正)에 이르게 된다. 정성이 바르게 되면 수신, 제가, 평천하에 이르게 되고 항구한 것이 따라서 여기에 존재하게 된다. 항구한 것은 한 번 정해진 것을 말하는 것이 아니라 시종을 관통하고 본말을 갖추고 무궁무진한 것이다. 그것이 변하기 때문에 항구한 것으로 된다. 천하 어디에 항구하지 못하면서 이루어지는 사물이 있으며 변하지 않으면서 항구한 것으로 되는 사물이 있단 말인가?

내가 이런 말을 하게 되는 것은 항재주인에게 알려주려는 것이 아니라 무릇 이 서재에 들어서는 사람들에게 주인양반이 훌륭하게 변화하기 때문에 그 항구함을 이룩하였다는 것을 알리려는 것이다. 이 항구함이 없다고 하면 이것이 이루어 질 수 없으며 이 항구함이 있어야 비로소 이것이 이루어지게 된다. 주인의 허다한 재간을 보지 않고 다만 주인이 벼슬에 나서지 않는 것만 보아도 이것을 보여주는 본보기로 되지 않는가! 그렇다면 이것이 사람들에게 미치는 영향은 심원한 것이다. 이에 이것을 적어 항재기로 삼는다.
창녕 조덕승 지음

恒齋記

恒之爲言, 久於其道, 而不變其方之謂也.吾友金君純默, 表而出之, 揭于所居之齋.吾知其顧諟篤實警勵切近, 殊非他.不癢而爬可, 況而見其所究所履, 與所揭之義有間焉.君少事鉛槧, 矻矻孳孳, 未幾而置之幹蠱, 治生勤勞拮据.其居積, 上可奉, 而下可育矣.一朝棄之, 專力於趯勒, 自楷隸至篆籀, 不放不姸, 各臻其極.年踰而立, 又舍之.更取四子及宋朝諸賢.我東諸賢之書, 孰讀反復, 未或一字放下.由是見人所不見, 知人所不知.嘗示我以詩, 曰:"習成去處同還異, 各具來時偏亦全."噫! 非知道安能言到於此.然吾不能知道, 安能知知道? 夫自程朱之說東來以來, 群哲輩作, 士知慕尚於斯道, 而後世議論多端, 便致理分相猜, 偏全橫決, 苟不有大眼目、大發明, 幾乎未免錯認乎本原.而知此頭顱何處得來, 君可謂善於私淑諸人之也.於是乎始知其四營而變者, 乃所以成其恒.而恒之義, 因此可以推辨焉.天道何嘗不恒也? 惟春暄秋涼, 隨時變易.而所以成其悠久之道者在此焉.恒於春暄, 無以成熟; 恒於秋涼, 無以發生.是故開敷而又長養焉, 結凝而又閉藏焉.敷養凝藏, 循環不已.必以其時, 毋或差忒.是乃恒也.其因時順變, 能成造化, 育萬物矣.姑以大學次序言之, 方格致專一乎? 格致至誠正又專一乎? 誠正至修齊治平, 所恒者隨而存焉.恒非一定之謂.所以貫始終、該本末而不窮也.其變, 所以成其恒也.天下豈有不恒而成之者乎? 不變而能成其恒者乎.吾之為此言者, 非所以告恒齋主人庶入是齋者, 知主人之善變, 而成其恒也.無是恒, 無是成; 有是恒, 方有是成.不用主人許多工夫, 亦看主人底不出, 可以鑑柯於斯矣.然則其及人之功, 遠矣哉! 遂書此為恒齋之記.

昌寧曺悳承 識

라. 가장(家狀)

공의 휘는 순묵(純默)이고 자는 덕문(德文)이며 항재(恒齋)는 호이다. 김씨는 계보는 안동에서 나왔다.

휘 방경(方慶)이 큰 공훈을 세우고 상락개국공으로 봉을 받았고, 시호는 '충렬' 인데 이가 시조로 된다.

이가 낳은 순(恂)은 밀직사로 상락군을 세습하여 봉 받았으며 시호는 '문영(文英)' 이다.

몇 대를 지나 휘 사형(士衡)에 이르러 처음으로 본조에서 벼슬하여 좌의정으로 있었고 상락백부원군을 봉 받았으며 시호는 익원(翼元)이다. 이가 휘 승(陞)을 낳았는데 좌찬성이다.

3대를 지나 휘 을만(乙萬)은 통찬이었고 상소문을 올려 김안로(金安老)를 질책하였다가 남으로 무창에 내려가 은둔하였다.

이가 휘 복중(福重)을 낳았고 음사(蔭仕)하여 통찬으로 되었다.

이가 휘 질(質)을 낳았는데 진사이며 김하서(金河西), 유미암(柳眉巖) 제 선생들과 도의로 사귀었고 경서에 밝고 행실을 닦아 유학을 가르치는데 공이 있었다. 연이어 고(考), 비(妣), 및 승중(承重)[127]의 상을 치르게 되어 죽을 마시며 여묘(廬墓)[128]하면서 12년을 지냈는데 여러 번 사물을 감동키는 기이한 일들이 생겼었다. 김하서가 그의 당의 편액을 '영모(永慕)' 라고 지어주었고 유미암이 기(記)를 지었다. 소문이 조정에 전해지자 조정에서는 정려(旌閭)를 내려 표창하였고, 명나라 조정에 천거하였더니 황조(皇朝)에서는 정(旌)을 내려주었으며 사림에서는 도암사(道巖祠)를 세워주었다.

127) 승중(承重) : 장손으로서 아버지 · 할아버지를 계승하여 조상의 제사를 받드는 일, 또는 그 일을 책임지는 사람.

128) 여묘(廬墓) : 상제(喪制)가 무덤 근처(近處)에 여막을 짓고 살면서 무덤을 지키는 일.

3대를 지나 휘 경철(景哲)은 남원(南原) 교수로 있었는데 호가 은송(隱松)이었다. 용사지변(龍蛇之變)[129] 때에 의기를 들었으므로 도암사에 배향하였다. 이들이 공에게 있어서는 9대 이상의 선조들이다.

고조의 휘는 규서(奎瑞), 증조의 휘는 진기(振基)이다.

조부의 휘는 양대(養大)인데 진사이며 늙은이를 존중한다는 옛 규례에 좇아 통정을 제수 받았다. 노사기선생(蘆沙奇先生)은 사림에서 그를 칭찬하여 이렇게 말하였다. "향에 만약 김아무개와 같은 사람이 있다고 하면 가히 야박한 풍속을 돈후하게 만들 수 있다."

고(考) 만수당(晩睡堂)은 휘가 영철(榮喆)이다. 생원인 그는 호탕하고 영준하며 세상을 구하고 남에게 은택을 베풀려는 수세택물(需世澤物)의 포부를 지니고 있었지만 매우 험한 세상을 만나 포부를 실현하지 못하였다. 몇 대를 내려오면서 세상에 드러나지는 않았지만 모두 덕을 감추고 빛을 숨기며 살아온 사람들이기 때문에 그들의 행적을 뇌문에 적은 사람들은 모두 당세의 명공대인들이였다.

비 울산 김씨는 방풍(邦豐)의 딸이며 하서선생의 후손으로 현숙하고 여자 선비의 행실이 있었다. 아들 다섯을 두었는데 공이 셋째 아들이다.

공은 고종 병인 11월 4일에 고창의 도산리 가택에서 태어났다. 어려서부터 우람지게 생기고 정중하였으며 재능이나 도량이 남달리 뛰어났다. 철이 들면서 밖으로 나가 스승을 모셨는데 학습과정에 대한 감독이 없어도 능히 스스로 글 읽기에 애를 썼는데 글자의 뜻을 아주 잘 터득하였다. 어른들은 모두 그에게 먼 장래가 있으리라고 믿으며 장래를 기대하고 있었다.

나이 방금 열다섯에 집일을 주관하는 사람이 없는 것을 보고 "농

129) 龍蛇之變(용사지변) : 임진왜란(壬辰倭亂)을 달리 이르는 말.

사일과 글공부는 어느 하나에만 치우치면 되지 않는다."고 말하고는 낮이면 농사를 짓거나 고기잡이를 하거나 땔나무를 하기도 하였고 짚신을 삼거나 삿자리를 엮기도 하면서, 하지 않는 일이라고는 없었고 밤이면 아무리 찌는 듯한 삼복염천에 비바람이 몰아친다고 하여도 반드시 경전을 읽으면서 잠시도 쉬지 않으며 십여 년 고심하게 연찬하였다. 생계가 조금 풀리기 시작했을 때는 바로 약관 전후 시기였다.

그는 또 이렇게 말하였다. "글을 읽고 자신의 수양을 닦는 것은 우리 유생들의 본분이고 부귀영달은 명에 달린 것이다." 그리고는 어려서부터 배움에 힘쓰지 않은 것을 슬퍼하며 예물을 갖추어 포천(抱川) 가채(加茝)에서 최면암(崔勉庵) 선생을 배알하고 경서를 지니고 질의하였는데 뜻이 성실하다는 칭찬을 받았다. 선생이 일찍 그에게 글을 적어 증송하면서 대략 이와 같이 말하였다.

"사람들에게 몸이 있으면 반드시 마음이 있기 마련이고 이 마음이 있으면 반드시 공과 사, 선과 악의 구별이 있기 마련이다. 마음을 지키면 있고 놓아 버리면 없어지는 조존사망(操存捨亡)하는 그 사이의 거리는 비록 한 치밖에 되지 않지만 일신의 옳고 그름, 가정과 나라와 천하 흥망의 득실에 관여되는데 다스려지거나 어지러워지는 것은 모두 여기에 따라서 갈라지게 된다."

대개 심법을 전한 것이다. 이로부터 분발하여 뜻을 세우고 조용한 한 칸의 방에 자리를 정하고 경전을 두루 구하여 밤에 낮을 이어가면서 노력한 결과 조예는 날마다 깊어졌고 견식은 날마다 높아졌다.

특히 《중용》《대학》《논어》《맹자》에 힘을 기울이면서 늘 이렇게 말하였다. "이 두 책[130]은 체와 용이 모두 겸비되어 있다. 이것을 버린다고 한다면 덕목이 나갈 토대를 잃은 것으로 된다." 그리고는 고개를 들고 사색을 하거나 고개를 숙이고 글을 읽으면서 반드시 실행하는 것을 위주로 삼았다. 의혹이 있으면 사색을 하고 사색을 하면 깨닫게 되어 침식을 잊는 것도 달갑게 여기면서 소광(昭曠)한 영역을 모을 기대를 지니고 불안한 마음으로 부지런히 공부하며 물질적 영역에 마음을 두지 않았다.

또 해서에 재간이 있어 필력이 매우 힘이 있었다. 짧은 묘갈이거나 긴 비문으로 그의 혜택을 받은 사람들이 파다하였다. 과거시험장에 들어서는 사람들이 사용한 서적은 대부분 공의 손을 거치게 되었지만 이것을 자랑거리로 삼지 않았다.

만수공이 일찍 중병으로 삼년 동안 병석에 누워있었는데 공은 속이 바질바질 타서 옷도 미처 벗지 못하고 의원을 찾아뵙고 약을 달이며 시중을 들었고 극도의 정성을 다 하였다. 부친을 잃은 모든 비애를 참으며 염습으로부터 묻을 때까지 모든 일을 꼭 조심조심 성심을 다하여 처리하여 여한을 남기지 않았다. 매번 기일이 돌아오면 반드시 먼저 목욕재계를 하고 마치도 생전처럼 받들어 모셨다.

예학에 조예가 깊어 원근의 사우들은 먼지를 날리며 찾아들어 물어보곤 하였다. 친척이나 안면 있는 사람들의 부고를 듣기만 하면 반드시 포복하며 찾아가 구휼해주면서 자기의 애도의 마음을 표하

130) 두 책(二書) : 사자서(四子書)와 《근사록(近思錄)》을 가리킨다. 사자서(四子書)는 앞에서 말한바와 근사록 《논어(論語)》《대학(大學)》《중용(中庸)》《맹자(孟子)》를 가리키는데 이 책들은 공자(孔子), 증자(曾子), 자사(子思), 맹자(孟子)의 언행록이므로 또한 사자서(四子書) 혹은 사자(四子)라고 한다. 《주자어류(朱子語類)》 권105에 "'사자'는 육경으로 가는 계단이고 《근사록》은 '사자'로 가는 계단이다.('四子', '六經' 之階梯, 《近思錄》, '四子' 之階梯.)"라는 기록이 있다. 여기서는 원문에 응당 있어야 할 《근사록(近思錄)》 세 글자가 보이지 않는데 아마 누락된 것이라고 생각된다.

였다. 친척집의 아이가 앓는다고 하면 가까운 친척이나 먼 친척을 따지지 않고 반드시 아침저녁으로 찾아가 병문안을 하였다. 무릇 일을 처리함에 있어서는 부지런하기도 하고 정성을 다하기도 하였으니 아마 그의 천성이 그렇지 않은가 싶다.

선군 묘의 비석을 세울 때 다른 사람의 손을 빌리지 않고 꼭 손수 비석을 갈았었다. 먼 선조들의 묘소에 석의가 결여되어 있는 것이 십여 곳이 되었는데 공은 혼자 수고를 무릅쓰고 일일이 비석을 세워놓았고 각기 제전을 마련하여 제를 지낼 자금으로 삼게 하였다. 만수당의 준공에도 온갖 정성을 다 기울이었고 시종 감독하며 수고를 아끼지 않았다. 진귀한 꽃이며 나무라고 한다면 아무리 깊은 산속이나 먼 바다에서 자란다고 하더라도 기어이 옮겨와 손수 주위에 심었으며 땅을 파서 못을 만들고 연꽃을 심고 샘물을 이끌어와 자그마한 정자 하나를 세우고서는 '수정(水亭)' 이라고 이름을 달았다. 이 일은 공에게 있어서는 자그마한 예절을 보여준 것이지만 역시 선조를 사모하는 정성이 깃들어 있는 것이다.

날마다 문생이거나 후배들과 함께 선정에서 강학을 하고 지식을 연마하였다. 차근차근 가르칠 때에 마음가짐을 바로 잡는 것을 선차적인 위치에 놓고 그 다음에야 문예를 가르쳤다. 질의에 대답을 할 때에는 하나하나 투철하게 분석을 하여주었는데 마치도 포정(庖丁)이 소를 잡듯[131]이 회회한 곳에서 여지를 찾은 듯 하였다. 이

131) 포정해우(庖丁解牛): 장주(莊周)의 《장자 · 양생주(莊子 · 養生主)》에 보이는 우화 이야기이다. 포정이 양혜왕을 위해 소를 잡는데 이를 하는데 손으로 만지고 어깨로 밀고 발로 딛고 무릎으로 누르는 동작에 따라 고기가 뼈에서 떨어지는데 그 소리가 흡사 음악소리처럼 절주에 맞았다. 양혜왕이 그 원인을 물었더니 포정은 처음에는 소가 통째로 보이더니 3년이 지나자 통 소는 보이지 않고 뼈와 힘줄, 고기들만 보여 눈으로 보지 않고 정신으로 보며 뼈마디 사이로 칼을 날렸기에 엷은 칼날이 뼈마디의 공간으로 드나들기에 19년 동안 한 자루의 칼을 사용했어도 칼날이 전혀 무디지 않았다고 이야기하였다고 한다.

리하여 원근에서 배우려는 사람들이 더욱 많이 찾아들었으므로 서재에 더 용납할 수 없게 되자 그는 친필로 글을 써서 벽에 걸어놓았다.

"무릇 일이란 저절로 그렇게 되기만 기다린다면 사람은 아무런 할 일도 없이 허송세월을 할 따름이다. 반드시 노력하여 따라잡아야 한다. 너희들이 일상생활에서 이것을 체험하게 된 다음에야 이 말이 허망으로 한 이야기가 아니라는 것을 알 수 있게 될 것이다."

늘 주서강목(朱書綱目)과 성리심경(性理心經) 등 책을 읽고 배우는 자들에게 이렇게 말하곤 하였다. "학문의 두뇌는 성리책에 있다. 소학은 소자들이 읽는 책이지만 첫 머리에 천도와 인성을 이야기하였다. 《근사록(近思錄)》은 사자(四子)로 가는 계단이지만 서두에서 심성을 설명하였다. 회옹(晦翁)의 미의(微意)를 여기에서도 보아낼 수 있다."

아동의 제현들의 책을 읽어보지 않은 것이 없는데 그 가운데서도 성리를 이야기한 것들은 더욱 탐색하기를 그치지 않았었다. 자기의 언사를 낭송하다가 혹 주자의 설법과 어울리지 않는 곳이 있게 되면 이렇게 말하곤 하였다. "그 분의 자격과 품급의 높고 낮음은 비록 감히 논하지는 못하겠지만 일생 동안 정력을 넣은 분으로서 주자만한 사람이 없다." 그가 성현들을 돈독하게 믿는 바는 대개 이와 같았다.

기로사선생(奇蘆沙先生)의 납량사의(納凉私議)하고 잠심주역(潛心紬繹)[132]한다는 설법에 가장 열복하여 이연히 깨닫는 바가 있어 그것을 펴내어 책으로 만들었고 또 시 한 구절을 남기었다.

"익혀서 떠나가도 모두가 달리 되고

132) 잠심주역(潛心紬繹) : 마음을 가라앉히고 실마리를 끌어내어 찾아내다.

형태 갖춰 돌아오니 각자 편중해도 완전하네 "
(習成去出同還導, 各具来時偏亦全)[133)]

실제로 이 경지에 들어가지 못하였다고 한다면 어떻게 이런 도리를 이야기할 수가 있었겠는가? 노년에는 개울가에 자그마한 누대를 세우고 '창랑대(滄浪臺)'라고 이름을 지었는데, 흐리거나 맑은 것을 스스로 취한다는 뜻을 담은 것이다. 굴원을 본받아 연꽃으로 옷을 마르고 혜초로 띠를 삼아 날마다 그 위에서 소요하였으며 때로는 지어 집으로 돌아갈 생각조차 하지 않을 정도였다. 양진 길일을 만나면 문생 및 아들 손자들과 함께 산속이나 물가로 오가면서 아름다운 경치를 만나기만 하면 글을 적고 목청을 길게 뽑으며 읊조리기도 하였다. 시는 성정을 적으면 그만이고 문장은 뜻을 나타내면 그만이었다. 생각이 가는 대로 문장을 지었으나 쌀을 일듯이 일거나 삭제해 버리는 일은 없었다. 세상을 근심하고 풍속에 가슴 아파하는 뜻을 여러 번 언사나 시에서 드러내곤 하였다. 항상 자질(子姪)들에게 이렇게 경계하곤 하였다.

"사악한 학설이 가져오는 재난은 홍수나 맹수보다도 더 심하다. 지금 세상의 이른 바의 신학이란 인간 윤리를 절단하는 도이다. 인간 윤리를 절단 내는 자들과 사나운 짐승들이 어찌 명분이 바른 것을 고를 수 있으며 사리와 의리를 분변할 수 있겠는가?"

끊고 베듯이 자르며 결단을 내리는 데는 불가침범이라는 늠름한 기상이 돋보이고 있었다. 오호라! 세상이 날마다 쇠퇴해지며 마치도 물이 붇는 것처럼 갈수록 깊어만 지고 있다. 아들이나 손자들이 점점 세속에 물들어 더는 구해내지 못하게 되자 통곡을 하고 절식을 하였는데 때로는 몇날 며칠을 끌었다. 평소에 펴낸 시와 문장들이 쌓이고 쌓여 권질 (卷帙)을 이루었지만 모두 손수 불살라버리면

133) 시의 제목은 《步五常詠韻》이다.

서 “지금 세상을 만나니 성현들의 훈고는 마치도 관례 때에 한 번만 쓰는 치포관이나 동자의 더펄머리처럼 쓸모없는 변모(弁髦)로 되었으니 이따위 문자들을 두었다가 어느 짝에 쓰겠는가?”라고 말하였다.

공은 일찍 금강산 관광시에 시 수십 편을 남겼었고 또 일기 한 권 그리고 불초자가 전에 공에게서 학문을 익힐 때에 적은 답경의설(答經義說) 한 편을 남겼는데, 진귀한 보물처럼 건사하고 있었다. 거기에서는 이렇게 말하였다.

“정회야, 요임금이 이미 만방을 협화(協和萬邦)하였지만 순은 또 설에게 명을 내리며 ‘백성들이 가까이하지 않고 오품벼슬들이 불손하고 있다.’라고 말하였는데 이것에 의혹을 품지 않을 수가 없다. 단지 이 한 수를 보더라도 진보하고 앞으로 더 나갈 것임을 알 수 있다. 대개 성현들의 가르침은 모두 아직 미연(未然)일 때에 베푼 것이지 그것들이 이미 그렇게 변해버린 이연(已然)을 기다려 힘을 쓰는 것이 아니다. 요와 순 임금 시기에 어떻게 가까이하지 않고 불손하게 하는 일이 있을 수 있었겠는가? 위에 있는 사람들의 교화가 단 하루라도 사라지게 되면 세속의 풍습이 망가지는 현실이 곧 눈앞에 나타나기 마련이다. 다섯 가지를 가르친다는 오교(五教)는 교화를 바로잡는 근본이니 어찌 공경스럽게 펴서 명(命)으로 간주하지 않을 수가 있겠는가? 그렇다면 대순의 뜻은 다만 미연(未然)일 적에 근심한다는 것이지 그것들이 이연(已然)으로 된 것을 보고서 이 말을 한 것은 아니다. 또 요, 순, 우가 대를 전할 때에는 서로 정일집중(精一執中)으로 경계하였다. 성인들이 주고받는 때에도 역시 서로 경계하는 것이 있었는데 하물며 백성을 위하여 그 큰 가르침을 세우는데 있어서야! 저 인군들이 가르침으로 만민들을 교화하는 것은 마치도 천지의 기가 화하여 만물을 만들어내는 것과 마찬가지이다. 만약 기가 변한 것이 성실하지 못하다고 한다면 사물은 생겨날 수가 없기 마련이고 교화가 중간에서 끊어지게 된다면 백성들은 교화될 수 없게 되는 법이다. 순이 어떻게 지극하게 다스린 요임금의 정사만을 믿고 편안하게 지낼 수가 있단 말인가? 저 문왕과 같은 사람을 기다리지 않고 일떠난 사람들은 오직 호걸다운 선비들일 뿐이다. 그들을 거느리고 포학하게 나간다면 포학해지고 그들을 거느리고 어질게 나간다면 어질게 되는 것은 바로 백성들이다. 바로 여기에서 성인들 역시 경계를 하고 삼가면서 두려워하고 있을 따름이다."[134)]

오호라! 공의 문장으로 가히 전해내려 갈 것은 너무도 적막하여 오직 이 한 편의 글만 남아있을 뿐이다. 이로부터 더욱 세상에 뜻을 두지 않고 개연히 천고에 남길 불평의 기운을 지니고 날마다 촌 늙은이들이거나 고기잡이꾼들과 함께 논밭 사이로 오갔을 뿐이다. 이해 겨울에 우연히 풍에 걸려 기거를 마음대로 하지 못하였으나 정신 상태만은 예전처럼 태연자약하였다. 미미(亹亹)한[135)] 가르침은 가무에 삐치지 않고 다만 세도에 관한 것들이었다.

몇 달 동안 몸져눕더니 끝내 세상을 떠났는데 바로 을해 12월 26일이며 향년 일흔이었다. 병이 한창 위중할 때 그는 자식들과 조카들을 외출하지 말라고 명을 내리더니 해가 졌는가를 물어보고는 조용히 세상을 떠나갔다. 여기에서도 역시 평소의 수양으로 말미암아 능히 이렇게 할 수 있었다는 것을 알 수 있다. 이듬해 2월 6일에 성송의 청송 후록(星松青松後麓)에 장(葬)하였다. 글을 써서 제문을 들고 온 사람들은 모두 그를 뜻이 돈독하고 기운껏 실행하

134)정회의 물음에 대답한 조목(答正會問目)을 참조.

135) 미미(亹亹)하다: 힘써 부지런하다.

였다고 칭찬하였다. 이것은 대개 그가 실제적으로 행동에 옮겼기 때문이다.

배 전의(全義) 이씨는 근하(根夏)의 딸인데 전산군 수남(壽男)의 후손으로 공보다 2년 앞서 태어나고 공보다 36년 먼저 졸하였고 합장하였다.

계배(繼配) 장택 고씨는 광한(光漢)의 딸이고 제봉(霽峯)의 후손으로 공보다 17년 늦어 태어났고 공보다 32년 앞서 몰하였으며 묘는 고수의 학동 좌록(鶴洞左麓)에 있다.

계배 옥천 조씨(趙氏)는 광수(光洙)의 딸이다.

아들 재우(在禹), 그리고 고재면(高在冕), 정휴철(鄭休轍)에게 시집간 딸들은 이씨의 소생이다.

이재식(李在植)에게 시집간 딸은 고씨의 소생이다.

아들 재규(在弓), 김이수(金二洙)에게 시집간 딸은 조씨의 소생이다.

재우의 아들은 노회(櫓會)´ 명회(明會)이고 딸들은 고광표(高光杓), 홍영기(洪泳基), 김원석(金元錫)에게 시집을 갔다.

재규의 아들은 형회(亨會)이다.

노회(櫓會)의 아들은 양수(陽洙)이다.

생각하여 보니 공은 지극히 강직한 기를 타고 났고 정직함으로 그것을 키웠으며 근검절약하는 덕성을 지니고 항구하게 그것을 지켜왔다. 오로지 정직하였으므로 안팎이 다르지 않았으며 애오로지 항구하였으므로 시종여일하게 행동하였다. 다만 효성과 우애로 한 집안을 다스려 왔고 순수하고 정직하고 엄하고 강의하게 자기의 심성을 닦아왔으며 사물을 처리함에 있어서는 주도하고 상세하고 면밀하였고 무릇 남들과 사귀면 변폭하지 않고 의롭지 못한 것에 대하여서는 조금도 가차 없었다. 이리하여 향의 사람들 가운데서 착한 자는 그를 즐기었지만 착하지 못한 자들은 그를 두려워하였다.

어려서부터 스승의 문하를 찾아들어 문호를 바르게 잡았으며 대도의 요해를 들어 알게 된 후 전심전의로 힘 다해 배웠고 글자에서는 그 의(義)을 구하고 문구에서는 그 뜻(旨)을 구하여 한 눈금씩 자래우고 한 치씩 누적하였다. 혹독한 더위, 심한 추위, 많은 비가 사람을 못살게 굴어도 잠간 사이에도 한가한 적이 없었다.

그가 즐기는 것은 착한 것이고 그가 받드는 것은 뜻(志)이었다. 태만한 기운은 몸에 지니지 않았고 비속한 언사는 입에 담지 않았다. 바른 것을 부축이고 사악한 것은 질책하였는데 나이가 들면 들수록 더욱 돈독하였으며 확실하게 힘을 내고 자신의 마음을 굳게 지켰다. 천만 사람들이 아무리 칭찬을 하다고 하여도 노력이 더 보태지지 않았고 천만 사람이 헐뜯는다고 하여도 기운이 더 꺾이지 않아 어이 보면 한겨울 추위에 푸름을 자랑하는 송백과도 같았고 사나운 파도에도 끄떡없는 저주산과 방불하였다.

성리(性理)의 미묘함을 마음을 가라앉히고 실마리를 끌어내어 찾아내었으며 복잡하고 다단한 사물들을 적절한 방법으로 능숙하게 처리하였다. 무릇 사문에 큰 의론이 생기면 공평이란 두자를 앞세우고 한두 마디로 풀어놓았다. 이로 하여 선비들의 논의는 모두 그에게로 쏠리게 되었다. 장중하고 엄숙한 기상으로 하여 사람들은 마치 태산을 바라보듯이 그를 우러러보았고 화기애애한 기운으로 하여 사람들은 그와 접촉하기만 해도 마치도 따스한 봄기운을 느끼었다. 견식이 높았지만 겸허하게 보아내지 못한듯하였고 돈독하게 실천을 하지만 마치도 얻어내지 못한 듯이 노력을 경주하였다. 《중용》에서 말한 바가 있다.

"배우지 않으면 그만이지만 배워서도 알지 못하면 통달할 때까지 멈추지 말아야 하고 묻지 않으면 몰라도 묻고서도 알지 못하게 되면 투철하게 알 때까지 멈추지 말아야 하고 실행하지 않으면 몰라도 정작 실행하여도 돈독하지 못하게 되면 원만하게 실행할 때까지 멈추지 말아야 한다.”

공의 자취를 더듬어보면 아마 여기에 힘을 많이 기우린듯하다. 다만 그가 남긴 시와 문장이 전해지지 않아 비록 개탄스럽고 한스럽다고 할 수 있지만, 지금 세상에서 붓을 잡고 먹을 묻혀 적어놓은 글들이 책장에 넘치고 상자가 터질 지경으로 쌓여 있지만 제 철에 울어대는 벌레나 새들과 마찬가지로 단지 자기의 불평을 털어놓는데 불과하여 전해진다고 하여도 세상의 교화에 보탬이 없을 것이니, 전해지지 않는다고 해도 모자라는 것은 없을 것이다. 그러나 공의 지행 의덕(至行懿德)은 사람들의 이목에 남아있으니 비록 남긴 글이 없다고 하여도 길이 남아있을 것은 의심할 바 없다.

오호라! 정회는 공의 종조손으로 어려서부터 가르침을 받고 각별한 사랑을 받아왔다. 그때 직접 받은 지론과 격언은 언제나 귀에 쟁쟁하고 가슴속에 가득 차 있다. 그렇지만 바탕이 질박하고 노둔하며 재간이 없어 그것들을 힘 있게 실행하지 못하였으니 전날의 그 기대에 어긋나게 된 것이므로 이보다 더 큰 죄는 아마 없을 것이다. 오늘 영연을 물리게 되면 성음이나 용모를 영별하게 된다. 세월이 흐를수록 잊혀 질까 두려워 감히 한두 가지나마 서술하여 지덕(知德) 군자들이 알아보는 바탕으로 삼고자 한다.

무인 팔월 일 종조손 정회 근지

家狀

公諱純默，字德文，恒齋其號也.金氏系出安東，有諱方慶，有大勳勞，封上洛開國公，謚忠烈.寔其鼻祖.是生諱恂，密直使，襲封上洛君，謚文英.累傳至諱士衡，始仕本朝，左議政，封上洛伯府院君，謚[136]翼元.是生諱陞，左贊成.三傳而諱乙萬，通贊，踈斥金安老，南遯于茂松.是生諱福重，蔭通贊.是生諱質，進士，與金河西、柳眉巖諸先生，爲道義交.經明行修，植儒有功.連遭考妣及承重喪，啜粥廬墓十二年，累致感物之異.金河西額其堂曰永慕，柳眉巖記之.聞于朝，命旌其閭.薦于皇朝，又命旌.士林建祠道巖.三傳而諱景哲，南原教授，號隱松.龍蛇之變，擧義，配享道巖祠.於公爲九世以上也.高祖諱奎瑞，曾祖諱振基，祖諱養大，進士，以優老恩例授通政.蘆沙奇先生亟稱於士友，曰："一鄕有如金某一人，則可使鄕風美矣."考晩睡堂，諱榮喆，生員.豪邁英俊，有需世澤物之志.而遭世孔艱，有志未就.盖累世不顯，而皆有潛德幽光.故誄其行者，皆當世名公大人也.妣蔚山金氏，邦豐女.河西先生后，賢淑有女士行.凡擧五男，公卽其第三也.以高宗丙寅十一月四日降生于高敞之道山里第.幼而魁偉嚴整，才諝器局，衆中殊表.甫就外傳，不煩程督而能自劬書，甚解字義.丈人行度皆以遠大期之.年纔逾十五，見家事幹蠱無主，曰："畊讀，不可廢偏."晝則耕稼漁樵，綑屨織席，無不爲之.而夜則雖盛暑潦雨，必誦讀經傳，無暫閑時刻，若是者十數年.生計稍饒，是弱冠前後也.又曰："讀書修已，吾儒本分.富貴利達，曰有命焉."慨然以早不勤學爲憂[137]，乃贄謁于崔勉庵先生於抱川加莅，執經質執經質疑[138].亟以篤志受奬.先生甞以書贈，略曰："人有是身，則必有是心.有是心，則亦有公私、善惡之別.操捨存亡，其間毫釐，而一身上

136) 원문은 諱로 되었지만 문맥에 따르고 《연연당문고》에 근거하여 "謚"로 수정함.
137) 원문은 "早不勤學爲"인데 문맥에 따르고 《연연당문고》에 근거하여 "早不勤學爲憂"로 수정함.
138) 원문은 "質義"로 되어있지만 문맥에 따르고 《연연당문고》에 근거하여 "質疑"로 수정함.

是非得失，家國天下之興廢治亂，皆由是判焉."盖以心法相傳也.自是以後，奮發勵志，屛處一室，搜括經傳.夜以繼日，所造日深，所見日高.尤用力於《庸》《學》《語》《孟》，雅言曰："此二書，體用俱備，舍此，無以爲進德之基."仰思俯讀，必以踐履爲主.疑而思，思而悟，恢然忘寢食，期臻昭曠之域，而矻矻孳孳，不以事物經心焉.又工於楷法，筆力遒勁.短碣脩碑，無不被其澤焉.爲人科場之書，多出公手，而亦不以是自多.晩睡公甞患重病，三數年委席，而公憂惶未暇，未甞解衣，醫藥調護，靡不用極.及其遭艱也，易戚俱至，初終凡百，必誠必謹，能無遺憾.每先忌，必前期齋沐，如見所爲齋者.邃於禮學，遠近士友[139]，坌然就質.親戚知舊訃聞，必匍匐往恤，以盡其心.家間雖小兒有疾病，必朝夕往問，不以親踈有間.凡臨事，勤且誠，盖其天性然也.先墓立石，必親自磨礱，不使人代.遠世先墓，石儀之闕者十數處，而公獨賢勞，一一竪之，各置祭田，以備香火之資.殫誠於晩睡堂建築，始終董役.嘉卉嘉木，遠致之窮山絶海，而手植於左右.鑿池種蓮，引流汲泉，別搆小亭，名曰水亭.此是在公爲踈節，亦可見其慕先之誠也.日與門生後輩，講磨於先亭.諄諄教誨，先操履而後文藝.質疑問辨，毫分縷析，如庖丁解牛，恢恢有餘地.於是遠近學者益進，堂室難容，甞手書揭于壁上，曰："凡事若待其自然，則無可爲之日.必須勉强，庶幾及之.汝等軆驗於日用間，則可知此言之不誣也."常目於朱書綱目，性理心經等書，每語學者，曰："學問頭顱在性理書.小學，小子之學，而首之以天道人性.近思錄，四子之階梯，而首之以心性說.晦翁之微意，此亦可見."我東諸賢書，無不涉獵，而其說性理處，尤探索不已，如誦已言，或有不合於朱子之說者，則曰："其資品之高下，雖不敢言，而一生用力，無有如朱子者."其篤信聖賢，類皆如此.最悅服於奇蘆沙先生，納凉私議，潛心紬繹，怡然而悟，著爲成書.又有詩一句，曰："習成去處同還異，各具來時偏亦全."非實得見，安能如此道得？晩又築一坮於小溪中，曰滄浪臺，以

139) 원문은 "遠近"인데 문맥에 따르고 《연연당문고》에 근거하여 "遠近士友"로 수정함.

寓淸濁自取之意.荷衣蕙帶，日逍遙其上，或往而忘歸.每良辰吉日，則與門生及兒孫輩，往還於山椒水涯.遇境輒寫，曼聲長吟.詩止乎寫情，文止乎達意.信筆成章，不事淘刪.憫時病俗之意，屢發於言論詩文之間.恒戒子姓曰："邪說之害，甚於洪水猛獸.今世所謂新學云者，乃絶倫之道也.絶倫與禽獸，奚擇名分之正，利義之辨."斬釘截鐵，凛凛乎有不可犯者矣.嗚呼！世道日下，如水益深.兒孫輩稍稍染，知不可救，則痛哭絶食，或至數三日.平生所著詩文，積成卷帙，而皆自手火焉.曰："到今之世，聖賢訓詁，皆爲弁髦.此等文字，有何所用."嘗入金剛，有詩數十篇，及日記一卷，及不肖疇昔受學於公時有《答經義說》一篇，以爲珍藏.其說曰："正會兒，以堯已協和萬邦，而舜又命契，曰：'百姓不親，五品不遜.'此不能無致疑焉.只此一着，可有進步向上者也.盖聖賢之教，皆施於未然，而不待其已然而用力也.堯舜之時，豈有不親不遜底事？若上之教化一日或息，則風俗之頹敗卽隨而至.五教，正教化之本，豈不以敬敷爲命乎？然則大舜之意，只有憂於未然，不是見其已然而有此言也.且堯舜禹相傳之意，相戒以精一執中.聖人相戒，況為其民而立大教乎？夫人君教化之化萬民，如天地氣化之生萬物也.若氣化不誠，則物不生.教化間斷，則民不化矣.舜徒恃堯之至治而無爲乎？若不待文王而興，惟豪傑之士而已.率之以暴而暴，率之以仁而仁，惟百姓然也.惟於此處，聖人相戒愼恐懼也已."嗚呼！公之文可傳者寂寥，此一篇而已.自是益無意於世，慨然有千古不平之氣.日與野老[140]溪叟爲友，往來於畎畝之間.是年冬，偶患風祟，起臥不任.而精神自若，亹亹教誨，不及於家務，而惟眷眷於世道.沉綿數月而終.乙亥十二月二十六日也，享年七十.方其病革，命子姪勿外出他，問日晏，恬然而逝[141].亦可見平日素養之攸致也.以翌年二月六日，葬于星松之青松後麓.操文以祭者，皆稱其篤志勵行，盖其實行然也.配全義李氏，根夏女，全山君壽男后，先

140) 원문은 "野"인데 문맥에 따르고 《연연당문고》에 근거하여 "野老"로 수정함.
141) 원문은 "問日晏, 然而逝"인데 문맥에 따르고 《연연당문고》에 따라 "問日晏, 恬然而逝"로 수정함.

公二年生，先公三十六年圽，墓同兆.繼配長澤高氏，光漢女，霽峯后，後公十七年生，先公三十二年圽，墓在古水之鶴洞左麓.繼配玉川趙氏，光洙女.男在禹，女高在冕、鄭休轍，李氏出.女李在植，高氏出.男在弓，女金二洙，趙氏出.在禹，男櫓會、明會，女高光杓、洪英基、金元錫.在弓，男亨會.櫓會，男陽洙.惟公禀至剛之氣，而養之以直.有勤儉之德，而守之以恒.惟其直也，是以表裏無間.惟其恒也，是以終始如一.維孝友于爲一家之政，修己也純正而嚴毅，接物也周詳而縝密.凡與人交，不事表幅，見不義少不假借.是以鄉人之善者好之，其不善者畏之.早登師門，門路既正.得聞大道之要，專心力學，字求其義，句求其旨.銖累寸積，祈寒暑雨，造次顚沛，未甞有斯須之間.所樂者善，所尙者志.怠慢之氣不設於身，鄙俚之言不出諸口.扶正斥邪，至老彌篤.用力之確也，自守之堅也.千萬人譽之而不加勸，千萬人毁之而不加沮.挺然大冬之松栢，嶷然頹波之砥柱.性理之微妙也，而潛心紬繹.事物之糾紛也，而處之有方.凡有斯文大議論，則執衡公平，片言折之，士論咸歸焉.莊嚴之氣，望之如山岳.和沖之意，卽之如春風.見識既高，謙謙然如未見.踐履既篤，勉勉乎如未有得.中庸曰："有弗學，學之弗能，弗措也.有不問，問之弗知，弗措也.有不行，行之弗篤，弗措也."迹公生平，用力庶幾乎此矣.惟其詩文之無傳，雖谓之慨恨.而世之操觚弄墨，文稿溢架盈箧，而只是候虫時鳥之自鳴其不平者，傳之無補，不傳亦無闕.而公之至行懿德，塗人耳目，雖無遺文，可徵於久遠而無惑矣.嗚呼！正會以公之從祖孫，自幼受教，荷愛偏重.至論格言之親承於當日者，不啻充耳盈腹，而質魯才下，行之不力，無以副宿昔之望，罪孰大焉.今則靈筵既撤，音容永隔，懼夫愈遠愈忘.故敢叙述其一二，以質于知德之君子.

戊寅 八月 日

從祖孫 正會 謹識

마. 행장(行狀)

공의 휘는 순묵(純默)이고 자는 덕문(德文)이며 호는 항재(恒齋)이다. 대를 이어가며 안동에서 살았다. 휘 방경(方慶)이 승국(勝國)에서 공훈을 세워 시호가 충렬로 되었는데 이가 시조로 된다. 휘 순(諄)은 봉호를 세습하였고 시호는 문영(文英)이다.

본조에 와서 휘 사형(士衡)은 좌의정이었고 휘 익원(翼元), 휘 승(陞)은 좌찬성이었다.

3대를 지나 휘 을만(乙萬)은 통찬으로서 상소문을 올려 안로(安老)의 간교함을 질책하였다가 남하하여 무송(茂松)에 갔는바 을사연간의 명인이다. 휘 복중(福重)은 통찬이었고 휘 질(質)은 진사이며 김하서(金河西), 유미암(柳眉巖) 제 선생들과 도의로 서로 받들었고 사문(斯文)을 부축이었다. 고(考), 비(妣), 및 승중(承重)의 상을 연이어 치르게 되었을 때 모두 여묘(廬墓)하여 왕상(王祥)[142]처럼 사물을 감동시키는 기이한 일이 생겨나게 하였다. 김하서가 그의 당의 편액을 '영모(永慕)'라고 지어주었고, 유미암이 기(記)를 지었다. 소문이 조정에 전해졌고 조정에서 또 황조(皇朝)에 천거하였는데 모두 정려(旌閭)를 내려 표창하였고 사림에서는 도암사를 세워 제사를 지내주었다.

3대를 지나 휘 경철(景哲)은 교수이었고 호가 은송(隱松)이었다. 용사지란(龍蛇之亂) 때에 의병을 일으켜 공격전과 방어전에 참여하였는데 큰 공을 세웠다. 이괄의 난(李适亂)이 터지자 또 의사들을 거느리고 근왕(勤王)하였고 난이 평정되어서야 돌아오게 되었

142) 왕상(王祥) : 삼국 시대 위(魏)나라 말 서진(西晉) 초 낭야(琅邪) 임기(臨沂) 사람으로 자는 휴징(休徵)이다. 성품이 지효(至孝)하여 계모(繼母)가 한겨울에 생어(生魚)를 원하자 곧 강으로 가서 옷을 벗고 얼음 위에 누워 얼음을 녹여 고기를 잡으려고 하니 두 마리의 잉어(鯉魚)가 뛰어 나와 잡아 드렸다고 한다.

는데 도암사에 배향하였다. 이가 공의 9세조이다.

고조는 규서(奎瑞), 증조는 진기(振基)이다. 조부 양대(養大)는 진사이며 늙은이를 존중한다는 옛 규례에 좇아 통정에 승천하였다. 기로사선생(奇蘆沙先生)은 그를 칭찬하여 말하였다. "향에 만약 김 아무개와 같은 사람이 있다고 하면 야박한 풍속을 돈후하게 돌려 세울 수 있을 것이다."

고(考) 만수(晩睡堂)의 휘는 영철(榮喆)이다. 생원인 그는 우람진 체격에 세상을 구하고 남에게 은택을 베풀려는 수세택물(需世澤物)의 포부를 지니고 있었다.

비 울산 김씨는 방풍(邦豐)의 딸이며 문정공의 후손으로 여자 선비의 행실이 있었다. 아들 다섯을 두었는데 공은 서열에서 셋째이다.

공은 고종 병인 11월 4일에 고창의 도산에서 태어났다. 어려서부터 총명한데다가 또 지성(至性)을 타고 났으며 스스로 혼정신성(昏定晨省)하였으므로 진사공이 여느 아들과 달리 각별히 사랑하였다. 철이 들면서부터 재능이나 도량이 남달리 빼어졌기에 스승을 찾아 학문을 전수받게 하였고 가르침에 번거로움을 느끼지 않았더니 그 진취가 패연하였다. 열대여섯에 집일을 주관하는 사람이 없는 것을 보고 "농사일과 글공부는 어느 하나에만 치우치면 되지 않는다."라고 말하더니 낮이면 농사를 짓고 밤이면 글을 읽었다. 이렇게 십여 년이 지나자 명망 있는 선비로 되는 것을 포부로 삼았고 저축하여 살림이 넉넉한 요호(饒戶)로 되고자 하면서 이렇게 말하였다. "글을 읽고 자신의 수양을 닦는 것은 우리 유생들의 본분이고 부귀영달은 명에 달린 것이다."

그리고는 개연히 도를 구하려는 뜻을 세웠고 배움에 있어서는 근원이 없어서는 되지 않는다고 여기고 학비를 갖추어 최면암(崔勉庵) 선생을 배알하였다. 경서를 지니고 질의하였는데 자주 칭찬을 받곤 하였다. 선생은 “사람의 마음에는 공과 사, 선과 악의 구별이 있는데 마음을 지키면 있고 놓아 버리면 없어지는 조존사망(操存捨亡)하는 그 사이의 거리는 비록 한 치밖에 되지 않지만 천하의 부흥과 폐망, 치세와 난세가 모두 여기에서 갈라지게 된다.”라는 글을 적어 그에게 증송하였다. 대개 심법을 전한 것이다. 이로부터 더욱 분발하여 뜻을 세우고 한 마음으로 배움에 힘을 기울려 조예는 날마다 깊어졌고 견식은 날마다 높아졌다. 특히 사자(四子)[143] 와 《근사록》에 힘을 기울이며 항상 이렇게 말하였다. “이것을 버린다고 한다면 덕목이 나갈 토대가 없게 된다.” 그리고는 고개를 들고 사색을 하거나 고개를 숙이고 글을 읽으면서 마음에 새길 것이 있게 되면 침식을 잊는 것도 달갑게 여기면서 부지런히 소광(昭曠)한 영역을 모을 기대를 지녔다.

게다가 또 해서에 재간이 있어 필력이 매우 힘이 있었다. 긴 비문이거나 짧은 묘갈은 그의 혜택을 받지 않은 것이 없다시피 되었다.

만수공이 중병으로 4년 동안 병석에 누워있었는데 공은 동동촉촉(洞洞屬屬)[144]하였고 의원을 찾아뵙고 약을 달이며 시중을 들면서 극도의 정성을 다 부었다. 부친을 잃자 모든 비애를 참으며 염습으로부터 묻을 때까지 장사에 관한 모든 일은 하나도 빠짐이 없었다. 매번 기일이 돌아오면 꼭 생전처럼 정성을 다하여 받들어 모셨다.

예학에 조예가 깊었는데 향음주례(鄕飮酒禮)나 사상견례(士相見禮) 등 예절에 대해서도 모두 익숙하여 많은 사우들이 찾아들어 물

---

143) 사자(四子) : 사자는 《논어(論語)》《대학(大學)》《중용(中庸)》《맹자(孟子)》라는 유가의 경전을 가리키다. 이 4부의 책은 공자(孔子), 증자(曾子), 자사(子思), 맹자(孟子)의 언행록이므로 또한 사자서(四子書)라고도 한다. 《주자어류(朱子語類)》 권 105에 “‘사자’는 육경으로 가는 계단이고 《근사록》은 ‘사자’로 가는 계단이다.(‘四子’, ‘六經’ 之階梯, 《近思錄》, ‘四子’ 之階梯.)”라는 기록이 있다.

144) 동동촉촉(洞洞屬屬) : 한자성어로 洞洞은 질박하고 성실한 모양이고 屬屬은 공경하여 專一(전일)한 모양이므로 풀이하면 공손하고 조심하는 모양임.

어보곤 하였다. 인간 윤리를 중시하여 집에 아이들이 아프다고 해도 반드시 아침저녁으로 찾아가 병문안을 하여 근심과 사랑의 뜻을 보여주었으며 친척이나 안면 있는 사람들의 부고를 듣기만 하면 아무리 관계가 멀다고 하여도 반드시 자기의 애도의 마음을 표하였다. 무릇 일을 처리함에 있어서는 부지런하기도 하고 정성을 다하기도 하였으니 아마 그의 천성이 그렇지 않은가 싶다.

선조의 묘에 석의(石儀)가 결여하면 공은 힘을 다하여 그것들을 세워 주면서 반드시 손수 갈군 하였다. 공은 어진 일을 도맡아 하며 수고를 아끼지 않았으며 각기 제전(祭田)을 마련하여 주어 제사를 지낼 수 있도록 만들어주었다. 만수당의 준공에도 역시 온갖 정성을 다 기울이며 계획하였고 진귀한 꽃이며 나무라고 하면 먼 곳에서 옮겨와 손수 주위에 심었고 땅을 파서 못을 만들고 연꽃을 심어 미주의 흥을 돕게 하였다.

만수당 곁에 별도로 작은 정자를 지어놓고 날마다 문생들과 함께 도의(道義)를 강마(講磨)하면서 반드시 선행을 근본으로 삼고 문예를 끝단으로 삼아야 한다고 순순(諄諄)히 타일렀다. 경전의 종지에 대해서는 마치도 포정(庖丁)이 소를 잡듯이 하나하나 투철하게 분석하여 사람들이 똑똑히 알아들을 수 있도록 설명하여 주었다. 이리하여 배우려는 사람들이 더욱 많이 찾아들었으므로 친필로 글을 써서 벽에 걸어놓았다.

"무릇 일이란 저절로 그렇게 되기만 기다린다면 성사할 날이 없게 된다. 반드시 노력하여 따라잡아야 한다. 너희들이 일상생활에서 이것을 체험하게 된 다음에야 내 말이 허망으로 한 이야기가 아니라는 것을 알 수 있게 될 것이다."

만년에 와서는 《주서강목(朱書綱目)》과 《성리심경(性理心經)》 등 책에 공력을 들이면서 배우는 자들에게 이렇게 말하곤 하였다.

"학문의 두뇌는 성리책에 있다." 그리고는 또 말하였다. "《소학》은 소자들이 읽는 책이지만 첫 머리에 천도(天道)와 인성(人性)을 이야기하였다. 《근사록(近思錄)》은 사자(四子)로 가는 계단이지만 서두에서 심성을 설명하였는데 회옹(晦翁)[145]의 미의(微意)를 보아낼 수 있다."

아동의 유현(儒賢)들은 누구 하나 공경하고 감복하지 않은 사람이 없었다. 도리를 설명할 때에는 그것을 송독하는 것이 마치도 자신이 말하는 것처럼 거침이 없었다. 혹간 주자의 설법과 어울리지 않는 곳이 있게 되면 이렇게 말하곤 하였다.

"그 분의 자격과 품급의 높고 낮음은 논할 필요가 없겠지만 일생동안 정력을 넣은 분으로서 주자만한 사람이 없다."

그가 성현들을 돈독하게 믿는 바는 대개 이와 같았다. 기로사선생(奇蘆沙先生)의 《납량(納凉)》과 《외필(猥筆)》을 가장 열복하면서 마음을 가라앉히고 실마리를 끌어내어 찾아내었으며 이연(怡然)히 느낀 바가 있어, 그것을 펴내어 책으로 만들었고 또 시 한 구절을 남기었다.

"익혀서 떠나가도 모두가 달리 되고
형태 갖춰 돌아오니 각자 편중해도 완전하네"
(習成去處同還異各, 具各具来時偏亦全)[146]

실제로 이 경지에 들어가지 못하였다고 한다면 어떻게 이런 도리를 이야기할 수가 있었겠는가?

145) 회옹(晦翁) : 중국 남송의 유학자이며 주자학의 시조로 자는 원회(元晦), 중회(仲晦), 만년에는 호를 회암(晦庵), 회옹(晦翁)이라 했다. 시호는 문공(文公), 후에 주자(朱子)라 칭했다.

146) 시의 제목은 《步五常詠韻》이다.

세상이 변을 당한 이래로 늘 풍천(風泉)[147]의 생각을 지니고 있어 개울가에 자그마한 누대를 세우고 '창랑대(滄浪臺)' 라고 이름을 지었는데 소산(蕭散)의 정취[148]와 청탁을 자취한다는 뜻을 담은 것이다. 굴원을 본받아 연꽃으로 옷을 마르고 혜초로 띠를 삼아 양진 길일이거나 명절날마다 문생 및 아들 손자들과 함께 그 위에서 소요하면서 목청을 길게 뽑으며 시를 읊조리기도 하고 붓을 들어 선 자리에서 글월을 짓기도 하면서 세상을 근심하고 풍속에 가슴 아파하는 뜻을 자주 언사나 시문에서 드러내군 하였다. 그는 항상 자성들에게 이렇게 경계하곤 하였다.

"사악한 학설이 가져오는 재난은 홍수나 맹수보다도 더 심하다. 지금 세상의 이른 바의 신학이란 인간 윤리를 절단하는 도이다. 인간 윤리가 없으면 바로 금수로 변한다."

그는 명분과 의리의 분변에 들어서서는 끊고 베듯이 자르며 결단을 내였는데 불가침범이라는 늠름한 기상이 돋보이고 있었다. 세상이 날마다 쇠퇴해지며 마치도 물이 붇는 것처럼 갈수록 깊어만 지고 불이 타는 것처럼 갈수록 번지기만 하고 있는 통에 아들이나 손자들이 모두 세속에 물들자 공은 더는 구해내지 못한다는 것을 알아채고 통곡을 하고 며칠간 절식을 하더니 마침내 펴낸 시와 문장들을 뒤져내어 손수 불살라버리면서 입을 열었다.

"지금에 이르러 성현들의 훈고는 관례 때에 한 번만 쓰는 치포관이나 동자의 더펄머리처럼 완전히 쓸모없는 변모(弁髦)로 되었으니 이따위 문자들을 어느 짝에 쓰겠는가?"

그리고는 금강산으로 들어가 답답한 심사를 기껏 풀고서야 집으

147) 風泉(풍천): 나라가 쇠망함을 이르는 말. 시경(詩經) 회풍(檜風)의 비풍장(匪風章)과 조풍(曹風)의 하천장(下泉章)에서 유래된 말로서 《詩, 曹風, 下泉, 序》에서 "下泉, 思治也, 曹人疾共公侵刻下民, 不得其所, 憂而思明王賢伯也." 라고 기재하였다.

148) 소산(蕭散)의 정취 : 아무 일 없이 한가하게 발길 가는 대로 살아가는 인생의 정취.

로 돌아왔다.

그의 종조손 정회가 일찍 《상서》에 있는 "요임금이 이미 만방을 협화(協和萬邦)하였지만 순은 설에게 명을 내려 이렇게 말한 적이 있다. '백성들이 가까이하지 않고 오품벼슬들이 불손하고 있다.'"라는 구절에 대해 물어 보았더니 공은 그 뜻을 심각하고 적절하고 명확하게 펴서 해석하더니 마감에 가서는 이렇게 말하였다. "문왕과 같은 사람을 기다리지 않고 일떠난 사람들은 오직 호걸다운 선비들일 뿐이다. 그들을 거느리고 포학하게 나간다면 포학해지고 그들을 거느리고 어질게 나간다면 어질게 되는 것은 바로 백성들이다. 그러니 이곳에서 말한 것 역시 성인들도 삼가면서 두려워해야 한다는 뜻이다." 이것은 이전의 성현들이 발현하지 못한 것을 발현하였다고 말하여도 과분한 말이 아닐 것이다. 그런데 유일하게 이 한편의 글만이 여기에 남아있을 따름이다. 그래도 이 글만 보아도 공이라는 위인을 알아볼 수 있는 것이다. 공은 심기가 너그럽고 도량이 컸으므로 개연히 천만 가지 불평의 뜻을 가슴에 품고 있었다.

올해 겨울에 우연히 풍에 걸리더니 병이 점점 악화되어 위독하게 되었지만 정신 상태만은 태연자약하여 자손들에게 가르친 말은 마디마디가 모두 효도와 우애에 관한 말이었고 더욱 권권부망(眷眷不忘)[149)]한 것은 세상 도의 회색(晦塞)[150)]함이었다. 12월 26일 병이 한창 위중할 때 자식들과 조카들을 외출하지 말라고 명을 내리더니 해가 졌는가를 물어보고는 조용히 세상을 떠나갔으니 가히 군자의 정종(正終)[151)]이라고 말할 수 있다. 이듬해 2월 6일에 성송의 청송 후간좌(星松青松後幹坐)에 묻었다. 글을 써서 제문을 들고

149) 권권불망(眷眷不忘): 한자성어로 돌아볼 권, 아니 불, 잊을 망이니 가엾게 여겨 늘 돌보며 잊어버리지 않음을 뜻한다.

150) 회색(晦塞): 밝았던 것이 캄캄하게 아주 콱 막힘.

151) 정종(正終): 정상적인 죽음.

온 사람들은 모두 그를 열심히 배우고 기운껏 실행하였다고 극구 칭찬하였는데 대개 실제적인 기록 즉 실록(實錄)인 것이다.

배 전의(全義) 이씨는 근하(根夏)의 딸로 공보다 먼저 세상을 떠났고 합장하였다. 계배(繼配) 장흥 고씨(高氏)는 광한(光漢)의 딸로 공보다 먼저 세상을 떠났고 묘는 고수의 학동(鶴洞)에 있다. 계배 옥천 조씨(趙氏)는 광수(光洙)의 딸이다. 아들 재우(在禹), 그리고 고재면(高在冕), 정휴철(鄭休轍)에게 시집간 딸들은 이씨의 소생이다. 이재식(李在植)에게 시집을 간 딸은 고씨의 소생이다. 아들 재규(在弓), 김이수(金二洙)에게 시집을 간 딸은 조씨의 소생이다. 노회(櫓會), 명회(明會) 그리고 고광표(高光杓), 홍영기(洪泳基), 김원석(金元錫)에게 시집을 간 딸들은 재우의 아들과 딸들이다. 형회(亨會)는 재규의 아들이다. 양수(陽洙) 상수(相洙)는 노회(櫓會)의 아들이다. 가문은 방흥미애(方興未艾)이다.

오호라! 공은 천부적으로 엄정하고 강의하였으며 바탕이 단정하고 돈후하였고 성품이 질박하고 정직하였다. 중등 체격이었지만 옷섶을 여미고 단정하게 앉아있으면 마치도 산이 우뚝 솟아 그 기세를 앗아낼 수 없는 듯한 형상이었지만 사람들과 접촉하고 사물을 처리할 때에는 화기애애하였다. 주상하고 진밀한 학문, 온화하고 순수하고 돈독하고 실제적인 덕성은 오랜 세월을 지내면서 쌓아왔으므로 변폭하지 않았고 더욱 내심의 수양에 힘을 기울였다. 남의 잘못을 보기만 하면 조그마한 가차도 없었으므로 착한 사람이거나 착하지 않은 사람이거나를 막론하고 모두 그를 존중하고 두려워하였으며 잠시 동안이라도 태만한 뜻을 가지지 못하였다. 근검절약의 습관이 있어 다른 사람이 백번을 한다면 나는 천 번을 하겠다는 인백기천(人百己千)[152]의 공력을 간직하고 있었다. 어려

152) 인백기천(人百己千): 고사성어로 한계에 이르고 경지에 이를 때까지 노력하라는 뜻임.

서부터 가정교육을 받았고 스승의 문하를 찾아들어 친히 가르침을 받아 대도의 요해를 들어 알고자 또 송사선생을 찾아가 학문을 배웠고 또 나의 백부 후석선생을 존중하고 숭상하였는데 모두가 그를 밀어주고 칭찬하였었다. 옛사람이 "산을 보지 않아도 그 산에 자라는 나무는 보고 싶구나."라고 말하였는데 과연 그 말이 믿어지지 않는가!

대개 공은 스스로 견강하고 확신하다는 것을 지키면서 용약 매진하였기에 아무리 헐뜯고 춰주어도 자신의 마음을 움직이지 않았으며 아무리 위세와 무력으로 내리 눌러도 자신의 지조를 변하지 않아 흡사 엄동설한 속의 소나무와 같았고 사나운 파도를 막아선 저 주산과 흡사하였으며 바른 것을 부축이고 사악한 것은 질책하였는데 나이가 들면 들수록 더욱 그 일에 돈독하였다. 일찍 변인(邊人) 하나가 면암선생과 송사선생 두 문하에 오가려고 할 때, 공이 한마디 말로 그것을 분변하였고 그 의론이 광명정대하고 마음가짐이 공정하였기 때문에 그 한두 마디 말에 선비들의 논의는 모두 그에게 감복하고 말았다.

겸허하게 마음을 비우고 받아들이고 고심하게 실제로 배웠지만 언제나 마치도 보아내지 못한듯하였고 얻어내지 못한듯 하였다. 그런데 '항재'라고 호를 단 것은 대개 대역(大易) 즉 《주역》에서의 "항상 항(恒)"의 뜻[153]을 취한 것이 아니겠는가?

내가 공과 알고 지낸 지는 40여년이 되고, 혼인으로 인한 친척으로 침상 아래에서 인사를 올린 적이 있었지만, 언제 한 번 세속적

153) 《주역》에서의 "항상 항(恒)"의 뜻: "恒之 〈彖〉"에서 이렇게 적고 있다. "《단(彖)》에서 이르기를 '항은 오랜 것이다. 항이란 장구하다는 뜻이다. 강(剛)한 우레(雷)가 위에 있고 유순한 바람(風)이 아래에 있으니 우레와 바람이 서로 따라서고 화순함과 진동, 강한 것과 약한 것 상방이 모두 서로 응화(應和)하니 이는 영원히 변하지 않는 것이다.(《彖》 曰 : 恒, 久也. 恒者長久之義. 剛上而柔下, 雷風相與, 巽而動, 剛柔皆應, 恒."

인 이해득실을 이야기한 적은 없었고 단지 학문이나 의리로 힘쓰도록 다그치면서 권장하였고 또 도가 분열되어 우리 당이 더욱 외롭게 된데 대하여 은근히 근심하고 크게 탄식하였는데 등불을 높이 달아놓고 평상에 마주 앉아 밤이 가는 줄을 몰랐다. 나는 공의 도를 근심하고 세상을 걱정하는 지극함에 심열성복(心悅誠服)한다. 공은 적심(赤心)이다.

부고를 받자 평일에 받은 사랑으로 하여 글로 애도를 표하는데 그의 조카 회천 형이 외람되게 그의 덕을 행장으로 적어달라고 부탁하였다. 그런데 회천이 갑자기 옛사람으로 되었다. 지금 그의 종제 재우가 그의 당질(堂姪) 정회가 지은 가장을 손으로 베껴 나에게 넘겨주면서 행장을 서술하여 달라고 부탁하면서 이렇게 말하였다.

"우리 선군을 그대보다 잘 알고 있는 사람이 없고 또 선(先) 종백(從伯)[154]의 부탁도 있었으니 절대 사양하지 말아주십시오."

나는 공손히 그 뜻을 받아들였지만 생사존망의 느낌을 이기지 못하고 비가 오듯 눈물을 흘리며 위와 같이 간단하게 서술하여 회천의 당시의 부탁을 어기지 않았다. 그렇지만 필력이 미약하여 그의 의행(懿行)과 실학(實學)을 넓게 펴지 못할까봐 두렵기도 하니 후세에 붓을 드는 군자들이 취사선택하여 발휘하기를 바라마지 않는 바이다.

임오년 원월 상순

금성 오동수 근찬

154) 자기의 사촌. 맏형을 남에게 이르는 말.

行狀

公諱純默，字德文，號恒齋．世爲安東人．諱方慶，有勳勝國，諡忠烈，寔肇祖．諱詢，襲封，諡文英．本朝諱士衡，左議政，諡[155]翼元．諱陞，左贊成．三傳而諱乙萬，以通贊疏斥安老之奸，南下茂松，爲乙巳名人．諱福重，通贊．諱質，進士，與金河西、柳眉巖諸先生，道義相尚，扶植斯文．考妣及承重喪，皆廬墓，致感物如王祥．而金河西額其堂以永慕，柳眉巖記之．聞于朝，又薦于皇朝，俱旌其閭．士林俎豆於道巖．三傳而諱景哲，教授，號隱松．龍蛇之亂，擧義，戰守有茂績．适亂，又率義士勤王，亂定而返．配道巖祠，於公九世也．高祖奎瑞，曾祖振基．祖養大，進士，以優老陞通政．奇蘆沙先生稱之曰："鄕有如金某，可使薄俗敦."考晩睡[156]，諱榮喆，生員．傑偉豪傑偉，有需世澤物之志．妣蔚山金氏，邦豊女，文正公後，有女士行．凡擧五男，公序居第三．以高宗丙寅十一月四日生於高敞之道山．幼有聰明，又稟至性，自能定省．進士公愛之，異於諸子．稍長器局，衆中殊表．就傅受學，教之不煩，而進就沛然．十五六，見幹蠱無人，曰："畊讀，不可廢偏."晝而耕稼，夜而誦讀，如是者十數年，抱負爲望士，儲蓄爲饒戶．而曰[157]："讀書修已，爲吾儒本分，富貴利達，曰有命焉."慨然有求道之志．而學不可無淵源，乃贄謁于勉翁，執經問難，亟受獎詡．以"人心有公私、善惡之別．操存捨亡，之間毫釐[158]，天下興廢治亂，皆由是判焉."書，贈之．蓋以心法相傳也．自是以後，益奮發勵志，一心向學，所造日深，所见日高．尤致力于四子心近書[159]而雅言曰："舍此，無以爲進德之基."仰俯思讀，有契於心，則恔然忘寢食，矻矻孶

155) 원문은 諱로 되었지만 문맥에 따르고 《연연당문고》에 근거하여 "諡"로 수정함.

156) 원문은 "晩睡"인데 문맥에 따르고 《가장(家狀)》에 근거하여 "晩睡堂"으로 수정함.

157) 원문은 "而"인데 문맥에 따르고 《가장(家狀)》에 근거하여 "而曰"로 수정함.

158) 원문은 "操存捨亡其間"으로 되어 있으나 문맥에 따르고 《가장(家狀)》에 근거하여 "操存捨亡, 其間毫釐"로 수정함.

159) 원문은 "尤致力于四子心近書而雅言曰"라고 되어있지만 문맥에 따르고 《가장(家狀)》에 근거하면 "尤致力于四子書, 《近思錄》, 而雅言曰"로 되어야 할 것 같으므로 번역을 여기에 준한다.

孶，期臻昭曠之域.又精於楷法，筆力遒勁.脩碑短碣，無不被其光澤.晚睡公以重患，四年委席，洞洞屬屬，然醫藥調護，各極其至.及遭艱，哀毁之餘，凡關喪事，一無遺漏.先忌必致，如在之誠.且邃於禮學，至於鄕飮士相等禮，亦皆熟嫻，士友多就問.愛好人倫，至家間兒小有病，必朝夕往問，以致憂愛.宗知之訃，雖踈遠必存慰.凡事之勤且誠，蓋其天性然也.先墓石儀之闕，公皆致力竪之，必手自磨礱，獨賢盡勞.各寘祭田而香之.晚睡堂之成，亦公殫慮規劃，而嘉木異卉，遠致而手植.穿池種蓮，以助佳酌.別搆小亭於堂傍，日與門生講磨道義.諄諄教誨，必以善行爲本，文艺爲末.於经旨毫分縷析，如庖丁之解牛，使人曉然.於是學者益進，乃手書揭諸壁上，曰：“凡事若待其自然，則無可成之日矣.必須勉强，庶幾及之.汝輩體驗於日用之間，則可知吾言之不誣也.”晚来尤着力於綱目、性理等書，語學者曰：“學問頭顱，在性理書.”又曰：“小學，小子之學，而首之以天道人性.近思，四子之階梯，而首之心性說.晦翁之微意可知.”於我東儒賢，無不敬服.於說理處，誦之如巳言，或有不合於朱子說，則曰：“其資品之高下不須論，而一生用力，無有如朱子者.”則其篤信，類皆如此.最悅蘆沙先生，納涼、猥筆，潛心紬繹，怡然有悟，著爲成書.又有詩，曰：“習成去處同還異，各具來時偏亦全.”非實見得，安能如此道得？自世變以來，常風泉之思.築一臺於溪傍，曰滄浪，以寓蕭散之趣，清濁之意.荷衣蕙帶，佳辰令節，與門生兒孫，彷徨逍遙於其上.輒有曼聲長吟，信筆成章，而憫時病俗之意，屢發於言論詩文.而恒戒子姓曰：“邪說之害，甚於洪水猛獸.今世所謂新學者，乃絕倫之道也.無倫即禽獸.”云.於名分義理之辨，如斬釘截鐵，凜乎有不可犯之色矣.世級如水火深烈，兒孫輩皆陷時潮.公知不可救，痛哭絕食者數日，乃取所著詩與文，手自焚之，曰：“到今聖賢訓誥，尽爲弁髦.此等文字，有何所用.”乃入金剛，消洩壹鬱，盡意而还.其從祖孫正會，尝以《尚书》“堯巳協和萬邦，而舜命契曰：‘百姓不親，五品不遜.’”爲問.公乃敷释其義，深切明确，而终以“若夫不待文王而興者，惟豪傑之士.而率暴而暴，率仁而仁，惟百姓爲然.此處亦聖賢戒懼之意."可謂發前賢所未發，非過語.惟此文存焉，觀於此，可以知公矣.公心氣夷曠，慨然有千不平之懷.乙亥冬，偶患風祟，漸至危劇，而精神自若.教誨子孫之言，皆孝友之道，而尤眷眷於世道之晦塞.十二月二十六日，疾革，命子姪及孫勿外，問日晏，恬然而逝，可谓君子之正终.以翌年二月六日，葬于星松之靑松後乾坐.操文致祭，皆极道其篤學勵行，盖记實也.配全義李氏，根夏女，先公歾，墓同原.繼配長興高氏，光漢女，先公歾，墓古水鶴洞.繼配玉川趙氏，光洙女.男在禹，女高在冕、鄭休轍，李氏出.女李在植，高氏出.男在弓，女金二洙，趙氏出.櫓會、明會，女高光杓、洪泳基、金元錫、在禹男女.亨會，在弓 男.陽洙,相洙，櫓會男.方興未艾.

嗚呼！公天賦莊毅懿端，敦厚質直.不過中身，而整衿危坐，有山立不可奪之像.然而待人接物，和氣藹然.周詳縝密之學，溫純篤實之德，積之既久.而不事表幅，益務內修.見人有過，少不假借，善與不善者，皆尊畏之.雖造顚沛之間，無怠慢之意.有勤儉之風，常存人百己千之工.早承庭訓，親炙師門，得聞大道之要，又就質於松沙先生，既又尊尚乎我伯父之後石先生，皆蒙推詡.古人云:"不見其山，願見其木"者，不其信歟？蓋公自守堅確，勇往直前，不以毁譽動其心，不以威武變其操，若大冬之栢，頹波之柱.而扶正斥邪，至老彌篤.嘗有一邊人，欲貳勉松兩門，公一言辨之.盖其論議正大，心衡公平.故片言而士論咸服.謙謙虛受，勉勉實學，常如未及見得焉.而號以恒齋，蓋取《大易》中'恒'之義耶.余納知於公者四十餘年，有姻親之好，而有床下之拜，則未嘗以世俗利害得失說及，而惟以學問義理，責勉而獎詡之.又以道術分裂而吾黨益孤，隱憂浩歎，每發於懸燈對榻，而不覺夜闌.心服公憂道憂世之至.公赤心矣.及承訃，以平日見愛，文以哭之.其姪晦泉兄，猥以狀德託之.晦泉遽又古矣.今其從弟在禹，以其堂姪正會之狀，手書之，使余述之，曰："知吾先君莫子若，且有先從伯之託，願勿辭焉."余敬受，則不勝存沒之感，潸然涕下，略敘之如右, 以不負晦泉當日之託.但筆力萎弱, 不能舖張懿行實學為懼也.後有秉筆君子, 裁擇而發揮焉.

壬午 元月 日 上旬

錦誠 吳東洙 謹撰

바. 묘갈명 병서

영암군(靈巖郡) 용당(龍塘) 가제(可帝)의 술원(戌原)이 항재(恒齋) 김공 휘 순묵(純默)이 묻힌 곳이다.

그의 차남 재규가 석의를 세우기 위해 행장을 안고 찾아와 나에게 묘갈명을 짓는 일을 부탁하였다. 우정을 보아 사양하지 못하고 행장에 따라 적는다. 공의 자는 덕문(德文)이며 호는 항재(恒齋)이다. 어려서부터 덕기천성(德器天成)[160]하여 가정에서 효도와 우애를 다하였고 그것을 실행한 끝에 경서를 궁구하였는데 성리(性理)의 오묘함과 사정(邪正)의 구분을 주장하였다. 면암선생과 송사선생을 스승으로 모시고 지식을 충실하게 하여 조예가 날로 깊어졌다. 그를 모시고 배우려는 사람들이 아주 많았는데 그는 학도들을 훈계를 할 때마다 이렇게 말하였다. "학문의 두뇌는 바로 심성(心性)이다. 때문에 《대학》의 서두에서는 심(心)을 이야기했고 《중용》의 첫머리에서는 성(性)을 이야기하였다. 《근사록》과 《소학》도 역시 이와 마찬가지이다. 이전의 성인이나 후세의 성인이나 그들의 헤아림은 하나이다. 반드시 실천에 힘을 기울이고 일상적인 생활에서 항상 실행하여야만 그것이 허망으로 한 이야기가 아니라는 것을 알 수 있게 된다." 이것은 비록 딱딱한 몇 마디 말에 지나치지 않지만 학습에서의 요체(要諦)는 여기에 더 보탤 것이 없다. 그가 수립한 것이 이와

160) 덕기천성(德器天成) : 덕망 있는 큰 인물은 하늘이 내린다.

같으므로 낳아서 기르는 생양(生養), 죽어서 묻어주는 사장(死葬), 선조의 덕업(德業)을 받들어 모시는 봉선(奉先), 사람을 접한다는 접인(接人)에서 각기 마땅함을 얻었던 것이다.

만년에 창랑대를 지어놓고 굴원(屈原)을 받들어 친구처럼 여겼는데 가절(佳節)이 돌아오면 친구들이거나 문하생들을 거느리고 여기에서 봄바람을 타고 시를 읊으기도 하면서 기수에서 미역을 감는 의상(意像)[161]을 체험하기도 하였다. 그러나 세상의 변화가 날로 험해지고 아들 손자들 역시 진세에 물젖어 다시 돌려세우기 어려웠으므로 자신의 평소 저술들을 불사르면서 "성현들의 훈고가 깊은 밤에 잠드는 식이 되었는데 이따위 문자들을 둬두었다가 어느 짝에 쓰겠는가!"라고 말하였는데 그가 세도를 근심 걱정하는 것은 매우 심절하다고 말할 수 있다. 을해 겨울에 우연히 풍을 맞더니 병으로 번져 12월 26일에 세상을 떠났다. 임종할 때 다른 것은 이야기하지 않고 오직 세상의 도를 권권부망(眷眷不忘)하였으니 역시 그가 본래부터 수양을 잘 하고 있었음을 보아낼 수 있다.

공은 안동 사람이다, 국초에 좌상(左相)으로서 시호가 익원(翼元)인 휘 사형(士衡)은 공훈으로 하여 상락백을 봉 받았고, 통찬인 휘 을만(乙萬)은 상소문을 올려 안로(安老)를 질책하였다가 무송에 은거하였으며, 진사 휘 질(質)은 효도로 천하에 명성을 떨쳐 조정과 황조(皇朝)에서 모두 정려(旌閭)를 내려 표창하였고 도암사에서 제사를 지내주었다. 교수인 휘 경철(景哲)은 갑자 이괄의 난(李适

161) 기수에서 미역을 감는 의상(浴沂意像): 공자의 《논어 · 선진(論語 · 先進)》의 "자로, 증석, 염유, 공서화가 시좌하다(子路, 曾皙, 冉有, 公西華侍坐)" 편에 공자와 네 제자의 대화 기록이 있다. 공자가 제자들에게 각기 자기 뜻을 이야기하라고 하였더니 자로, 염유, 공서화는 모두 벼슬을 하겠다는 뜻을 밝혔지만 증석은 "늦봄에 봄옷을 입고 관자 대여섯과 동자 예일곱을 데리고 이수에 미역을 감고 봄바람 속에서 무우제를 지낸 다음 노래를 부르며 귀가하겠다.(莫春者, 春服既成, 冠者五六人, 童子六七人, 浴乎沂, 風乎舞雩, 詠而歸.)" 라고 대답하였다.

亂)이 터지자 의병을 일으켜 공적을 두루 세웠으므로 조부를 모신 도암사에 배향하였다. 이들이 공의 9세 이상의 선조들이다.

조부 양대(養大)는 진사이며 늙은이를 존중한다는 옛 규례에 좇아 통정에 승천하였고, 고(考) 영철(榮喆)은 생원이었는데 부자가 모두 숨은 미덕을 지니고 있었다. 비 울산 김씨는 하서선생의 후손으로서 방풍(邦豐)의 딸이다. 아들 다섯을 두었는데 공은 항렬이 셋째고 고종 병인 10월 4일에 태어났다. 공은 장가를 세 번 들었다. 전의(全義) 이근하(李根夏), 장택 고광한(高光漢), 옥천 조광수(趙光洙)는 모두 그의 장인들이다. 아들 재우(在禹), 그리고 고재면(高在冕), 정휴철(鄭休轍)의 아내들은 이씨의 소생이고 이재식(李在植)의 아내는 고씨의 소생이며 아들 재규(在圭), 김이수(金二洙)의 아내는 조씨의 소생이다.

이와 같이 종시(終始)를 간략하게 적고 묘지명의 내용을 짓기로 한다. 어찌 김씨를 각별히 두드러지게 하여 그의 후손들을 위로하려고만 하겠는가? 역시 향리와 도인(島人)을 깨우치려고 하는 것이다. 명에 이르기를

천부적인 괴걸(魁傑)이
탁연히 서있구나.
그 풍의와 그 덕망을
사우(士友)들은 여적 전하네.
가슴 깊이 새겨지니
지나가는 어느 누가 전범 삼지 않으리오
내 오늘 명을 지어
공의 산소 알리노라

세는 하정 무술 7월 임신

학성 김재석 근찬

墓碣銘 幷序

靈巖郡龍塘可帝之戌原, 恒齋金公諱純默之藏也.其次男 在局(?)將修石儀, 抱狀來余要役, 誼不辭而按狀.

公字德文, 號恒齋.自幼德器天性, 孝友于家, 行餘究經, 主乎性理之奧, 邪正之分, 而師從勉、松, 益充其量.造詣日進, 從學者甚衆.每訓其徒曰 : "學問頭顱, 元是心性." "故《學》, 首言心 ;《庸》, 首言性.《近思》《小學》亦如之." "前聖後聖, 其揆一也.須著力實踐於日用常行, 則可知其不誣矣." 此雖寂寥數語, 學要諦莫加於此.而所立如是, 故於生養、死葬、奉先、接人, 各得其宜.晩築滄浪臺, 尙友屈子.而值佳節則率知舊門生, 風詠於此, 軆認浴沂意像.而恨世變日劇, 兒孫輩亦染塵難迴, 乃焚其平日所著述, 曰:"聖賢訓誥, 至於晦息.此等文字, 將安用之?"其憂患世道, 可謂深切矣.乙亥冬, 因祟成疾, 終於十二月二十六日.臨終不言他, 而惟眷眷於世道, 亦見其修養有素矣.公, 安東人也.國初左相謚翼元, 諱士衡, 勳上洛伯.通贊諱乙萬, 踈斥安老, 遯居茂松.進士諱質, 孝聞天下, 命旌, 享道巖祠.教授諱景哲, 甲子适變, 備義蹟, 配於祖祠.寔公九世以上也.祖養大, 进士, 寿通政.考榮喆, 生员.父子俱有潛德.妣蔚山金氏, 河西先生后, 邦豐女, 生五男.公序三, 生於高宗丙寅十一月四日.公凡三娶.全義李根夏、長澤高光漢、玉川趙光洙皆外舅也.男在禹, 高在冕、鄭休轍妻, 李出.李在植妻, 高出.男在局, 金二洙妻, 趙出.略此終始, 以作銘辭.豈特以顯金氏慰子姓, 乃亦以警鄕里與可島人.銘曰 :

天賦魁傑, 樹立卓然.之風之德, 士友尙傳.入人者深, 誰過不式?我揭詞銘, 表公塋域.

歲 夏正 庚戌 七月 壬申

鶴誠 金載石 謹撰

사. 제문

1) 가질(家姪) 재종

유세차 병자 2월 을해 삭 2일 병자에 가질(家姪) 재종이 삼가 주과로 전(奠)을 올리며 글을 지어 숙부 항재부군의 영전 앞에서 곡을 하며 아뢰옵니다.

오호 통재라! 우리 숙부의 신체와 용모를 직접 뵙지 못한 지도 오래 되어 지금까지 벌써 몇 달이 되었습니다. 숙부님의 순정하고 엄의하신 기상과 주상하고 진밀한 성격과 도량을 어떻게 다시 직접 받들 수가 있겠습니까?

부군께서는 일찍 스승의 문전에 오르시어 바른 길을 걸으시며 면암선생께서 신행[162]하신 한 마디 말씀을 평생 수용(受用)[163]하는 물건으로, 매일 필요로 하는 운위(云爲)[164]로 간주하고 언어와 행동거지는 모두 입본무실(立本務實)에 따라 해내었고 평생 마음에 자리 잡은 것은 충성과 신의와 성각이어서 표폭(表幅)[165]을 추구하지 않았고 선입견을 가지지 않았으며 착한 것을 즐기고 악한 것을 질타하면서 예스러운 것과 한 동아리가 되었고 무릇 일을 계획하면 물 한 방울 새지 않았습니다.

배움에는 받아들인 바가 있었고, 도리는 속이지 못하였습니다. 나이 들면서 회옹(晦翁) 주자의 저서를 즐겨 성리학에 깊숙이 잠겨 들었고 주객지의(主客之義)를 반복하였는데 의혹이거나 난해한 점이 있으면 기록하여 주해를 달고 찰자를 만들기도 하였습니다. 계오(契悟)[166]한 곳이 있게 되면 묘함을 독자적으로 얻게 되었다고

---

162) 신행(贐行) : 먼 길을 떠나는 사람에게 시문(詩文)이나 물건을 줌. 또는 그 시문이나 물건.

163) 수용 (受用) : 받아 지니고 활용함.

164) 운위(云爲) : 말과 행동을 아울러 이르는 말.

165) 표폭(表幅) : 겉을 휘갑쳐서 꾸밈.

166) 계오(契悟) : 뜻에 어긋남이 없이 정확하게 깨달음.

스스로 기뻐하며 지어 침식조차 잊어버리곤 하였습니다. 동문이나 오랜 벗들과 오가는 사이와 시를 음영하는 사이에 많은 것들을 밝히고 명백하게 하여 적성권축(積成卷軸)하였습니다.

날로 심해지는 세상의 변화는 마치도 불이 세차게 타 번지듯 하여 아들 손자들은 모두가 풍조에 휩싸여버렸습니다. 그러던 어느 날 분한을 이기지 못해 심지어 눈물을 흘리면서 "옛날 성현들의 훈고는 마치도 관례 때에 한 번만 쓰는 치포관이나 동자의 더펄머리처럼 쓸모없는 변모(弁髦)로 되었으니 후학들이 이따위 문자들을 두었다가 어느 짝에 쓰겠는가?"라는 말씀을 남기고 건연(巾衍)에 건사하였던 책들을 뒤져내어 불고무래에 맡겨버리고 말았습니다. 오늘날에는 한글자도 남아 전해지지 않고 있으니, 이것이 바로 소자 항렬들의 천고의 유한으로 되었습니다.

작년 겨울 소자가 병을 얻어 몇 달 동안 위기에 임박하였을 때 부군께서도 역시 편찮아 저택에 몸을 맡기고 계셨지만, 쇠진한 근력도 아랑곳 하지 않고 밤낮으로 근심하시며 백방으로 구호하셨습니다. 혹 이로 하여 병이 덧나 이 지경에까지 이르지 않았는지도 알 수 없는 일이며, 아니면 짐승의 발자취가 날로 심해지는 것을 보고 표연히 마치도 탈사(脫屣)하듯이 미련 없이 떠난 것이 아닌지도 알 수 없는 일입니다. 그렇다면 부군은 가히 "죽을 때가 되어서 나는 편안히 쉬겠다(沒, 吾寧)"[167]고 한 말대로 하였다고 말할 수 있습니

167) 죽을 때가 되어서 나는 편안히 쉬겠다(沒, 吾寧) : 북송 철학가 장재(張載, 1020~1077)가 《장자전서 · 서명(張子全書 · 西銘)》에서 한 말인데 원문은 "存, 吾順事 ; 沒, 吾寧也."이다. 뜻인즉 "우리가 살아있을 때에 천리에 순응하여 행사한다면 죽을 때에도 편안하게 떠나가면서 아무런 부끄러움도 느끼지 않을 것이라"는 말이다. 주자는 효자와 인인(仁人)의 입장에서 장재의 이 구절을 "효자는 몸이 살아있는 한 부모를 섬기는 일에서 부모의 뜻을 어기지 않을 것이고 죽으면 편안하게 부모에게 아무런 부끄러움도 없을 것이다. 인인은 몸이 살아있는 한 하늘을 섬기는 일에서 천리를 어기지 않을 따름이며 죽으면 편안하게 하늘에 아무런 부끄러움도 없을 것이다.(孝子之身存, 則其事親者, 不違其志而已, 沒則安而無所愧於親也 ; 仁人之身存, 則其事天者, 不逆其理而已, 沒則安而無愧於天也.)"라고 해석하였다.

다. 소자의 무리들이 미로에서 갈팡질팡하고 있을 때면 누가 문을 열어 주고 누가 깨우쳐 주겠습니까? 선조의 원우를 복설하고 석의를 고쳐 세우는 일은 바야흐로 진행 중에 있어, 미처 완공하지 못하였는데 누가 계획하고 지휘하여 그 사업을 마무리 짓겠습니까? 부군께서는 병을 얻은 다음부터 계수족(啓手足)[168]에 이를 때까지 정신 상태는 태연자약하여 평상시에 못하지 않았습니다. 소자들은 그것을 믿고 아무런 걱정도 없이 기이지수(期頤之壽)[169]를 기대하고 있었기에 미처 품달하지 못하였습니다.

오호라! 오늘은 만사가 그만이게 되었으니 고로여생(孤露餘生)[170]은 장차 누구에게 의탁하여야 한단 말입니까? 속광(屬纊)[171]하기 하루 전날 밤에 소자가 촛대를 들고 문안을 갔더니 지성스럽게 교시하셨습니다. "자네는 병이 아직 쾌차하지 않았으니 절대 다시 오지를 말게. 나는 이미 병입고황(病入膏肓)하였으니 아무리 세상 명의 화타(華佗)나 편작(扁鵲)을 곁에 모셨다고 하여도 손 쓸 곳이 없을 거네. 게다가 내 나이 일흔이니 다시 더 바랄 것이 무엇이겠소?"

옛 사람들이 의원에게 욕설을 하고 약을 물리친 일이 확실히 있었던 것입니다. 크고 작은 일들을 가리지 않고 꼭꼭 지성스럽게 타

---

168) 계수족(啓手足): 부모가 임종에 하는 유언을 뜻하는 말로, 효도를 다한다는 뜻도 됨. 즉 사람이 아무런 상처 없이 죽는 것을 말하는데, 이는 증자(曾子)가 죽으면서 제자들을 불러 모아, 발과 손을 펴보도록 하면서 (啓予手 啓予足) 항상 부모님이 물려준 몸을 조심히 가질 것을 유언으로 남긴 데서 나온 말로 《논어(論語)》 태백편(泰伯篇)에 보임.

169) 기이지수(期頤之壽): 백 살이 되는 나이. 또는 그러한 노인. 상수(上壽). 사람의 수명은 100년을 1주기로 하므로 기(期)라 했고, 頤(이)는 養(양), 곧 몹시 늙어서 음식과 기거(起居)가 다른 사람에게 길러지게 된다는 뜻.

170) 고로여생(孤露餘生): 부모가 죽고 의지할 데 없는 신세를 나타내는 말.

171) 속광(屬纊): 옛날 중국(中國)에서 사람이 죽어갈 무렵에 고운 솜을 코나 입에 대어 호흡(呼吸)의 기운(氣運)을 검사(檢査)했던 데서 나온 말로 임종(臨終)을 달리 이르는 말.

일러 주시면서 종래로 영원히 떠나신다는 뜻이 전혀 없지 않았습니까? 누가 "하늘이 은유일로(憖遺一老)[172]하지 않는다." 고 하였습니까? 갑자기 사망에 이르게 되었습니다.

실성하여 길이 통곡하지만 천지는 망망하기만 합니다. 엎드려 바라옵건대 어둠속에서 묵묵히 우매한 애도를 깨우치시어 어긋나는 일이 없도록 하여 주시옵소서. 해와 달은 기일이 있어 둔석이 눈앞에 다가왔습니다. 오늘에는 계빈(啓殯)하고 정직한 말로 영결을 고하면서 더없이 아픈 마음의 만에 하나라도 털어놓고자 하옵니다. 그런데 불행히도 전날의 질환이 더욱 기세를 부리어 정신을 수습하지 못하여 언사에 윤척(倫脊)[173]이 없사옵니다. 영령께서 전날처럼 병연하시면 이 하정을 밝게 살펴주시옵소서. 오호애재라!

상향하옵소서(尙饗)[174]

維歲次丙子二月乙亥, 朔二日丙子, 家姪在鍾謹以酒果之奠, 操文哭告于叔父恒齋府君之靈曰 :

呜呼痛哉！不承我叔父體颜[175], 奄已數朔于兹矣.我叔父純正儼毅之氣像, 周祥縝密之性度, 於何復親承耶？府君早登師門, 門路得正, 以勉菴先生贐行之一言為平生受用之地, 日用云為.言語動止, 皆從立本務實上做來.而平生秉心忠信誠慤, 不事表幅, 不形畦畛, 樂善

172) 은유일로(憖遺一老): 《詩 · 小雅 · 十月之交》에서 나온 말로 원문은 : "불은유일로, 비수아왕(不憖遺一老, 俾守我王.)" 인데 뜻을 풀이하면 속으로 바라던 바는 아니지만, 한 사람의 老成人(노성인)일지라도 잠시 남겨 두고 싶다는 것임.

173) 윤척(倫脊): 말이나 글에서의 순서(順序)와 조리. 없다와만 결합(結合)하여 쓰임.

174) 상향(尙饗): 바랄 상, 흠향할 향. 祭文(제문)의 首尾語(수미어). 庶幾來饗(서기내향)의 뜻. 庶幾來饗(서기내향)은 '바라건대 조상님 혼백이 오셔서 제사음식을 歆饗(흠향)하시라' 는 말.

175) 體颜: 《회천유고(晦泉遺稿)》에서는 "顔色" 으로 되어 있다.

疾惡[176]，與古為徒.凡事規劃，置水不漏.學有所受，理不可誣.晚而喜晦翁書，沉潛乎性理之學，反復乎主客之義.而有疑難處則記註而剳之，有契悟處則自[177]喜獨得其妙，至忘寢食.與同門知舊，往復之間，唫詠之際，多所發明[178]，至於成卷.嗚呼！世變日甚，如火益烈.兒孫輩俱為風潮所迫.一日不勝憤恨，至於涕淚，曰："古昔聖賢訓誥，皆為弁髦，後學之此等文字，有何所用."搜其巾衍所藏，而付諸丙，今無隻字遺傳，寔[179]為小子輩千古遺恨.昨冬小子，遘疾濱危數朔，府君亦失寧委第，不念筋力之衰澌，夙夜維憂，百方救護.未知或因此祟敓而至此耶？亦厭見蹄跡之日交，飄然如脫屣而然耶？是則於府君可謂沒吾寧也.而小子輩倀倀迷路，將孰開而孰牖？先世院復設石儀改竪，今方營始，未及卒業，誰能指揮設略，而使之克終耶？府君自得病至啓手足，精神自若，不減平昔.小子輩恃而無慮，可以期期頤之壽，故未及稟達焉.嗚呼！萬事今焉已矣.孤露餘生，將誰依怙？

屬纊前一日夜，小子執燭往候焉，則諄諄然垂誨，曰："汝病，姑未快痊，須勿復焉.我病已入膏肓，雖華、扁在傍，無下手處.且吾年已七十，復何求焉."古人之罵醫却藥，良有以也.事無巨細，必諄諄然，未曾有怛化之念.孰謂天不憖遺，遽至奄忽.失聲長痛，天地茫茫，伏願冥冥之中，默牖愚衷，俾不至差忒焉.日月有期，窀穸在即，今將啓殯，矢辭告訣[180]，欲洩至痛之萬一，而不幸昔疾更肆，精神未收，語無倫脊.精英炳然如昨，庶幾鑑此下情.嗚呼哀哉，饗.

176) 여기에서는 "樂疾惡"으로 되었지만 뜻이 통하지 않음으로 《회천유고(晦泉遺稿)》에 따라 "樂善疾惡"으로 수정함.

177) 여기에서는 "有"로 되었지만 뜻이 통하지 않음으로 《회천유고(晦泉遺稿)》 에 따라 "自"로 수정함.

178) 여기에서는 "多小發明"으로 되었지만 뜻이 통하지 않음으로 《회천유고(晦泉遺稿)》에 따라 "多所發明"로 "多所發明"으로 수정함.

179) 원문은 "式"으로 되었지만 뜻이 통하지 않음으로 《회천유고(晦泉遺稿)》에 따라 "寔"으로 수정함.

180) 여기에서는 "矢辭告訣"으로 되었지만 《회천유고(晦泉遺稿)》에 따라 "今將啓殯矢辭告訣"로 수정함.

2) 우인(友人) 초계(草溪) 변종혁(卞鐘爀)

유세차 병자 12월 경자 삭 24일 계해에 우인(友人) 초계(草溪) 변종혁(卞鐘爀)이 한감(寒感)에 걸려 가서 곡을 올리지 못하고 삼가 향 한 대와 술 한 잔을 갖추고 연상(練祥)[181] 하루 전에 손자 영호(榮濩)를 보내 나를 대신하여 고 항재거사 김공 영연에 아뢰옵니다.

오호라 공은 품부가 깨끗하고 순수하고 어릴 적부터 포부를 세웠습니다. 면암선생을 스승으로 모셔 교육에 교화되고 학술에 정밀(精密)하고 자세(仔細)하였습니다. 겉은 단아하고 속은 정직하며 말과 행동이 일치하였습니다. 가정을 다스리는데 도가 있어서 사람들은 뒷공론을 하지 않았습니다. 위엄과 거동이 빈틈없어 고장 사람들은 훌륭한 사람이라고 칭찬이 자자하였습니다.

의심할 여지없이 고대의 도를 따랐고 덕과 행을 터득하였습니다. 숲이나 냇물을 거닐면서 의념은 맑고 정신은 말쑥하였습니다. 일을 다루는데서는 중용을 잡았고 언제나 경계하고 삼갔습니다. 성현들을 돈독하게 믿으며 주희의 서적을 손에서 놓지 않았습니다. 이리하여 참다움을 얻었고 의리(義理)[182]에서는 막히는 것이 없었습니다. 덕을 받들고 도를 지키면서 늙어서까지 쉴 줄을 몰랐습니다. 행동거지는 언제나 부지런하였고 가슴에 간직한 뜻은 더구나 독실하였습니다. 사람들과 사귐에 있어서는 온화하고 공경스러움을 스스로 발현하였고 활달하고 맑은 절조를 지니고 다랍고 인색한 것을 깨끗이 털어버렸습니다. 밝고 성실함을 힘이 자라는 대로 다 하였고 진정으로 알고 있은 것들을 실제에 옮겼습니다. 시작이 있고 끝이 있었으며 탁월하게 입신하였습니다. 퇴폐하고 세속적인 유언비어는 공의 문전에는 이르지도 않았습니다. 어버이 만수당을

181) 練祥(연상) : 사람이 죽은 지 한 돌 만에 지내는 제사(祭祀).

182) 의리(義理) : 모든 현상에 통하는 법칙.

어린 자식처럼 언제나 간절히 생각하였으니, 상례(喪禮)를 신중히 하고 조상을 추모하는[183] 그 성실한 마음은 타고난 천성이었습니다. 대를 물리며 전해오는 덕성을 서술하여 효성과 우애를 전하게 되었습니다. 선조의 무덤에 환영(桓楹)[184]을 세우고 부모를 공경하고 사랑하는 마음이 극진하여 부모의 모습이 나타나고 성음이 들리는 치각적저, 치애즉존(致慤則著, 致愛則存)[185]에 이르게 되었습니다. 항상 변함없이 가숙(家塾)을 세우고 글 읽은 소리가 그치지 않게 하였으므로 공의 문하에서는 도를 꿰뚫은 그릇들이 만들어졌고 어진 조카들이 뒤를 이었으며 종손들이 나타났습니다. 대대로 시와 예를 익혀오는 가문에서 서로 젖어서 물이 들고 뒤를 이어나가니 훌륭한 도를 후손들에게 물려주는 그 수유후곤(垂裕後昆)에 누가 짝이 될 수 있단 말입니까?

아호(雅號)가 '항재'이라 고명사의하여 보니 이름은 바르고 의리가 중하다는 것이 거짓이 아님을 믿어마지 않습니다. 탁마되어 수립하였으므로 남들이 알아주기를 바라지 않았습니다. 세상이 향락에 빠진 이후로 진세에 한 점 물들지 않고 빈천해도 능히 지조를 옮기지 않으며 부귀해도 분수를 넘어 음사에 빠지지 않았습니다. 아! 이 도여! 흐린 파도가 하늘에 사무치며 온 천지에 비바람이 일고 있습니다. 전장제도는 비로 쓴듯이 모두 사라지고 선왕의 법복은 다시는 볼 수 없게 되었습니다. 강개한 마음으로 비분에 치를 뜨는 사람은 유

183) 상례(喪禮)를 신중히 하고 조상을 추모하다(愼終追遠): 증자는 "상례(喪禮)를 신중히 하고 조상을 추모하면 백성들의 도리가 훌륭하게 될 것이다(愼終追遠 民德歸厚矣民德歸厚矣)" 라고 말한 적이 있다.

184) 환영(桓楹): 목비, 즉 나무로 만든 비.

185) 치각치애(致慤致愛): 《예기 · 제의(禮記 · 祭義)》 제24에서 나온 말인데 원문은 아래와 같다. "부모를 공경하는 정성을 극진히 하면, 부모의 모습이 나타나는 듯 하고 부모를 사랑하는 마음을 극진히 하면, 부모의 성음이 들리는 듯 하니 그 모습과 성음이 마음에서 잊어지지 않는데 어찌 공경하지 않을 수가 있겠는가(致愛則存, 致慤則著. 著存不忘乎心,夫安得不敬乎?"

독 공(公)밖에 없었습니다. 지난 일을 회억하여 보니 나의 가슴은 불평으로 가득 찹니다. 구름 덮인 산마루와 솔이 자란 산등성이가 나를 보고 외칩니다. 서산에 올라서니 백이와 숙제는 이미 사라지고 동해 바다에 뛰어들자고 하니 노중련이 자취를 감추고 말았습니다.

오호라! 나는 장차 어디로 가야 한단 말입니까? 몇 번 길이 탄식을 하니 눈물이 비 오듯 펑펑 쏟아지고 있습니다. 공은 비록 초야에 묻혀 살았지만, 가슴에는 근심으로 가득 차 있었습니다. 그리워서 잊지 못하는 연연불망(戀戀不忘)은 바로 나라를 위한 일편 충성 때문이었습니다. 공이 만약 세상에 나섰더라면 깃털[186)]과 웅장[187)]이라는 취사선택 앞에서 반드시 바른 것을 취할 것이며 절대로 원래의 뜻을 어기지 않았을 것입니다. 지금 세상을 살펴보면 험하기 그지없어 공의 세대와는 완전히 달리 물은 갈수록 깊어만 가고 불은 갈수록 타오르기만 하고 있으며 북에서 오는 재화는 날마다 답지(遝至)하고 있습니다.

공이 만약 이 세상에 계셔서 여기까지 화제가 미쳤다면 꽃이 피는 아침이나 달뜨는 저녁에 함께 회포를 털었을 것입니다. 이제는 모든 것이 그만입니다. 누구와 함께 이야기를 나눌 수 있겠습니까? 창랑대를 바라보니 다만 부드럽고 맑은 바람만 남아 있습니다. 못가를 거닐며 시를 지어 정배 갔던 삼려대부 굴원을 조문하고

---

186) 깃털(鴻毛): 사마천의 《사기 · 보임안서(史記 · 报任安书)》에 이런 말이 있다. "사람은 누구나 한번 죽는다. 어떤 죽음은 태산보다 무겁고 어떤 죽음은 깃털보다 가볍다. 이는 죽음을 사용하는 방향이 다르기 때문이다.(人固有一死, 或重于泰山, 或輕于鴻毛, 用之所趨異也.)"

187) 웅장(熊掌): 《맹자 · 고자(孟子 · 告子)》에서 맹자가 이렇게 말하였다. "물고기는 내가 바라는 것이고, 웅장도 역시 내가 바라는 것이다. 둘 다 가질 수 없다면 물고기를 버리고 웅장을 취하겠다. 사는 것도 내가 원하는 바이고 의로움도 내가 원하는 바이지만, 둘 다 얻을 수 없다면 삶을 버리고 의를 취하겠다(魚我所欲也, 熊掌亦我所欲也, 二者不可得兼, 舍魚而取熊掌者也; 生亦我所欲也, 義亦我所欲也, 二者不可得兼, 舍生而取義者也.)"

때로는 갓끈을 씻으면서 가슴에 품은 충정을 하소연하였습니다.

창랑대를 에워싼 소나무는 의연히 푸르고 싱싱하여 때가 오면 청풍을 일게 하여 마치도 공의 기상을 방불케 할 것입니다. 공이 남긴 풍도와 운치는 세상에서 사라지지 않을 것입니다. 공이 세상을 떠나니 오가는 사람들마저 비감에 잠겨 있습니다. 공의 더없는 선행은 원근에서 모두 이야기하고 있습니다. 돌같이 단단한 굳은 절개를 어디 가서 찾을 수 있단 말입니까? 공이 세상을 떠나가시니 우리 당(黨)은 적막에 빠져 있습니다. 외롭게 하나 된 사람을 누가 교화하겠습니까? 남아있는 여한이 어디가 끝이겠습니까?

영령이 불매하시면 바라옵건대 흠격하옵소서.

維歲次丙子十二月庚子, 朔二十四日癸亥, 友人草溪卞鍾爀感寒纏身, 末由赴告哭, 謹具一辨香, 一盞醪, 練祥前日, 遣孫榮濩替告於故恒齋居士金公靈筵曰：

嗚呼！維公稟賦清粹, 早年立志.勉門師事, 沾化教育, 學術精微.表端裏正, 言行相顧.齊家有道, 人無間言.抑抑威儀, 鄉邦稱善.信心行古, 有覺德行.逍遙林泉, 意閑神精.念工執中, 業業兢兢.篤信聖賢, 朱書不釋.是以得真, 義理無塞.尊德衛道, 至老不息.動止常勤, 心志尤篤.與人交際, 溫恭自現.豁達雅操, 洞祛鄙吝.克盡明誠, 真知實踐.有始克終, 卓乎立身.禿俗流言, 不到公門.晚睡高堂恒孺慕, 慎終追遠, 出天誠意.世德作述, 乃傳孝友.桓楹先壟, 致慤致愛.恒設家塾, 書聲不絕.是故公門, 貫道器作, 賢姪繼續, 令從孫出.詩禮古家, 濡染相續, 垂裕來世, 孰能與儔？雅號恒齋, 顧名思義, 名正義重, 乃信不誣.琢磨樹立, 不求人知.自世沉溺, 不染點塵.貧賤不移, 富貴不淫.吁！此道, 濁浪滔天, 滿天風雨.典章掃盡, 先王法服, 無復可見.悲憤慷慨, 獨抱者公.憶昔年事, 我懷不平.雲山松嶺, 顧余呼曰.登彼西山, 伯叔已沒.欲蹈東海, 仲連無跡.嗚呼嘻噫！余將安適？長吁數聲，涕淚滂沱.公雖草野，滿腔所憂.戀戀不忘，為國丹忠.若公需世，鴻毛熊掌，取捨得正，不違素志.目今險巇，公世頗殊.如水益深，如火益熱.有北投患，沓至式日.若公在世，語或及此.花朝月夕，共敘所懷.今焉已矣，與誰共話？瞻彼滄浪，只存清風.行唫澤畔，慰三閭放.有時濯纓，訴說衷情.繞臺松柏，依舊蒼蒼.時到清風，若公氣像.遺風餘韻，不泯於世.今公之歿，行路亦悲.至行感人，遠近咸道.介石之操，於何可求？自公之逝，吾黨寂寞.誰風一單, 此恨曷極?
英靈不昧, 庶幾歆格.

3) 세생(世生) 금성(錦城) 오동수(吳東洙)

유세차 병자 9월 경자 삭 24일 계사에 세생(世生) 금성(錦城) 오동수(吳東洙)가 삶은 닭과 술에 담근 면사를 재물로 삼아 항재 김공의 상생지연(象生之筵)[188]에 곡을 하며 아뢰옵니다.

오호라! 군자의 임종을 살펴보니 연세는 일흔으로 두보가 말한 고희이라, 장수하셨다고 말할 수 있사옵니다. 세상의 도로 살펴보면 백 사람으로 속바치기를 할 수도 있사옵고 백 년 동안 제사를 누릴 수도 있사옵니다. 어버이를 받들어 섬기면서 효도로 자식의 직분을 다 하시었고 다섯 형제와 우애를 다해 평화(平和)롭고 화락(和樂)하고 화목하게 지내셨으며 신의로 사귀어 마음이 맞고 의심이 없어 사람들이 이익을 취하게 하였사옵니다. 변폭하지 않았고 배움에서 밝고 실행에서 깨끗하셨으며 주밀하고 신중하고 돈후하고 질박하셨으며 빈틈없이 속속들이 세밀(細密)하셨고 재치 있고

188) 상생지연(象生之筵) : 죽은 사람을 아직 살아 있는 것처럼 여긴다는 뜻으로, 궤연(几筵)을 달리 이르는 말.

말주변이 좋으시었습니다. 공이 세상을 떠나가셨지만 여적 짝으로 될 만한 사람이 없사옵니다.

오호라! 공은 용모가 점잖고 단정하셨고 성정이 성스레 확실하셨습니다. 어려서부터 학문에 마음을 두셨지만 모든 뜻을 다 이해할 수 없었으므로 스스로 부족하다고 생각하시었습니다. 집안일을 맡아보자 몹시 바삐 일하여 살림이 조금 펴이자 자신의 일념을 위하여 드디어 자신이 입던 옛날의 의복인 초복(初服)을 떨쳐입고 배움의 길에 들어서서 각고면려(刻苦勉勵)[189]하면서 정밀(精密)하고 자세(仔細)하게 오묘한 도리를 탐색하였습니다. 마음속으로 사물의 근본에 주력하여 본령(本領)을 세웠으며 표면으로 명성을 기탁하는 것을 앙모하고 가슴 속으로 달갑게 여기여 먼저 착할 선(善)자를 밝게 하고 빈틈없이 공부하여 능히 착할 선(善)자를 실천에 옮길 수가 있었으며 의금경의(衣錦絅衣)[190]할 수 있었다.

면암선생과 송사선생에게 복응(服膺)[191]하여 납질(納質)하였고 백부(伯父)선생을 돈독하게 경앙(景仰)하였습니다. 마음을 다잡고 실천함에 있어서 하나같이 곤핍무화(悃愊無華)하였습니다. 면암선생이 나라를 위해 몸을 바치자 참고 견디며 책을 펴내며 문장을 짓는 일에 힘을 기울였습니다. 어떤 사람이 면암과 송사 두 문하에 오가면서 한쪽에 서서 시기하고 승벽이 강하게 놀자 한두 마디로 간절한 심정으로 달래였더니 중론은 하나로 돌아서게 되었습니다. 사람들은 그의 공정성과 옳은 일에 티 없이 깨끗한 처사에 감복하였습니다.

189) 각고면려(刻苦勉勵): 모든 고생을 이겨 내며 부지런히 노력하다.

190) 의금경의(衣錦絅衣): 의금경의(衣錦褧衣)라고도 하는데 "비단 옷을 입고 그 위에 안을 대지 않은 홑옷을 또 입는다"는 뜻으로 군자가 미덕을 갖추고 있으나 이를 자랑하지 않음을 비유한 말이다.

191) 복응(服膺)하다: 교훈 따위를 마음에 간직하여 잠시도 잊지 아니하다.

나는 일찍 미미(亹亹)히 밤이 깊어가는 줄도 몰랐었습니다. 지금의 우리 유학(儒學)을 두고 본다면 타던 불이 거의 꺼지다시피 되었고 게다가 또 두 문하가 생겼습니다. 어찌 분열할 수 있단 말입니까? 그렇다면 세상을 올바르게 다스리는 도리인 세도(世道)에 해를 끼치게 되고 방관하는 사람들의 웃음거리로 되고 말 것입니다. 언제나 사문의 장래를 걱정하던 목소리가 아직도 귓가에 쟁쟁합니다. 세상에 변란이 생긴 이래로 항상 가슴 한구석에 심절한 통증을 느끼고 있었습니다. 《시경》의 《비풍(匪風)》과 《하천(下泉)》[192]은 아직도 잠을 자고 있는 사람들이 깨어나 읽어보아야 할 것입니다.

이에 못을 파고 누대를 짓고 창랑대에 좌도 굴원을 사모하는 마음을 기탁하고는 초나라의 못을 찾아 시를 읊으며 소요하고 방황하면서 근심걱정이 쌓여 마음이 답답한 일울(壹鬱)함을 털어버리고자 하였습니다. 어찌 보면 자유 자적한듯 하였으나 길이 노래를 부르며 통곡하고 있은 것이었습니다.

오호라! 신학이 한창 타오르고 있으니 우리 도는 장차 절단되고 말 것입니다. 송위(宋僞)[193]를 심하게 금지하더니 마침내 진나라가 천하에 독을 풀게 되었습니다. 온 세상이 모두 물이 콸콸 넘치듯

192) 비풍(匪風)》과 《하천(下泉)》 : 《시경 · 회풍 · 비풍(詩經 · 檜風 · 匪風)》과 《시경 · 조풍 · 하천(詩經 · 曹風 · 下泉)》는 주실(周室)의 쇠퇴를 비판하면서 옛날의 주실을 그리워하는 시다.

193) 송위(宋偽): 경원당금(慶元黨禁), 혹은僞學逆黨之禁(僞學逆黨之禁)이라고도 하는데 중국 송나라시기 송녕종 경원년간에 한탁주(韓侂胄)가 정적을 타격한 정치사건을 가리킨다. 송녕종 조확(趙擴)은 즉위한 후 종실인 조여우(趙汝愚)와 외척인 한탁주를 등용하였는데 두 사람은 알륵이 심했다. 1195년에 한탁주는 사람을 시켜 조여우를 탄핵하여 영주로 정배를 보내 정배지에서 죽게 만들었다. 한탁주는 권리를 장악하자 부동한 정견을 지닌 사람들을 모두 "도학지인(道學之人)"으로 몰다가 또 도학을 "위학(僞學)"이라고 질책하고 육경(六經)과 사자서(四子書)를 금지하였었다.

혼란하여 어린 조카들도 관련되어 있었습니다. 타지로 공부하러 떠나긴 하였지만 공교롭게도 본 읍이었기에 공은 비록 언짢게 생각하기는 하였으나 그들을 불러와 식사하게 하였고 그들을 어루만지면서 사랑하여 주었으며 권념(眷念)하는 것이 지나칠 정도였습니다. 배움이란 나의 마음대로 되는 것이 아니었으므로 그 심정은 부끄러울 정도였습니다.

오호라! 사십 여년을 지나오면서 외람되게 불식(拂拭)[194]을 입어 나에게 슬픔과 근심이 있게 되면 공이 처량하고 측은하게 여기였고 공에게 경사가 생기면 나 역시 나에게 생긴 일처럼 기뻐하였습니다. 그런데 몰하여도 염습할 때 곁을 지키지 못하였고 묻을 때에도 무덤에서 영결하지 못하였으니 조용히 생각하여 보니 너무나도 부끄럽기 그지없습니다. 영윤이나 영질(令胤令姪)은 정이 골육과도 한가지라 죽어서 따라서지는 못하였으나 지친(至親)은 이어나가야 하므로 오늘 여기로 찾아와 곡을 하며 감히 형작(泂酌)[195]을 올리는 바입니다.

오호 애재라! 상향하옵소서.

194) 불식(拂拭): 먼지를 떨고 훔친다는 뜻으로, 의심이나 부조리한 점 따위를 말끔히 떨어 없앰을 이르는 말.

195) 형작(泂酌): 시경 · 대아 · 형작(詩經 · 大雅 · 泂酌)》에 나오는데 원문은 "멀리 길가의 못에서 물을 길어와, 이 물을 독에 모두 채우면, 채소도 찔 수 있고 밥도 찔 수 있다네(泂酌彼行潦, 挹彼注茲, 可以餴饎.)"이다. 즉 제사에 올리기 위하여 장마에 괴인 물을 떠오는 일. 또는 떠온 물. 멀리서 물을 떠와서 큰 그릇에 붓고 다시 그것을 작은 그릇에 옮겨 부은 다음, 그것으로 제수용 음식이나 술을 빚음. 여기서는 제수로 쓰는 박주(薄酒)를 말함.

維歲次丙子九月庚子, 朔二十四日癸巳, 世生錦城吳東洙, 謹以雞絮之典, 哭告于恒齋金公象生之筵曰 :
嗚呼 ! 考君子終, 以年七十, 杜稱稀年, 壽可謂得.以世道觀, 贖百享百.承事兩庭, 以孝盡職.友五昆季, 湛樂和翕.信義交孚, 人要取益.不修邊幅, 學明行潔.周慎敦樸, 詳密敏給.自公之逝, 也無儔匹.
嗚呼 ! 公貌端方, 性又聖確.奧自小少, 留意學問.未能全意, 私計不足.幹家拮据, 稍敍契濶.爲己一念, 還遂初服.刻苦辛勤, 精微探賾.向裏務本, 本領旣立.浮慕寓名, 心所不屑.先明乎善, 用工加密.能實其善, 錦絅章日.勉老松翁, 服膺納質, 伯父先生, 景仰之篤.操存踐履, 一用悃愊.勉既成仁, 克刊文役.欲貳兩門, 一邊忮克.片言坊之, 衆論咸一.人服其正, 見義精白.嘗余亹亹, 夜闌不覺.顧今吾儒, 幾幾乎熄.況又兩門, 豈可分裂.為世道害, 傍觀笑竊.斯文長慮, 尙在耳側.世變以來, 常懷慟切.匪風下泉, 尙寐悟讀.鑿沼築臺, 滄浪取托, 慕屈左徒, 行唫楚澤, 逍遙彷徨, 蕭散壹鬱, 雖若自適, 長歌痛哭.嗚呼 ! 新學倡熾, 吾道將絕.禁甚宋僞, 坑及紊毒.舉世滔滔, 穉姪亦涉.遊學之方, 適在尊邑.公雖不樂, 使之來食.撫之愛之, 眷念偏極.學非我欲, 其情惠惬.
嗚呼 ! 四十餘年, 猥受拂拭.我有憂慽, 公實悽惻.公有吉慶, 我已有若.歿不憑棺, 葬不壙訣.靜言思維, 負負愧悳.令胤令姪, 情均骨肉.未死相從, 親懿以續.今茲來哭, 敢薦泂酌.嗚呼哀哉 ! 尙饗.

4) 종조손 정회

유세차 병자 2월 을해 삭 5일 기묘에 증조손 정회가 삼가 얼마 되지 않아 변변하지 못한 음식을 갖추고 항재선생의 영구 앞에서 곡을 하고 영결하면서 아뢰옵니다.

오호라! 가슴이 저려납니다. 우리 종문에 복이 없게 되었고 우리 사문이 불행을 겪게 되었습니다. 한 번 몸져눕게 되자 다시는 일어나시지 못하였으니 슬프게도 만사가 꿈과 같이 변하고 말았습니다. 향리에서는 장차 어디에서 궁식을 얻게 되며 온 가문에서는 도대체 무엇을 소중하게 여겨야 되겠습니까? 선비들로 하여금 의지할 곳을 잃게 되었고 불초로 하여금 선생을 잃은 비통을 안게 하였습니다. 성음과 모습을 영원히 거두었고 하늘과 땅은 끝이 없습니다. 생각하여 보니 선생은 지강(至剛)의 기운을 천품(天稟)하여 정직으로 길렀고 근검의 덕성을 소유하여 항구히 지키었습니다. 정직하였기 때문에 표리가 일치하였고 항구하였기 때문에 시종여일하였습니다.[196] 이전에 면옹이 호서에서 도를 창도하였는데 우리 선생은 일찍부터 배움에 뜻을 두고 책 상자를 지고 그를 따랐으며 마음으로 진실하게 열복하였고 의귀할 곳으로 삼았습니다. 여러 번 의리(義理)에 대해 묻기도 하고 분변하기도 하여 당장에서 스승의 칭찬과 면려를 받기도 하였습니다.

가문에서는 효도하고 우애하였으며 온 가문을 정사로 다스렸습니다. 평지를 걸으면서도 마치 언 강의 얼음 위를 지나듯이 경계하고 삼가며 두려움을 지니었습니다. 마음에는 감히 한 오리의 비성실함도 담지 못하였으며 몸으로 행하는 것은 조차간 태만하거나 소홀하지 않았습니다. 남에게 기예가 있다고 하면 마치도 자기에게 있는 것처럼 봄바람인양 따뜻하게 대해 주었고 불인(不仁)을 미워하기는 마치도 악취를 역겨워하듯이 추상인양 매섭게 잘라 버렸습니다. 충신(忠信)과 독경(篤敬)으로 남을 대하였고 효제와 경독(耕讀)으로 자손을 훈도하였습니다. 득실과 영욕은 그의 마음을 움직이지 못하였고 임천(林泉)과 화석(花石)은 그의 즐거움을 기탁할 수 있었습니다. 소요하며 두루 자취를 남겼는데 만년에 이를수록 그 취

196) 원문은 "惟其直也, 是以善始令終."라고 되었으나 《연연당문집》에서 "惟其直也, 是以表裏無間 ; 惟其恒也, 是以善始令終."라고 되었으므로 문맥을 보아 《연연당문집》을 따라 번역하였음.

미는 더해졌고 일흔 모질(耄耋)에도 강녕하니 종문에서는 모두 희열에 넘쳤습니다. 기이(期頤) 장수를 기대하며 후대들을 지키리라 믿었건만 오늘에 주무시듯이 조용히 떠나실 줄을 누가 알았겠습니까? 천리는 헤아릴 수 없고 기운 역시 믿을 수가 없습니다.

아, 천지가 뒤바뀌고 도술이 찢어진 이래로 사문은 양구(陽九)의 액운을 당하였고 인류는 짐승의 지역으로 돌아가게 되었습니다. 추로(鄒魯)의 습속은 날로 멀어 가고 구라파(歐巴)의 풍기는 대작하고 있습니다.

오호라! 선생은 화하(華夏)가 물에 잠긴 것을 애통해하며 춘추의 유법을 송독하였습니다. 이(利)와 익(義)를 분별하여 단 칼에 베듯하여 지금의 것은 절대로 따르지 않고 다만 옛 법을 배웠을 따름입니다. 언제나 후대들이 황당하고 거만하게 굴어 조상들에게 수치와 모욕을 안길까 두려워 성인의 도를 갖추고 벽사(闢邪)[197]하면서 진종일 분발 노력하고 밤에는 위험이 닥쳐올까 경각성을 높이었으며 스스로 성실함에 자신감을 가지였고 스스로 확실하게 그것을 지켜나갔습니다. 전국(戰國) 시기의 종횡가 장의(張儀)와 소진(蘇秦)이라고 하더라도 유혹할 수 없었고 전국 시기의 용사 맹분(孟賁)과 하육(夏育)이라고 하더라도 그의 뜻을 앗아내지 못하였을 것입니다. 흐린 황하의 급류 속에서도 꿈쩍 않는 중류지주로 되었으며 엄동설한에도 푸름을 자랑하는 송백나무로 되었습니다. 밝아지거나 어두워지는 것은 비록 다르다고 하기는 하지만 교화(教化)에 보탬을 주는 바는 마찬가지입니다. 성실한 마음으로 갖은 심혈을 다 기울이고 있는 것은 귀와 신들까지도 알고 있습니다. 이것을 두고 마음을 닦는다고 일컫는데 하늘을 우러러 보고 땅을 굽어보아

197) 벽사(闢邪): 閑聖辟邪, 도장장엄(道場裝嚴)의 하나로서 절에서 큰 행사를 할 때 잡귀의 침범을 막는 벽사(闢邪) 의미.

도 한 점의 부끄러움도 없을 것입니다.

오호라! 선생은 양강(陽剛)의 자질을 지니고 전전긍긍하는 노력이 있어 바라보면 엄숙하나 다가서면 따스한 감을 느끼게 되고 뜻은 원활하나 행실에는 모가 나 있습니다. 공자, 증자, 자사, 맹자의 사자서(四子書)에 마음을 담고 《근사록》을 숭상하였으며 백발이 되었어도 주자의 책을 새벽부터 밤 깊을 때까지 손에서 놓지를 않았습니다. 명분의 구별을 엄하게 바로잡았고 성리(性理)의 오묘함을 깊이 탐구하였습니다. 시를 짓거나 문장을 꾸밀 때에는 화려한 언사를 버리고 실질을 중요시하시었고 서법을 정묘하게 익히고 글씨는 마음의 그림이라는 심화(心畵)를 전문 주장하시었습니다. 선생은 남을 가르침에 훌륭하게 계발을 주시었고 모든 것에 통달하여 마치도 소 잡이에 엷은 칼을 놀리듯이, 황하에 방축이 터진 듯이 거치는 것이라고는 없어서, 한 마디 교시를 들을 적마다 속이 훤하게 틔이는 듯 하였습니다.

아, 못난 불초자는 하나도 닮은 곳이 없습니다. 어려서부터 사랑을 독차지하다시피 만들어 제시유액(提撕誘掖)[198]하고 날마다 미미(亹亹)히 노력하게 하였으며 행여나 만에 하나[199]라도 성취를 거둘까 싶어 간곡히 타이르고 가르쳤습니다. 은정으로 보면 조부와 손자이었지만 의리는 사생지간보다 더 소중하게 되었습니다. 은혜와 의리를 저버리게 되었으니 이 가슴 명치끝엔 언제나 한이 맺혀 있습니다. 애통한 것은 어리석고 아둔한 이 사람이 경계하신 바에 따르지 못하고 풍조의 핍박에 의해 자포자기에 만족을 하였습니다. 몇 해를 지나서야 다시 후회하는 마음이 일어 장구(杖屨)를 곁

198) 제시유액(提撕誘掖): 성어로 끌 제(提), 쪼갤 시(撕), 꾈 유(誘), 겨드랑 액(掖)인데 귀를 당기고 겨드랑이를 잡고 부축한다는 뜻으로 이끌어 일깨우고 권하여 북돋우다를 비유한 말이다.

199) 원문은 "萬方"이지만 《연연당문고》에서 "萬一"로 되였으므로 "萬一"로 번역함.

에 모시고 조석으로 가르침을 받으면서 달갑게 백 년 동안 모시려고 마음을 먹었습니다.

오호라! 오늘에 이르러서는 이미 만사가 끝을 보게 되었습니다. 인기척을 나타내는 기침소리인 경해(謦咳)가 아직도 귀전에 울리고 있는데 그 모습은 더는 뵐 수 없게 되었습니다. 지난날에 그처럼 권권(眷眷)하고 순순(諄諄)하게 지극히 사랑하고 부지런히 가르쳐주시던 모습이 오늘은 어이하여 가뭇없이 사라지어 불러보아도 대답이 없고 소리쳐도 응대조차 없으십니까?

가슴이 쓰라리고 아파납니다. 착하게 자라라고 하시던 가르침은 다시는 들을 수 없게 되었고, 사람이 되라고 하시던 그 편달도 다시는 맛볼 수 없게 되었습니다. 마치도 젖먹이 어린애에게 젖이 떨어지듯이 구원(九原)에서 다시 일어나지 못함에 이 가슴의 통증을 이겨낼 수가 없습니다. 세상에 전해지고 있는 시와 예는 어느 누가 뒤를 이어 간단 말입니까? 문중에서 일이 생긴다고 한다면 누가 능히 모든 것을 타당하게 안배할 수 있단 말입니까? 들뜨고 화려한 문풍이 날로 손을 펴고 있는데 그 누가 그것을 바로잡을 수 있단 말입니까? 사악한 학설이 판을 치고 있는데 누가 그것을 호되게 뭉개버릴 수가 있단 말입니까? 목이 메도록 길이 울부짖으니 간담이 쓰리고 가슴이 미어집니다 창랑대의 청풍명월은 당신의 의태와 모습인 듯싶고 선정(先亭)의 화석(花石)에 아직도 어제 날의 수택이 방불히 남아 있는 듯 합니다.

오호라! 사람의 수명은 황하가 맑기를 기다릴 수 없고, 먼 길을 걷는 이는 저무는 해를 쫓아가지 말아야 합니다. 나는 영령이 흩어지지 아니하고 성진으로 되고 산하로 되며 요얼(妖孽)들을 소멸하여 좋은 세상을 만들어 주고 가가마다 염락(濂洛)[200]이 되고 호호

200) 염락(濂洛): 송(宋)나라 때 학자인 주돈이(周敦頤)와 정호(程顥), 정이(程頤)를 대표

마다 시서를 외우게 하리라는 것을 잘 알고 있습니다. 오직 우리 여러 종형제로 이루어진 법을 지키고 남긴 유훈을 두려워하며 선생의 지극한 뜻에 부합하여 우리 형제들이 정사(情私)를 손을 내밀지 말았으면 하는 것을 희망합니다.

오호라! 가슴이 미여 집니다. 일월이 비치던 때는 언제였습니까? 문득 무덤 속에 관을 내릴 때가 다가오고 있습니다. 잠간 사이에 영원히 헤어지게 되었습니다. 어찌 한마디 말로 끝을 낼 수가 있겠습니까? 구슬픈 이 심정을 어찌 다 토로할 수가 있겠습니까? 양양한 존영(尊靈)이여, 바라옵건대 찾아와 내려주시옵소서.

오호 애재라, 상향(尙饗)하옵소서.

維歲次丙子二月[201]乙亥，朔五日己卯，從祖孫正會，謹具菲薄之典，告訣于恒齋先生之柩前，而哭之，曰：
嗚乎痛哉！吾門無祿，斯文不幸，竟一疾而不起.慨萬事之如夢，鄕里將如何而矜式[202]？一門亦何恃而爲重？使士子失依歸之所，使不肖抱安仰之痛? 音容永閟，天地無窮.於惟先生，禀至剛之氣，而養之以直.有勤儉之德[203]，而守之以恒.
惟其直也，是以表裏無間；惟其恒也，

하여 부르는 것으로, 이들이 살던 지역 명칭이 각각 염계(濂溪)와 낙양(洛陽)인 데서 유래하였다. 전하여 성리학(性理學)에 밝은 학자들이 많은 지역을 가리키기도 한다.

201) 원문은 "丙子二乙亥"으로 되었으나 《연연당문고(淵淵堂文稿)》에 근거하여 "丙子二月乙亥"로 수정한다.

202) 원문은 "衿式"으로 되었으나 《연연당문고(淵淵堂文稿)》에 근거하여 "矜式"으로 수정한다.

203) 원문은 "僅儉"으로 되었으나 《연연당문고(淵淵堂文稿)》에 근거하여 "勤儉"으로 수정한다.

是以善始令終[204].在昔勉翁倡道湖西，我先生早志于學，負笈從之，心悅誠服，以爲依歸.屢進義理之問辨[205]，亟蒙師席之獎勸.惟孝友于家，爲政於一門，戒愼恐懼，淵氷於平坦.存諸心者，不敢有一毫之不誠；行諸身者，未嘗有造次之怠忽.人之技，若己有，渾然春和之氣融融.惡不仁如惡臭，凜乎秋霜之烈烈.接事物以忠信篤敬，訓子孫以孝友畊讀.得喪榮辱，不能動其中；林泉花石，可以寓其樂.逍遙自適，老而彌篤.七耋康寧，宗族咸喜.期享期頤之壽，以永保我後輩.孰謂今日遽爾啓手？理誠不可測，氣亦不可恃.噫！一自玄黃翻覆，道術瓣裂，斯文遭陽九之厄，人類歸禽獸之域.鄒魯之風日遠，歐巴之風大作.

嗚乎！先生痛華夏之淪胥，誦春秋之遺法.利義之辨，一刀兩决.絕今不爲，惟古是學.恒恐後嗣之荒妄，以爲祖先之羞辱.閑聖闢邪，日夕乾惕，自信之篤，自守之確.儀、秦難誘，賁、育難奪.嶷然濁流之砥柱，挺然大冬之松柏.顯晦雖殊，補化則一.苦心血誠，鬼神可質.是曰修之，俯仰無怍.

嗚乎！先生以陽剛之資，有戰兢之功，望儼而卽溫，志圓而行方.潛心四子，尊尙近思，白首朱書，晨夕玩味，嚴正乎名分之別，沉潛乎性理之奧.餘事文章，去華就實，精研筆法，專主心畫.先生教人，善於開發.曲暢傍通，刃游河决.每聞一語，心竅便豁.嗟余不肖無似，自幼荷愛偏重，提撕誘掖，日維亹亹，欲成就之萬方，必諄諄而教誨.恩是祖孫，義重師生.辜負恩義，痛結中腸.哀此頑愚，不克遵戒.迫於風潮，自安暴棄.數年以來，悔心復起，侍側杖屨，朝夕承誨，願言奉戴，百年爲期.

嗚乎！萬事今焉已矣.謦咳尙此在耳，典型不可復覩.昔何眷眷諄諄，

204) 원문은 "惟其直也，是以善始令終." 으로 되었으나 《연연당문고(淵淵堂文稿)》에 근거하여 "表裏無間；惟其恒也，是以" 열 글자를 보충하여 "惟其直也，是以表裏無間；惟其恒也，是以善始令終." 으로 수정한다.

205) 원문은 "義理之問" 으로 되었으나 《연연당문고(淵淵堂文稿)》에 근거하여 "義理之問辨" 으로 수정한다.

愛之至而教之勤，今何冥然邈然，呌不應而呼不聞？痛矣痛矣！無復有式穀之訓誨，無復有警責之鞭撻.如嬰兒之失乳，痛九原之難作.世傳詩禮，誰能繼之？宗中有事，誰能就緒？浮靡之習，誰能規正？邪說大熾，誰能嚴防？失聲長號，肝摧心蝕.滄浪風月，像儀形之髣髴，先亭花木，尙手澤之如昨.
嗚乎！人壽不及於河淸，遠路莫追於日暮.吾知英靈不散，爲星辰、爲山河，庶使妖孽熄而世道好，家濂洛而戶詩書.惟我諸從昆季，成法是守，遺訓是畏，以副先生之至意，少伸吾輩之情私.
嗚乎痛哉！曾日月之幾何，奄窀穸之將迫，轉眄之間，千古永隔.豈一言之可盡，庶哀衷之一洩？尊靈洋洋，庶幾來格.嗚乎哀哉！尙饗.

5) 손우(損友) 나상일

유세차 정축 12월은 항재거사 김공이 세상을 뜬 후 재기(再朞)[206]가 되는 날입니다. 손우(損友) 나상일이 항상 제물을 장만하여 애도의 뜻을 표시하려고 하였지만 몸에 병이 중하여 오늘까지 미루게 되었습니다. 제사 기일이 바싹 닥쳐 가까워 오고 있지만 미처 미치지 못한 아픔은 날이 가면 갈수록 더욱 깊어만 갑니다. 이리하여 이달 스무 닷새 무오에 삼가 거친 몇 행의 언사와 한잔의 박주로 영연에 곡을 하며 아뢰는 바입니다.

오호라! 공이 살아 계실 때 향당에서는 모두 '착한 선비' 라고 칭찬하였고, 공이 세상을 떠나자 원근의 사우들은 모두 탄식을 하고 눈물을 흘리며 '어진 분이 돌아가셨다.' 고 이야기하였으며 장(葬)할 때에는 제물을 올리고 상여 줄을 당기었는데 조문하는 사람들

206) 재기(再朞): 상이 난 지 두 해째 되는 기일.

이 수천 명이 되었고 애사를 보내거나 조기(弔旗)[207]를 든 사람들이 좌우에서 보이지 않도록 가리고 막아서고 있습니다. 만약 인의를 깊게 하고 덕성이 후한 영향력이 큰 협인(浹人)이 아니라고 한다면 어찌 이렇게까지 될 수가 있겠습니까? 공의 천품은 순수하고 온화하였고 성행(性行)은 깨끗하고 안상하였습니다. 겉으로는 부드러워 성사할 수 있는듯하였으나 내심은 실로 강직하고 굴하지 않았습니다. 변폭(邊幅)하지 않았고 인정이 많고 정성스러웠습니다. 화려한 것들과는 교제를 끊고 논밭에서 훤훤효효[208]하였습니다. 사건에 부딪쳐서는 꼭 종합적으로 밝고 진밀하게 처리하였고 가문을 다스림에 있어서는 반드시 엄하고 바르게 흐트러진 것을 가지런히 바로잡았습니다. 명확하게 앞으로 나갔고 번번이 절중(折中)을 앞세웠습니다.

아아! 공은 일찍부터 배운 것이 많지 않고 학식(學識)이 넓지 못한 것이 한이 되어 농치(農治)에 온 힘을 기울이면서 집안을 다스리는 한편 여유가 있으면 언제나 책상을 마주하고 옛사람들의 저서를 많이 열독하였고 간혹 영자팔법(永字八法)의 적(趯, 갈고리), 늑(勒, 가로 획)을 배웠습니다. 그의 서법은 고건(古健)하였고 문장의 언어는 마치도 물이 흘러가듯 막힘이 없었는데, 이 모든 것은 고심하게 노력하여 얻은 성과로 전문가보다도 더욱 뛰어났습니다. 중년에는 부친의 명을 받들고 포천 신산(抱川莒山)으로 가 폐백하고 면암선생을 배알한 후 성명(性命)학설의 단서를 듣고 각별히 힘을 기울인 결과로 스승의 칭찬을 받게 되었으며, 사우들 가운데서 이름을 날리게 되었습니다. 부친께서 병환에 계시며 4년 동안이나 운신을 못 하시며 병석에 누워 계시였는데 그때 두 형님은 연세가

---

207) 조기(弔旗): 남의 죽음을 슬퍼하는 뜻을 나타내기 위하여 검은 헝겊을 달거나 검은 선을 두른 기.

208) 훤훤효효(暄暄囂囂): 수많은 사람이 저마다 떠들어서 시끄러운 모양을 이르는 말.

높았으므로 두 동생 그리고 여러 조카들과 함께 유번(輪番)대로 차례로 오랜 시일동안 곁에서 약을 드리고 국을 끓이며 극진히 시중을 들었습니다. 옷고름을 풀 사이도 없었고 잠자리에 들지도 못하였으므로 얼굴색은 시꺼멓게 변했어도 4년을 하루 같이 하였습니다. 임종에 이르러서도 집상[209)]하면서 모든 일들을 하나같이 고대 성현들의 법에 따랐습니다. 형식(形式)을 갖춘 예의(禮儀)는 삼년이면 마치지만 그래도 아직 다하지 못한 것이 있을까 근심하였습니다.

장조카 백응(伯應)과 함께 만수당을 세웠는데, 대청의 글을 쓴 편액들은 극도로 화려하게 꾸미었고, 이어서 무덤길[210]을 닦았고 석의(石儀)도 눈부시고 아름답게 세워놓았습니다. 사람들은 모두 효자효손(孝子孝孫)이라고 칭찬하여 마지않았고 그들이 성실(誠實)한 노력으로 마음과 힘을 있는 대로 다 쓴데 대해 우러러 흠모하였습니다. 공은 늘 선롱(先壟)의 석의가 완전하지 못한 것을 염두에 두고 있었으므로 혼자서 남석(南石) 무역을 진행하여 수십 세대의 선롱을 하나같이 새롭게 세워놓았습니다. 또 재물을 여러 여서(女壻)들에게 나누어 주어 그들이 안전하게 자리를 잡게 하였습니다.

또 중년에는 요수(潦水)[211)]를 들로 만들고 퇴천(退川)의 가운데를 파서 자연적인 못 하나를 이루었더니 못 복판에 저절로 하나의 큰 흙무지가 생겨나게 되었습니다. 공은 천연적인 지세를 보고는 흙을 파내고 건축물을 지었으며 또 연꽃도 심고 나무도 옮겨 오더니

209) 집상(執喪): 어버이 상사(喪事)에 있어 예절(禮節)을 지킴. 또는 예절에 따라 상제 노릇을 하다.

210) 무덤길(墓道): 무덤으로 통하는 길. 두 무덤 사이에 뚫어서 넋이 서로 오가게 하거나, 피라미드와 같이 큰 무덤에서 사람이 드나들 수 있게도 한다.

211) 요수(潦水): 인적이 드문 산골의 우묵한 곳에 고인 물.

그 이름을 '창랑대'라고 지어 하나의 명승지를 완성하였습니다. 이 산을 옛날에는 용이 서리고 있다고 해서 반용(盤龍)이라고 불렀는데 용이 있으면 구슬이 가까이에 있기 마련이므로 그 발응(發應)[212]도 용이하고 신속하여 하나의 구슬이 들판에 뛰어나게 되었습니다. 이것은 하늘과 인간이 서로 어울리는 징조가 아니겠습니까? 천(天), 지(地), 인 삼재(三才)가 모두 구비되었으니 정녕 장원하고 무궁할 것입니다. 그렇다면 옛날에 말한 화평하고 단아한 군자는 착한 마음으로 사람들을 편안하게 해준다는 "개제군자 복리수지(愷悌君子 福履綏之)"[213]는 바로 공을 두고 한 말이 아니겠습니까?

아아! 공은 나보다 다섯 살이 위지만 한 향리에 살고 정이 한집 식구들 못하지 않아 함께 오십 년을 살아왔어도 언성 한 번 높이지 않고 언제나 만면에 웃음을 짓고 무릎을 맞대고 이야기를 나누어 왔습니다. 간혹 백응(伯應; 장조카 在鍾)이 집안을 잘 다스린다고 그의 어짐을 칭찬하기도 하였지만 다른 사람의 득실에 대해서는 전혀 입에 담지 않았습니다. 이것 역시 깊은 학문의 공로입니다. 재작년에 백응이 외출하였다가 갑자기 풍을 맞고 가마에 실려 집으로 돌아왔는데 공 역시 그때 병중에 있는 몸이므로 또 많이 놀란 겁을 당하였다고들 말하고 있습니다. 내가 병문안을 갔더니 공은 "별다른 증상은 없는데 입맛이 전혀 떨어져 이젠 그만 살고 저

212) 발응(發應): 사주에서 운이 도래하여 어떠한 사항이 일어나는 것이다.

213) 개제군자 복리수지(愷悌君子 福履綏之): 《시경 · 대아 · 한록(詩經 · 大雅 · 旱麓)》 편에 "개제군자 구복불회(愷悌君子 求福不回)"라는 구절이 있는데 "점잖은 군자들은 복을 구해도 간사하게 하지 않는다."는 뜻이고 《시경 · 주남 · 규목(詩經 · 周南 · 樛木)》 편에 "남유규목 갈류루지 악지군자 복리수지(南有樛木, 葛藟累之.乐只君子, 福履绥之.)"라는 구절이 있는데 "남방에는 무성한 교목이 자라는데 칡덩굴이 가지를 감고 뻗어 가누나. 즐거워하는 군자 하나 착한 마음으로 그들을 안무하누나."라는 뜻이다.

세상으로 갔으면 좋겠수다."라고 말하는 것이었습니다. 나는 그래도 공의 건장한 기력을 믿고 있었으므로 "며칠 후이면 꼭 쾌차하실 겁니다."라고 말씀을 드렸습니다. 며칠이 지나지 않았는데 문득 흉음(兇音)이 이르렀습니다.

이것이 도대체 무슨 꿈이란 말입니까? 어진 사람은 반드시 장수하는 법인데 연세 이제 겨우 희년에서 그친단 말입니까? 하늘이 착한 사람에게 베푸는 것이 얼마나 인색합니까? 세월은 흘러가고 상(祥)이 다가오니 이 한을 어디에 쏟아놓는단 말입니까? 지금 도산(刀山)이 뒤를 끼고 있고 검수(釰水)가 앞을 가로 막고 있으니 앞길은 망망하여 아무리 둘러봐도 나갈 길이 없습니다. 진세에 있던 만사와 목이 메여 눈물을 씻으며 글을 지어 영결을 고하는 바입니다. 천고는 유유하니 내 마음도 묶은 듯 단단해집니다. 신령께서 도리를 통찰하신다면 이 비전(菲奠)을 흠향하시옵소서.

오호 애재라! 상향하옵소서.

維歲次丁丑十二月, 恒齋居士金公歿後再朞也.損友羅相一常擬具奠一哭, 而身痾塵沉, 遷延至此矣.祥基至隔, 未逮之痛, 愈久愈深, 以是月二十五日戊午, 謹以數行蕪辭,一酌菲奠,哭告於靈筵, 曰：

嗚呼！公之在世也, 鄕黨咸稱之曰善士也.既歿也, 遠邇士友皆齎諮而垂淚, 曰仁者亡矣.及其葬也, 送奠引紼, 吊者數千人.哀詞吊旗, 擁蔽左右.苟非深仁厚德之浹人者, 豈能如是耶.

嗚呼！公之天稟, 純粹而溫和, 性行介潔而安詳.外若柔克, 而內實剛毅.不事邊幅, 而悖悖乎素悃.屛絶氛華, 而囂囂於畎畝.若遇事則必綜明而縝密, 齊家則必嚴正而整理, 鑿鑿進旋, 每每折中.

噫！公以早不博學為恨, 明農治家之餘, 常常對案多閱古人書, 間或趯勒.筆法古健, 文詞如流者, 皆攻苦得力, 尤於專門也.中年以親命,赴抱川茝山，贄謁勉菴先生.得聞性命之緒，尤極致力，多被師奬，知名於士友間.
先翁之沈祟四載，起臥不能.時二兄皆衰老，與二弟及諸子姪，輪番輪次，長時侍側，左丸右湯，極盡調道.衣不解帶，寢不就席，面皆深墨，經四載如一日.及其屬纊也，執喪凡百，一依古賢.儀禮終三年，猶恐未盡矣.
與長姪伯應，刱建晩睡堂，堂顔極華麗.繼修墓道，石儀亦燦爛.人咸稱孝子孝孫，而仰羨其誠力備盡也.公常慮先壟之石儀未完，獨自辦貿南石，十數世先壟一新改修.又分貲諸女婿，使之安奠.
且中年潦水還野，退川中闢，自然一潭.潭中自起一墩，公即見天然形地，加鑿加築，種蓮植林，名為滄浪臺，完成一名區矣.此山古云盤龍而珠近，故發應易速也.一珠完然秀出野中.是天人相與之兆歟？三才俱備，長遠無窮.則古所稱愷悌君子，福履綏之者，非公之謂耶.
公長余五祺，居同一鄕，情同一室，而相將五十年，毫無一言相違.長恔恔然相對而談.間或稱伯應.克家之賢而不言人之得失.是亦學力深邃之功也.再昨秋伯應出外，猝遇中風，輿疾而還.公亦病中又添驚劫云，余往問之，公曰：別無他症，口味全卻，忽有厭世意云.余但信公之氣力康壯，幾日後，當平復為言矣.不幾日，兇音忽至，
是何夢耶？仁者必壽，而年纔稀年而止.天之報施善人，一何嗇也？歲月流邁，祥臨隔，此恨難瀉.現今刀山挾後，釖水當前.前路茫茫，顧無向議.前塵萬事，哽咽雪涕，為文告訣.千古悠悠，余懷如結.靈其不昧，歆此菲奠.嗚呼哀哉.尚饗.

6) 용진(聳珍) 포생(逋生) 금성 오동수(錦城吳東洙)

유세차 정축 12월 갑자 삭 25일 무오에 즉 항재 김공의 대기(大朞)[214] 하루 전에 용진(聳珍) 포생(逋生) 금성 오동수(錦城吳東洙)

214) 대기(大朞): 사람이 죽은 지 두 돌이 되는 날 지내는 제사.

가 삼가 향 한 대와 몇 줄의 글월을 갖추고 조카 근창(根昶)를 보내 상생지연(象生之筵)[215]에 곡을 하며 아뢰옵니다.

오호라! 공의 자질과 품격은 중후하고 정직하고 돈후하고 소박하며 의(義)를 즐기었고 성격과 도량은 근면하고 명민하고 근신하고 주밀하였습니다. 문장이나 시는 바로 자신의 인품을 보여주었는 바, 문장은 법도에 맞아 우아하고 모가 서서 파고들며 깊이 연구하려는 뜻이 드러나고 시 역시 평담하고 우여(紆餘)[216]하여 표절하거나 다듬은 흔적이 보이지 않으므로 근세의 이른 바의 남의 글을 베껴내고 아름답게 꾸미는 것들과는 아예 견줄 바도 없습니다. 그리고 옛 사람들의 참되고 순수한 필체를 본받아 필력이 공정하면서도 힘이 있었고 예스럽고 소박하고 웅건하여 서법이 핍진하게 되었습니다. 문장은 비록 구속을 받고 있어서 후세에 전할 바가 되지 못하지만 명산 석실에 보관하여 세월이 맑아지기를 기다린다면 후세에 급군(汲郡)에서 위양왕(魏襄王)의 무덤을 파 《죽서(竹書)》를 얻은 것처럼 하는 사람이 있지 않겠습니까? 그런데 작년에 저술한 저술들을 살펴보더니 드디어 불살라 버리고 말았다. 나는 공의 뜻이 도대체 어디에 있는지를 알 수 없습니다. 혹 만족감을 느끼시고 그렇게 하셨는지, 아니면 시대가 갈수록 지루한 긴긴 밤으로 변하는 것을 보고 그렇게 하신 것인지, 혹은 들뜬 문장을 창작해내는 풍기를 징계하기 위해서 그렇게 하신 것인지 도무지 알 수가 없습니다. 당나라의 두목(杜牧)은 자기가 지은 글들을 불태워버리고서야 세상을 떠났습니다. 아동의 영초 김상공은 문병(文柄)[217]을 주

215) 상생지연(象生之筵): 죽은 사람을 아직 살아 있는 것처럼 여긴다는 뜻으로, 궤연(几筵)을 달리 이르는 말.

216) 우여(紆餘)하다: 문장이 줄줄 풀리어 유창하다.

217) 文柄 (문병): 문장을 평정하거나 문사를 시취하거나 하는 권병. 곧 과거(科擧)의 시관(試官)이 됨을 이르는 말이다.

관하였지만 자기의 문장은 글자 한자 남기지 않으면서 "글월은 세상(世上)을 다스려 이끌거나 나라를 빛나게 하지 못한다면 전할 수 없다."라고 말하였습니다. 후의 두 사람은 연운(淵雲)[218] 즉 한나라 시기의 유명한 문장가인 왕보와 양웅처럼 뛰어난 글재간을 지니고 있었지만도 이렇게 행동하였으니 그들의 탈쇄(脫灑)[219]를 먼 오늘에 와서도 가히 상상할 수 있습니다. 공을 우러러 보면 그 두 사람의 버금으로 가는 아류(亞流)입니다.

공의 풍도를 들으면 유명무실한 자들은 부끄러움이 무엇인지를 알게 될 것입니다. 그렇다면 그는 사람이 죽으면서 남긴 글이 세상의 비보(裨補)가 되게 하려고 한 것이 아닙니까? 이른 바 인간 세상에 남긴 것은 심화(心畫)[220]입니다. 심화는 군자인가 아니면 소인인가를 그리고 있으므로 여기에서 공의 열에 일곱을 살펴볼 수 있습니다.

오호라! 우에서 적은 것들은 모두 가슴속에서 감복하여 우러나온 것이므로 감히 아뢰지 않을 수가 없습니다. 바라옵건대 존령(尊靈)께서 흠향하시고 살펴주시옵소서.

---

218) 연운(淵雲): 漢 나라의 왕보(王褒)와 양웅(揚雄)의 병칭(並稱)이다. 왕보의 자는 자연(子淵)이고 양웅의 자는 자운(子雲)이었는데 모두 부(賦)로 명성을 떨쳤다. 한나라의 반고(班固)는 《서도부(西都賦)》에서 "진나라와 한나라 때 극도의 장관으로 왕보와 양웅이 탄식하고 가송하였다.(秦漢之所極觀, 淵 雲之所頌嘆.)" 라고 말한 적이 있다.

219) 脫灑(탈쇄): 세속(世俗)의 기풍(氣風)을 벗어나서 말쑥하고 깨끗함.

220) 심화(心畫): 마음을 나타내는 그림이라는 뜻으로, 문자나 필적을 이르는 말.

維歲次丁丑十二月甲子午，朔二十五日戊午，即恒齋金公大朞前一日，聳珍逋生錦城吳東洙謹以一瓣香，數行文，使姪子根昶哭告于象生之筵曰：
嗚呼！公之姿品重厚，質値敦樸好義，性度孜祥明敏，謹信周密.文與詩，如其人焉.文則典則雅正，有鑽研深究之意，詩亦平淡紆餘，無剽竊彫鏤之態.不可與近世所謂摘艷成章者比.而學古人真粹之體，而筆工又勁古健，逼得書法.文雖拘禁，不能傳諸後，藏之名山石室，以待時清，則後世有如發汲塚竹書者，而乃觀化前年所著述，遂焚之.弟未知公意之所在，或滿意而然耶？或的見時益長夜而然耶？抑懲創浮文而然耶？唐杜牧取所為之文章，而焚之而卒.我東潁樵金相公，身主文柄，所作不留一字，曰：文非經世，華國不可傳.後二公，俱有淵雲之手，而尚如此，其脫灑遠可想.仰而公，其二公之亞流也.聞公之風，而寓名無實者，知所愧矣.然則其有過留文，而裨補於世歟，所謂留在世間者心畫也.心畫，形君子小人，此可以觀公七分矣.
嗚呼！凡此所言，服於心者，故不敢不告.伏惟尊靈，庶幾歆監.

아. 만장(輓章)

1) 진주 강천수 (거산)

하늘에 치솟고 골에 우뚝 선 걸연한 바탕 지닌 그대는
헌걸차고 풍채 좋고 멋스러운데 글월까지 아름다웠네.
선비의 기운을 귀신이 없애는 이처럼 처참한 시기에
그대는 왜 탈사(脫屣)하듯 문득 구름타고 날아가는가.

명이야 길든 말든 하늘에 달렸으니 논할 바가 아니건만,

속 바꾸기 한다면 누가 백사람의 목숨으로 바꾸지 않을손가
험준한 산악같은 기이한 기운이 천대(泉臺, 저승)에도 뻗어있다면
그대여! 그때에도 거산 땅의 이 사람을 기억하고 있을 테지.

> 晋州 姜天秀 (巨山)
> 昂霄聳壑傑然質, 俊整風裁濟以文.
> 士氣祗殘如許際, 胡君脫屣遽乘雲.
>
> 脩短命耶姑莫道, 贖兮誰不百其身.
> 崢嶸奇氣泉臺裡, 倘記巨山地上人.

2) 경주 이종택 (부재)

지난날 폐백 지고 면암선생 배알하여 스승으로 모시어
세상에 둘도 없이 대의를 일찍 들어 터득하였네
하지만 오늘에는 《춘추》를 읽을 땅을 얻지 못하여
창랑대의 달을 이고 외로이 고기 낚는 늙은이의 신세구나.

홀로 정연(挺然)히 엄동의 찬 서리를 이겨내는 마음 안아
풍류(風流)와 운치(韻致)는 수시로 심장을 비춰주었네.
느닷없이 날아온 부고 한 장이 영원한 이별이 되니
오늘날 그 누가 나처럼 억장이 무너지랴

> 慶州 李鍾澤 (復齋)
> 抱贄曾年拜勉翁, 早聞大義莫如翁.
> 而今無地春秋讀, 夜月滄浪獨釣翁.

挺然獨抱歲寒心, 風韻時時照肝心.
一訃遽成千古別, 凡今孰若我傷心.

3) 금성 오헌수(북파)

선량한 마음과 건강한 몸으로 칠십 성상 살아온 그대,
이 세상 익원공의 후예들은 어진 이가 참으로 많았구나.
얼음처럼 맑고 옥처럼 결백하며 평온한 맵시를 타고났으니
의(義)로 김매고 인(仁)으로 밭을 갈며 학업에 전문이었네.
옹인(翁仲)[221]들 모두가 마렵봉(馬鬣封)[222]으로 의논을 맞추었고
극인(棘人)[223]들은 효를 다해 우면지(牛眠地)[224]로 묘 자리를 정했다네.
흰 머리 늙은이가 땅거미 질 때 청산을 향하여 곡을 올리니

221) 옹인(翁仲): 직각장군(直閣將軍이라고 부르는데 옛날, 동상(銅像) · 석상(石像) 따위를 일컫던 말이다. 옹중은 원래는 인명으로 성은 완(阮)이고 춘추전국시대 진(秦)나라의 명장이었는데 진시황이 그의 동상을 만들어 무공(武功)을 기념하였다. 이때부터 능묘에 석상(石像)으로 세워졌고 당대(唐代)에도 그 풍습이 이어졌다고 전한다.

222) 마렵봉(馬鬣封): 마렵(馬鬣)은 말갈기 즉 마종(馬鬃)인데 분묘(墳墓)를 말한다. 묘의 모양이 말갈기처럼 얇고 긴 모양으로 높이 봉분한 분묘로, 마렵봉(馬鬣封)이라고도 한다.

223) 극인(棘人): 부모나 조부모가 세상을 떠나서 거상 중에 있는 사람.

224) 우면지(牛眠地): 좋은 묘(墓) 자리 즉 명당(明堂)을 말한다. 우면지(牛眠地)는 소가 자는 곳인데, 《진서 · · 주방전(晉書 · · 周訪傳)》에 의하면 진(晉)의 도간(陶侃)이 미천했을 때 부친상을 당했는데 갑자기 집에서 기르는 소가 없어져 간 곳을 모르던 중 한 노인이 "저 앞산에 소가 누워 있는데 그 곳에 장사 지내면 정승이 나겠더라." 하고, 말하고 또 한 산을 가리키며 "그 곳은 당대에 2천 석이 나리라." 하고 말하고는 사라졌다. 그리하여 가 보니 자기 집 소가 누워있어 그 자리에 아버지 묘를 쓰고, 2천 석 난다는 산에는 주방(周訪)의 아버지 묘를 썼더니 두 곳 모두 말대로 되었다고 한다.

구름 덮인 푸른 숲에 뉘엿뉘엿 저녁 해가 지는구나.

눈 속에 피는 매화에 꾸미는 옥빛은 청산의 얼굴이고
안개 어린 버들 숲에 물빛이 오르니 물가의 기상이네.
해로가를 다 불러도 사람을 다시 보지 못하니
불어오는 동풍에 이 가슴은 비감으로 터지는구나

錦城 吳憲洙(北坡)
好德康寧七十年, 翼元公後世多賢.
冰清玉潔天姿穩, 義耨仁耕學業專,
翁仲俱儀封馬鬣, 棘人盡孝卜牛眠.
白頭晩向青山哭, 雲樹蒼蒼落日懸.

雪梅粧玉青山面, 烟柳抽金綠水湄.
薤露歌終人不見, 東風吹我滿腔悲.

4) 상산 김 곤 (인재)

사문이 죽지 않아 이 세상에 태어난 이 분은
덕과 행을 완전히 겸비하고 게다가 포부 기세 명확하여
면암선생 문전으로 찾아가 전수받은 사업을 이었고.
만수당의 가문에서 선조의 뜻과 일을 성실하게 받들었네
가엾구나 상전벽해에 고금이 엄청난 차이가 생겨
스스로 창랑대 세우고 물이야 맑든 말든 자연에 맡겨두네.
애석하게도 하늘이 늙은이를 남겨 두지 않으니
해 지는 긴긴 모래톱에서 목이 메도록 흐느끼며 울고 있네.

商山 金 坤 (忍齋)
斯文未喪此人生, 德行兼全志氣明.
勉翁門下傳承業, 晩睡家中繼述誠.
堪憐桑海殊今古, 自愛滄浪任濁清.
天不慭遺真可惜, 長沙落日哭呑聲.

5) 고흥 유치선 (사천)

인생 백년 마치도 일장춘몽과 다를 바 없다더니,
일흔을 갓 넘기자 뜻밖에도 저승길을 떠나구나.
한여름에 밭이랑에 지팡이 꽂더니 달이고 귀가하고
가을밤 경서를 탐독하며 아침 해 뜨는 줄도 알지 못하네.
화산(華山)의 이학을 심법으로 전해 받아 들였고
상락공 가문 명성 떨치며 가업은 엄청나게 창성하였네.
고락을 함께 나눈 한평생을 추억하노라니
그 누가 바야흐로 피를 토하는 이 내 마음 알아주랴

高興 柳致善 (沙川)
人生百年夢一場, 七旬不意九原行.
植杖夏畦歸帶月, 劬經秋夜繼朝陽.
華山理學心傳受, 上洛家聲業大昌.
追憶生平同患樂, 有誰知我我悲傷.

6) 안정 나상일 (성암)

부지런히 배우자고 어릴 적에 뜻을 품고
옷자락을 걷어 올리며 면암선생 문전 찾아 갔었네.
성리학의 기본인 이(理) 기(氣)에 연구가 깊었고
재주는 다양하여 서예와 문장을 겸비하였네.

효도와 우애는 가문에서 대대로 전해온 보물이고
언행에서 박학다식 그대로 드러나네.
세상 제도할 포부에 열 마지기 땅 한적해지고
이득과 명성은 부운처럼 가볍게 여기누나.

작년 겨울 찾아가 문안 올렸더니
세상이 귀찮다고 말씀하셨지만
건강한 기운만 믿어왔는데
그것이 마지막 걸음인 줄 누가 알았단 말인가?

음성은 귓전을 울리고 용모는 눈앞에 삼삼한데
웃으면서 하던 말은 저승 이승 판연히 갈라놓았네..
다음 날 흐르는 두 줄기 눈물을
어떻게 묵은 폴로 이루어진 숙초성(宿草城)에 뿌린단 말인가

진세에 맡겨두었던 일흔 인생
즐거움이 얼마였고 근심걱정 얼마였던가?
서럽게 울면서 암만 불러도 그대는 보이지 않고
창랑대 누대위 텅 빈 하늘에 달빛만 떠도누나.

安定 羅相一 (惺菴)

勤學早年志, 摳衣勉老門.功深理與氣, 才博筆兼文.
孝友傳家法, 言行多見聞.經綸閑十畒, 名利視浮雲.
昨冬一往問, 云有厭世情.只信健康力, 誰知便隔生.
音容森耳目, 笑語判幽明.他日雙行淚, 忍揮宿草城.

塵世寄生七十載, 幾經晏樂幾經愁.
一慟長呼君不見, 滄浪臺上月空浮.

7) 진주 정익삼 (동계)

부고에 일흔이라니 깜짝 놀랐네
인생 칠십 고래희라 드문 복을 어디서 다시 찾으랴
품격 높은 백설가에 어느 누가 화답하며
청산에 집 잡으니 그 누가 함께 노닐까.
인과 의를 타고나서 도의 즐거움을 알게 되었고
정성 다한 효도와 우애에 수양 닦은 몸을 느끼게 되네,
연화대 찾아 길 떠날 때 석양 비끼고 날 저물어
창랑대 난간밖에 창랑수만 공연히 덧없이 맴도는구나.

晉州 鄭益三 (東溪)

聞訃忽驚七十秋, 古來稀福更何求.
歌飛白雪人無和, 家在青山孰共遊.
素性仁義知道樂, 誠心孝友覺身修.
蓮臺去路夕陽晚, 檻外滄浪空自流.

8) 종하 영필 (참봉)

한 문중 한 동내 게다가 나이도 동갑이라
힘써 부지런히 여생을 보내자고 약속했건만
군은 어이하여 날 버리고 먼저 채찍을 날려
우량(踽涼)한 이 백수 늙은이 눈물을 쏟게 하는가.
시끄러운 문사(門事)[225]는 아직 끝을 보지 못했는데
텅 빈 산 깊은 밤에 외로이 뉘와 함께 평한단 말인가.
창랑대는 높이 솟았지만 주인 벌써 먼길 떠났으니
푸르른 솔밭에 달빛만 밝게 비치네.

宗下 榮珌 (參奉)
同宗同里又同庚, 亹亹相約送餘生.
君何捨我鞭先著, 白首踽涼淚自橫.
門事膠擾今未了, 空山獨夜復誰評.
滄浪臺屹人已遠, 松樹蒼蒼月維明.

9) 초계 변종혁 (니산)

전장제도 일소된 오늘의 천하에서
바다 동쪽 해동 땅에 근심 많은 지사여,
이(理)는 정미한 곳에서 나누어 해석하고
배움은 참된 재간 배우고자 중(中)을 잡고 있네.
한 가닥 양기의 맥락으로 세상 열고자 하니
퇴폐하고 범속한 유언비어 공에게로 이르지 못하구나.

225) 문사(門事): 같은 혈족이 모여서 종규(宗規)를 규정하고, 문장을 선출하여 종중사(宗中事)를 보는데, 이를 문사(門事) 또는 종사(宗事)라고 한다.

영령의 오가는 자취를 알아보고 싶다면
창랑대 누대 위 감도는 청풍(淸風)을 보시라.

> 草溪 卞鍾爀 (尼山)
> 典章掃盡今天下, 志士憂深大海東.
> 理從精處知分釋, 學入真工念執中.
> 線陽扶脈能開世, 禿俗流言不到翁.
> 欲識英靈來去蹤, 滄浪臺上見淸風.

10) 광산 김재철(노은)

인의로 집안을 다스리고 덕으로 이웃을 대하며
일흔 고령에도 사업 위해 근검하게 일하네.
영구차 갑자기 장사 길로 몰아가니
이로부터 우리 사문에 사람이 몇몇이나 남아있나.

> 光山 金在哲(蘆隱)
> 義以齊家德以鄰, 七旬事業勤儉身.
> 靈車忽駕長沙路, 自是斯文有幾人.

11) 여산 송태회(염재)

늙은이 타계하면 눈물 절로 솟구치는데
항재노인 오늘에 또 저승길 떠나가누나.
덕에 비긴 고희(古稀)는 장수라 하기 어렵지만

궁경(窮經)이 숙원이라 명성은 아랑곳하지 않았구나.
담소하며 우연히 탈태환골 신선 되니
혀를 차는 탄식 소리 동네에서 이어 가네.
서주의 다섯 봉황[226] 지금에는 몽땅 날아갔으니
텅 빈 만수당에 대죽과 오동나무 울고 있구나.

지난날 함군(咸君, 상대 조카)이 몸져누운 초기에
한밤중에 열 번 넘어 뜰에서 오고갔었네.
한 베개 베던 형제 척령[227]처럼 울던 때가 몇 번이었고
마침내는 가문 근심에 마원[228]처럼 편지 전했네.

---

226) 다섯 봉황(五鳳): 鳳은 봉황의 간칭으로 예로부터 중국의 전설에 나오는, 상서로움을 상징하는 상상의 새이다. 《영락대전(永樂大典)》에는 이런 기록이 있다. "한(漢)나라의 태사령 채형(蔡衡)이 말하였다. '봉은 오색을 가지고 있는데 적색이 많은 것은 봉(鳳) 청색이 많은 것은 난(鸞)이고 황색이 많은 것은 원추(鵷鶵)이고 자지색이 많은 것은 악작(鸑鷟), 흰색이 많은 것은 홍곡(鴻鵠)이다." 《장자 · 추수(莊子 · 秋水)》:에 또 이런 기재가 있다. "원추(鵷鶵)는 남해에서 떠나 북해로 날아가는데 오동나무 가지가 아니면 머물지 않고 대나무 열매인 연실(練實)이 아니면 먹지를 않으며 단맛이 나는 물이 솟는 샘인 예천(醴泉)이 아니면 마시지 않는다(夫鵷鶵, 發於南海而飛於北海, 非梧桐不止, 非練實不食, 非醴泉不飲." 여기서의 다섯 봉황은 항재의 다섯 형제를 가리킨다.

227) 영원(鴒原): 성어 척령재원(鶺鴒在原)의 준말로, 급한 일이나 어려운 일을 당했을 때 형제가 서로 돕는다는 뜻이다는 뜻이다. 《시경 · 소아 · 상체 · (詩經 · 小雅 · 常棣)》에 "할미새 안절부절 들에 있으니 형제가 급한 때를 당했도다. 매번 좋은 친구 있어도 하물며 긴 탄식만 한다.(鶺鴒在原, 兄弟急難; 每有良朋, 況也永歎.)"라는 시구가 있다. 정현(郑玄)은 전(笺)에서 "척령(鶺鴒)은 물새인데 지금 벌판에 와 있으니 있어야 할 자리를 잃은 것이다. 그렇기에 날고 우짖으며 그 무리를 구하는 것은 마치도 형제가 급한 일이나 어려운 일을 당한 것과 같은 것이다."라고 해석하였다.

228) 마원(馬援, 서기 기원전 14년~기원 49년): 중국 후한 때의 무장이고 정치가로 자는 문연(文淵)이다. 광무제 때 강족(羌族)을 평정하였으며, 교지(交趾)의 난을 진압하고 흉노족을 쳐서 공을 세웠다. 그는 명덕황후(明德皇后)의 부친이고 복파장군(伏波将军)을 지냈기에 "마복파(马伏波)"라고도 불리며 신식현후(新息县侯)를 책봉받았다. 마원은 군사를 거느리고 교지에 있을 때 형의 아들인 엄(嚴)과 돈(敦)이 남을 뒷공론하기 즐기고 경솔한 협객들과 사귀는 것을 보고 편지를 써서 "온 세상

누가 농사는 초가집에 물어보라 권하였던가
오직 풀을 실은 수레로 옛 집을 조문하네.
완연(頑然)한 모습 더는 찾을 곳이 없으니
희미한 달빛 아래 꿈에서도 보기 드무네.

산문에는 눈이 펑펑 급박한 해 서쪽으로 달리는데
부고 한 장 날아오니 믿지 못해 하늘만 다시 바라보누나.
억센 솔은 찬 서리를 겪다나니 늙었다고 말하나.
곱게 자란 부들은 뒤에 죽는 슬픔 더해 지구나.
갓과 신이 다 있건만 관리도치(冠履倒置)[229] 되었으니
거립지교(車笠之交)[230]
하려나 틈이 없어 부끄럽네.
저 세상의 신령은 춘풍을 원망치 말라
난과 옥은 무럭무럭 금수 가에 자란다오.

이 협객들을 중히 여겨 세속에서 기개 있고 의리 있다고 말들 하지만 남을 위해 급하고 어려운 일에 달려들어 자주 죄수가 되어 잡히고 묶이네. 그런 까닭에 마원(馬援)이 글을 써서 은근히 여러 자제들을 경계시키니라(擧世重游俠, 俗呼爲氣義. 爲人赴急難, 往往陷囚繫. 所以馬援書, 殷勤戒諸子")라고 경계하면서 자신의 경험으로 어떻게 처사하여야 하는 도리를 깨우쳐주었다.

229) 관리도치(冠履倒置): 성어로 머리에 쓸 관이 신발과 자리가 바뀌었다는 말로 사물의 위치가 뒤집힌 것을 뜻한다.

230) 거립지교(車笠之交): 수레를 탄 사람과 삿갓을 쓴 사람의 사귐이라는 말인데 뜻은 귀천에 따라서 변하지 않는 친구를 가리킨다. 《太平御覽》 권406에서 인용한 주처(周處)의 《풍토기(風土記)》에는 이런 기재가 있다. "월의 풍속은 소박하다. 서로 친하게 지내고 싶으면 곧 머리에 쓴 수건을 벗고 허리에 찬 5척의 칼을 풀어서 줌으로써 친교를 맺는다. 어버이에게 절하고 아내에게 무릎을 굻으며, 우정을 맺을 때는 예(禮,)를 따르는데…… 축복하여 말하기를 '그대가 비록 마차를 타고 내가 삿갓을 쓰더라도, 나중에 만날 때는 마차에서 내려 절하리. 내가 비록 걷고 그대는 말을 타도, 나중에 만나면 그대는 말에서 내리리.'라 하였다.(越俗性率樸, 意親好合, 即脫頭上手巾, 解腰間五尺以與之為交, 拜親跪妻, 定交有禮……祝曰: '卿雖乘車我戴笠, 後日相逢下車揖 ; 我雖步行卿乘馬, 後日相逢卿當下.' "

礪山 宋泰會(念齋)

老輩稠零淚輒橫, 恒齋又作九原行.
稀年視德難爲壽, 素志窮經不用名.
譚笑偶遺仙脫骨, 諮嗟相屬巷傳聲.
西洲五鳳今飛盡, 晩睡堂空梧竹鳴.

憶昔咸君病臥初, 中宵十起步庭除.
幾回聯枕鴒原淚, 究竟憂家馬援書.
誰勸犁鋤詢蔀屋, 只將薖軸問遺居.
頑然風貌無從得, 樑月依稀夢更踈.

雪撲山門急景馳, 訃來聊復望空疑.
松勇只謂經寒老, 蒲質還增後死悲.
冠屨幸全多亂日, 笠車追愧少閑旹.
幽靈莫作春風恨, 蘭玉叢叢錦水湄.

12) 진주 정정삼 (지촌)

해도 보지 못한 채 거사가 떠나가니
말없이 눈물만 비 오듯 쏟아지네.
평생 뜻이 맞았어도 이제는 머리 맞대기 어렵지만
생전의 그 목청 여전히 귀가를 떠나지 않는구나.
높은 의리로 노중련이 보려던 동해의 달을 보고
결백한 몸으로 백이 숙제 본받아 수양산 고비를 캐네.
일편단심 이로부터 받아들일 땅 없을지니
마땅히 하늘에 상소하여 푸른 산에 올라야 하리.

晉州 鄭鼎三(芝村)

未見太陽居士去, 默然垂淚雨霏霏.
平生素契頭難合, 如在尊音耳不違.
高義憑看東海月, 潔身幾採首陽薇.
丹心從此容無地, 應是訴天上翠微.

13) 청송 심의익(만촌)

나이 일흔이라도 인수(仁壽)라고 말하지 못하니
마냥 서두르는 풍전등촉(風前燈燭) 참으로 가련하고나.
예로부터 세상에는 장수 복이 드물었는데
유학자의 강석에서 어느 누가 앞을 섰던가.
평생 사업에서 정녕 유감이란 없을지고
가신 후 명성 역시 길이길이 전하리라.
단혈[231]에서 오늘날 봉모인각(鳳毛麟角)[232] 흠모하나니
하늘에 보시했다[233]고 명명(冥冥)에서 판결내리네.

青松 沈宜益(晩村)

七十猶未稱仁壽, 風燭倏忙堪可憐.
箕福人間從古罕, 儒珎席上數誰先.
生平事業應無憾, 身後名聲亦有傳.
丹穴於今鳳毛羨, 冥冥已判報施天.

231) 단혈(丹穴): 단사(丹砂)를 내는 산의 구멍. 이런 산을 단산이라 하며 단산에는 봉황이 깃든다고 함.

232) 봉모인각(鳳毛麟角): 봉황의 깃털과 기린의 뿔이라는 뜻으로, 아주 뛰어난 인재를 비유하거나 보기 힘든 매우 희귀한 물건을 이르는 말인데 여기서는 선조에 지지 않는 뛰어난 자손을 가리킴.

233) 보시 (報施): 베풀어 은혜에 보답함.

14) 종제 한묵 (회산)

나보다 일경(一庚)을 앞선 경형은
평화롭고 화락하게 일흔 해를 즐겼구나.
강녕한 신체에 덕성까지 착해서
높은 수고(壽考) 누린다고 모두가 우러러 봤네.

어찌하여 허망한 질병 하나 없이
세상과 동떨어진 황천으로 영원히 떠나갔을까.
이 길 떠날 때에 함께 가자 기약했건만
오늘은 왜 먼저 이 길로 돌아갔느냐.

아름다운 바탕에 충성 신임 얻었고
효도 우애 전한다고 가문 명성 자자했네.
언변 좋아 양자(楊子)[234)] 묵자(墨子)[235)] 물리치고
옛 성현 돈독하게 믿어 왔었네.

엄동설한 설한풍에 백초는 쓰러져도
송백은 끄떡없이 푸름을 자랑하네.

---

234) 양주(楊朱): 양주(기원전 395년~약 기원전 335년 혹은 기원전 450년부터 약 기원전 370년까지 생활하였는데 자는 자거(子居)이고 위(魏)나라 혹은 진(秦)나라 사람으로 중국 전국시기 초기의 위대한 사상가이며 철학가이다. 양주는 자기 자신을 중하게 여기는 귀기(貴己), 인생을 중히 여기는 중생(重生), "털 하나를 뽑으면 천하가 이롭게 된다 하여도 절대로 하지 않는 불손일호(不損一毫)의 사상을 주장하였다.

235) 묵자(墨子): 묵자(기원전 480~기원전 390)는 중국 춘추전국시대(春秋戰國時代) 노(魯)나라 사람으로 이름은 적(翟)이다. 그는 묵가학파의 창시인이며 또한 전국시기으 저명한 사상가이고 철학가이며 교육가이다. 그는 겸애(兼愛), 비공(非功), 명귀(明鬼) 등 이론을 제기하였다.

후대의 복을 늘 가슴 속에 잊지 않고
농사 독서 모두를 완전하게 만들었네.

가슴에 진정 하나의 포부 지녔으니
믿지 못하면 저 창천에 물어보소서.
화석(花石)은 선달의 백설을 경과하고
창랑 물은 저녁 안개 채워 놓았네.

가르치는 말씀은 귀전에 쟁쟁하지만
덕을 세우는 덕업(德業)은 어느 누가 어깨에 떠메랴.
형제들 하나하나 세상을 떠나가니
백발 머리 외로이 스스로를 가엾게 여기구나.

십리에 뻗어있는 가성(佳城) 길에서
이 늙은이는 천만줄기 눈물만 훌뿌리누나.
내가 산들 며칠이나 더 살 수 있으랴만
달갑게 그대와 타생(他生) 인연 맺으리라.

從弟 翰墨(晦山)

一庚先於我, 湛樂七十年.康寧攸好德, 咸仰壽考尊.
云胡無妄疾, 永隔九重泉.此路期同發, 今日歸何先.
美質忠信得, 家聲孝友傳.能言拒楊墨, 篤信古聖賢.
大冬百草折, 松柏尚挺然.眷眷裕後計, 耕讀兩可全.
斷斷一介志, 可質彼蒼天.花石經臈雪, 滄浪鎖暮烟.
謦咳尚在耳, 德業更誰肩.弟兄次第逝, 白首獨自憐.
佳城十里路, 老淚千行連.此生無幾日, 願結他生緣.

15) 진주 정휴직(숙재)

지난날을 돌이키니 임인년 봄에
골짜기의 집에서 우리 만났었지.
조심하던 그때 그일 어찌 말할까
송사선생 모시고 따라 나섰네.
여러 유생 소중히 여겼는데
우리 숙부께서도 거기에 계셨다네.
여러 해를 계속해 기근이 들어
가을 아닌 여름철에 군량 달라 청을 내네.

동전 스물 꿰미를 줄 테니
우리에게 두승지수(斗升之水)[236]를 빌려다오.
이후로 세상은 더욱 들끓어
추종하는 일에서 잠시 손을 떼었네.

오호라 경술년이 지난 이후로
짐 놓을 자리조차 찾지 못했네 '
동네를 둘러보니 어진 기운 넘쳐나고
항제공은 생각처럼 살갑게 대해주네.

---

236) 두승지수(斗升之水): 한 말 또는 한 되의 적은 물이라는 말인데 약간의 원조(援助), 혹은 극히 적은 도움을 뜻한다. 《장자 · 외물(莊子 · 外物)》 편에 이런 우화가 있다. 장자가 길을 가다가 수레바퀴 자국에서 몸부림치는 붕어를 만나 "너는 거기서 무엇을 하고 있느냐?" 라고 물었더니 붕어가 "저는 본디 동해 바다에서 파도를 관리하던 동해 용왕의 신하입니다. 당신이 어찌 두승(斗升)의 물이 있어 나를 살릴 수 있겠습니까?" 라고 하자 장자는 "내가 지금 오왕과 월왕을 유설하려 가는 길이므로 그들을 설복하여 서강의 물을 끌어다가 당신을 살려 주려고 하니 어떠하오?" 라고 하자 붕어는 발연 대노하여 말했다. "나는 내가 사는 생활환경을 잃어 몸 둘 곳이 없습니다. 다만 한두 되의 물만 있으면 살 수 있는데 당신이 지금 이렇게 말하고 있으니 아예 건어(乾魚)가게에 가서 나를 찾기만도 못합니다."

겨울도 여름도 따로 없이
할 말은 그리 많아 그칠 새 없었더라
밤이 되면 둘이 함께 뜬눈으로 지새우며
크고 작은 세상사 두루 논했네.

깊고도 오묘한 태극의 이치에
복희씨(伏羲氏) 《역경(易經)》의 크나큰 요지
일 년 사시절의 음식과 구갈(裘葛)[237]에
주기적으로 돈다는 사자서(四子書)의 순환 도리.
차를 끓인 연기 방금 가셔지면
다른 서적 읽으며 사서(史書)까지 미친다네.
올바른 공의 행실 그리어보면
본래 상평(上坪)에서 시작된 것이 아닐까.

부지런하고 검소하며 절약하면서
조금이라도 남으면 저축해 두었다가
경기로 올라가 면암선생 배알하고
여자(餘資) 모두를 서울로 나르더니

주자의 서적을 구매하여 들여와
아침에 살펴보고 저녁에도 살펴보네.
효도와 우애는 타고난 천성이라
만수당의 정자를 먼저 세우네.

237) 구갈(裘葛): 가죽옷과 칡의 외올실로 짠 갈포 옷이라는 뜻으로, 겨울옷과 여름옷을 아울러 이르는 말.

자손들 모두가 학업을 수료하니
형제들은 즐거워 항시 웃음이네.
소리 없이 조용히 해가 다가니
귀밑머리 희끗희끗 서리 내렸네.

늙으면 병마가 쉽사리 엿본다 해도
근력은 어느 누구도 비기지 못하였네.
물 하나 사이 두고 수남 살고 수북 살지만
나는 속으로 이것을 든든히 믿고 있었네.

그런데 지난해의 섣달에 문득 일흔 되더니
병석에 누워 끙끙 신음소리 그침 없었네.
자손들이 걱정하며 약을 썼지만
화타도 편작도 의술이 약해 무가내이네.

전날에 모진 바람 무릅쓰고 찾아가
베개 맡에 앉아서 기거를 물었더니
갈라질 때 "영결이네"하던 그 말씀
지금도 귓전에 쟁쟁 울리네.

인생에 어느 누가 늙지 않으며
늙으면 어느 누가 죽지 않으랴
죽으면 비록 속전 내지 말라고 해도
전열(譾劣)[238]하여 너무나 부끄럽구나.

---

238) 전열(譾劣)하다: 재주와 학문이 얕고 보잘것없다.

하물며 오늘의 일
누구에게 감사의 인사 이어가야 하지 않은가
공의 부음 전해 듣고서
애통한 마음 어찌 걷잡을 수 있단 말인가?

내가 의심(疑心)하고 두려워하는데
누가 뭐라고 다른 말 할 수 있으랴만
외롭고 쓸쓸한 가을 날씨 같은 내가
어디에서 구불구불 길을 간단 말인가?

천만다행 후손들의 덕분으로
노년에 맺은 연분 더욱 가까이 가네.
상여줄 잡고 슬픈 마음으로 머리 빼어 바라보니
이제는 만사가 과연 그만이구나.

이제는 그만이네 이제는 그만이네
편안히 만사를 내버려 둘 수밖에 없구나
아, 내 충정을 다 토로하지 못하였다만
그래도 내 뇌사(誄辭)의 뜻을 알고 있을 것이네.

晉州 鄭休直(肅齋)

憶昔壬寅春, 相逢溪堂里.厥龕蓋云何, 追陪松沙子.
珍重諸章甫, 晦叔亦與此.連年饑饉餘, 于夏請庚癸.
青蚨二十緡, 貸我緊斗水.伊后世亦沸, 追從暫或弭.
嗚呼庚戌後, 蹩躠我行李.瞻彼里上仁, 恒齋果為美.

無冬亦無夏, 情話曷能已.夜分共不寐, 論表且論裏.
太極之深奧, 羲經之大旨.飲食與裘葛, 四子循環理.
茶茗煙纔歇, 外它傍及史.念公之行誼, 爰自上坪始.
勤勤且儉約, 餘於存儲峙.之京拜勉翕, 餘資入都市.
買帶朱書來, 朝顧又夕諟.孝友寔天性, 晩睡先亭起.
子姓肄攸業, 昆季樂且喜.冉冉歲將暮, 霜雪鬢邊被.
老雖病易闖, 筋力無雙比.相距水南北, 我私寔所恃.
客臘奄七旬, 病故多殿屎.胤兮惱嘗藥, 華扁奈窮技.
向也遡獰風, 聯枕詢動止.臨別謂永訣, 玆言尚在耳.
人生孰無老, 老則誰不死.死兮雖莫贖, 譾劣多愧恥.
矧乎今日事, 繼謝誰某氏.聆公之實音, 哀恫那可弛.
於我疑懼地, 疇能有所指.顧余涔寂秋, 甚處可逶迤.
幸賴胤益在, 晩契更益邇.執紼悵延佇, 萬事果已矣.
已矣已矣兮, 平安萬事委.衷情未盡吐, 庶能知我誄.

16. 고흥 유정선(석천)

억울함을 당한 오늘 태어난 게 부끄럽다만
모든 영광 공에게 돌아갈 줄 누가 알았으리오
장수하여 고희(古稀)이니 맑은 기운 모여 있고
후손에게 복 드리워 가문 성망 넉넉하네.
근검한 몸가짐에 항업은 부유하고
연원을 가진 도는 영명(令名)을 남기누나
풍도 있는 가문 문전 인기척이 없으니
비감으로 두 눈에 눈물만 쏟아지네.

> **高興柳鼎善(石川)**
> 含冤今日愧悔生, 誰識全歸公獨榮.
> 壽至稀齡鍾淑氣, 福垂後胤裕家聲.
> 持身勤儉富恒業, 講道淵源遺令名.
> 獲覩風儀門屛闐, 潸然感淚益縱橫.

17) 고흥 유정기(오천)

어린 나이에 선비들 속에 명성이 높으시어
면암선생 스승으로 모시고 따라 나섰네.
홀로 선 소나무인양 기백과 절개는 굳세었고
개인날 명월처럼 정신은 맑고 밝았었네.
남에서 벗이 오고 북에서도 친구가 찾아들고
많은 서적 탐독하여 고금을 통달했구나.
오복[239)]을 하나같이 온전히 구비하여
고희 연세에 고종명(考終命)[240)] 하시누나.

> **高興柳定基(午川)**
> 早年名下士, 從事勉庵翁.氣節孤松立, 精神霽月同.
> 賓朋南北自, 書籍古今通.五福全乎一, 稀齡又考終.

239) 오복(五福): 옛날부터 사람이 살아가면서 바람직하다고 여겨지는 다섯 가지의 복을 오복(五福) 이라고 했습이라 하는데 《서경》에 나오는 오복(五福)을 보면 수(壽), 부(富), 강녕(康寧), 유호덕(攸好德), 고종명(考終命)이다.
240) 고종명(考終命): 제명대로 살다가 편안히 죽음.

18) 창녕 조덕승(흠재)

절시마탁(切偲磨濯)[241]하며 지나온 오십 성상
피간력단(披肝沥胆)[242]하며 정을 서로 통했네.
지견(知見)[243]에서는 호(好)와 오(惡)[244]를 함께 했고
진취(進就)[245]에서는 선(先)과 후(後)를 따지지 않았구나.
즐거운 일 만나면 함께 즐겼고
근심이 있으면 같이 근심했었네.
인간 세상 어이하여 소식이 막힐까
서로가 사귀려 해도 꾀하기가 어렵구나.
기억에도 아득한 지난날 노사선생은
은근히 비밀 열쇠 넘겨주었네.
친자(親炙)[246]는 어느덧 시들었건만
양의(涼議)는 아직도 다시 전하네.
아, 군은 큰 뜻을 보기만 해도
마치도 가뭄에 단비 만난 듯 모두 소화했네.
편견과 전면, 동일과 차이의 관계를
마음으로 즐기어 조금도 편차가 없었네.
손수 몇 편 글을 지어내어서
엉킨 실 풀듯이 난제도 해결하고 계몽도 했었다네.
세상의 가르침 하루아침 변하니
가슴속에 격분이 끓어넘치어

---

241) 절시마탁(切偲磨濯): 잘못을 바로잡고 책선(責善)해서 역량을 갈고닦다.
242) 피간력단(披肝沥胆): 속을 터놓고 대하다.
243) 지견(知見): 지식과 견문을 아울러 이르는 말.
244) 호(好)와 오(惡): 즉 好惡 (호오)로 좋아함과 미워함을 이른다.
245) 진취(進就): 일을 차차 이루어 감.
246) 친자(親炙): 스승에게서 직접 가르침을 받음.

지은 저서 뒤져내고 몽땅 울유(鬱攸)[247]에 맡겨버려
길바닥에 뒹구는 베껴 쓴 문자[248]와 뒤섞이고 말았네.
나에게 남긴 몇 페이지 시구는
외로운 상정일련(嘗鼎一臠)[249]에 불과하구나.
예로부터 내려오며 드러난 큰 안목이
언제 한 번 말수가 많은 적이 있었단 말인가.
하루아침에 모든 저작 감아서 떠나가시니
그 속에 잠긴 뜻을 뉘라서 논할손가.
남은 인생 무엇으로 달랠 수 있단 말인가
쓸쓸히 산문(山門)을 닫아걸고
외로이 천만줄기 흐르는 눈물로
잔물결 이루며 저승으로 떠나보내네.

昌寧曺惪承(欽齋)

切偲五十年, 肝膈若相連.知見同好惡, 進就莫後先.
樂其與之樂, 憂其與之憂.人寰何缺闊, 之交正難謀.
緬昔蘆沙翁, 丁甯啓秘鍵.親炙已零落, 涼議尚復傳.

---

247) 울유(鬱攸): 화기(火氣) 즉 화마(火魔).

248) 베껴 쓴 문자(庸書): 중국에는 감택용서(闞澤庸書)라는 성어가 있는데 이야기는 《삼국지 · 오서 · 감택전(三國志 · 吳書 · 闞澤傳)》에 기재되었다. "감택의 자는 덕윤이고 회계 산음 사람이며 세세대대로 농사짓는 가문 출신이다. 감택의 대에 이르러서 그는 배우기를 즐겼지만 가난하여 글을 배울 자금이 없었으므로 늘 다른 사람에게 삯전을 받고 글을 베껴 주었고 그 돈으로 종이와 붓을 이어댔다. 글을 다 베껴 쓰면 그 글을 다 읽곤 하였다.(闞澤字德潤, 會稽山陰人也.家世農夫, 至澤好學, 居貧無資, 常為人傭書, 以供紙筆, 所寫既畢, 誦讀亦遍.)》

249) 상정일련(嘗鼎一臠): 嘗은 맛볼 상. 鼎은 솥 정. 一 은 한 일. 臠은 고깃덩이 련. 솥 안의 고기 한 점을 맛본다는 뜻으로 솥 안의 고기를 한 점만 맛보면 온 솥 안의 고기 맛을 알 수 있다는 말이다.

嗟君見大義, 時雨如化之.偏全與同異, 心悅靡所差.
手著若干編, 解棼又發蒙.世教忽一變, 孤憤激於中.
盡掇付鬱攸, 跡混程庸書.遺我數頁詩, 孑孑一臠餘.
從古大賑目, 何曾在多言.一朝奄而逝, 此意孰與論.
無以慰餘生, 寥落鎖山門.獨有千行淚, 漣漣送九原.

19) 창녕 성한수(후송)

공은 타고난 성품이 참되어
젊었을 적에 면암선생 문전 찾아 인(仁)을 배웠네.
때가 오면 세상의 가르침을 맡으리라 기대하는데
오늘에 신선 찾아 떠날 줄을 어느 누가 생각인들 했으랴.
백발 되는 평생토록 언제나 도를 근심하면서
고국 그린 단성(丹誠)에는 일 점 티끌 없었구나.
고덕(考德)[250]하고 해의(解義)[251]할 제 갈 곳 없으니
내 평생은 이로부터 공연히 눈물로 얼룩지리.

昌甯 成漢修(後松)

維公稟性率天真, 早自勉門深得仁.
將擬來時扶世教, 豈圖今日化仙隣.
終身白髮常憂道, 戀國丹忱不染塵.
考德解義無向處, 吾生從此淚空頻.

250) 고덕(考德): 학덕이 높아 스승이 될 만한 분을 찾아뵙는 일.
251) 해의(解義): 글자나 글의 뜻을 풀어서 밝힘.

20) 창녕 성경수(만취)

공은 천성적으로 문질(文質)을 겸비하였고
한평생의 효성 우애는 하늘에 뿌리 박았네.
다가서면 온화하고 바라보면 엄연하며
실행에는 모가 나고 지혜는 원활하네.

나이 어려 시서를 예의 지킨 가문에서 배웠고
가문 명성 쇠락 않게 선조 이어 서술하네.
안동 문벌 집안 덕성 대대로 전해 왔고
어지신 면암선생 배움의 연원이네.

의(義)와 이(理)를 강마하고 심법을 논한다면
사우(士友) 중 어느 누가 감히 앞을 다투었으랴.
세상사 차타(蹉跎)하여 세월이 변했으니
우리 도는 거칠어져 가련하기 그지없네.

머리 휠 때까지 경 읽고 몸 처신 옳게 하며
세월 걱정 사도 근심 나이 따라 더욱 심해지네
온후한 덕성은 구슬처럼 티 없이 깨끗하고
맑은 기상은 신선처럼 오곡을 입에 대지 않는구나.
나 언제나 마음으로 남산인양 장수하시며
훼손 없고 노둔 않길 바라마지 않았었네.
나보다 9세 위인 우리 공은
연세가 이상일뿐더러 덕목도 전일하셨네.
땅속에 사는 애벌레가 어찌 하늘을 나는 고니를 바랄소며

쓸모없는 저력(樗櫟)[252]이 어찌 향화방초와 공존할손가
천년 장수 누릴 이 이 세상에 드물지만
공은 홀로 오복을 몸에 지녔네.

공처럼 세상 빚을 모두 갚고 사는 사람 몇몇이 되나
살아도 온전하고 돌아가도 완전하리.
진세의 세상사 오래 전부터 역겨워 하시더니
갑자기 옥경의 신선되어 떠나 가시네.

우리 당은 이제부터 외롭고도 썰렁해져
의혹 생긴 글귀나 변해 버린 예의를 누구에게 물어보랴.
지금 가는 행차를 속바치기 할 수 있다면
어느 누가 자기 한 몸 백 번 천 번 아낄손가.

해와 달이 쉬지 않아 둔석이 가까이 다가오니
청송산 아래 우면지(牛眠地)를 찾았구나.
가는 길 탄식하며 눈물 흩뿌리니
눈물자욱 어떻게 현산에만 남을 건가
아, 나는 몸이 말째여 무덤까지 가지 못하나
지는 해를 이고 서서 눈물을 걷잡지 못하네.

252) 저력(樗櫟): 참나무와 가죽나무 재목이라는 뜻으로, 아무 데도 쓸모없는 사람을 비유적으로 이르는 말.

昌甯成卿修(晩翠)

我公稟賦文兼質, 孝友平生自植天.
即之溫也望之儼, 行是方兮智是圓.
早年詩禮趍庭學, 繼述家聲勿替傳.
由來世德安東閥, 授受淵源勉老賢.
講磨義理論心法, 士友當時莫敢先.
蹉跎世事滄桑變, 吾道榛蕪堪可憐.
白首窮經能獨善, 憂時憂道老尤堅.
德容溫似無瑕玉, 氣象清似不食烟.
私心恒祝南山壽, 但願不崩又不騫.
公年先我九年長, 非但齒尊德又專.
壤蟲不敢望黃鵠, 樗櫟焉能共蕙荃.
千年享壽世難得, 五福隨身公獨然.
人間了債似公幾, 生亦其全歸亦全.
久矣厭看塵世事, 奄然化作玉京仙.
吾黨從今孤又寂, 疑文變禮問誰前.
此行若使人能贖, 誰不其身百又千.
日月不留窀穸近, 青松山下卜牛眠.
行路諮嗟爭隨淚, 淚痕奚獨峴山邊.
嗟吾病骨未臨穴, 落日不禁泣涕然.

21) 울산 김노수(경암)

칠십성상 장수하고 강녕하게 지내며
밭 갈며 글 읽고 고기 잡고 낚시하며 정조 지켰구나.
가정을 다스리며 효도와 우애로 훌륭한 선조 이어가고
서가에 가득 꽂힌 시서로 후생들을 훈도하네.
서늘한 가을바람 옛집에 불어들고

처량한 찬 달빛 새 무덤 비치누나.
이번 걸음 걸은 후의 영원한 무소식에
창랑수만 공연히 목메어 우는구나.

蔚山 金魯洙(敬庵)
七十星霜壽且寧, 耕讀漁釣保幽貞.
刑家孝友承先美, 滿架詩書訓後生.
蕭瑟悲風吹舊宅, 悽凉寒月照新塋.
從玆一去無消息, 空有滄浪水自鳴.

22) 고흥 유채우(화남)

노년을 즐기는 이는 오직 항재라
정성으로 도덕을 이룩했다네.
문장 익혀 사우들께 명성 떨치고
근검절약 앞세우며 가정을 이끌었네.

돌아가는 길 걷지를 말아야 하네
본보기의 법규는 이루기가 어렵다네.
유택은 공의 뜻에 알맞아
달과 별이 청송을 비치고 있네.

高興柳垛雨(華南)
愖老惟恒齋, 拳拳道德成.學文達士友, 儉約率家庭.
歸程願莫致, 范儀尚難形.幽宅符公意, 青松照月星.

23) 진주 정주헌(남헌)

늙은이의 한평생 진정을 타고나
심연에 임하고 살얼음을 밟듯 언제나 삼가네.
면암선생 의발은 마침내 맡길 곳 있어
○○○ 남긴 교화 간략한 서적 속에 담겼구나.

> 晉州 鄭柱軒(南軒)
> 公老生平率性真, 臨深履薄戒冰淵.
> 勉翁衣鉢終有託, ○餘遺風在簡編.

24) 평택 임영주(농은)

그 누가 그대보다 내 평생을 알가만은
어찌 알았으랴 오늘 아침 눈물로 헤어질 줄을.
가음(家蔭)[253]의 봄날에 체악(棣萼)[254]은 비어있다만
뜰의 꽃은 다시 피어 난초 향이 싱그럽네.

칠십 년 흐른 강물 새로운 꿈을 꾸고
아득한 삼천 리 여정에는 저녁 안개 자욱하네.
석양 아래 상여노래 어디로 울려 가느냐
푸른 솔 바위 아래 외진 무덤 생겼구나.

---

253) 가음(家蔭 : 선대의 덕에 벼슬을 받는 것.
254) 체악(棣萼): 형제간에 서로 화락하는 즐거움. 《시경 · 소아 · 상체(詩經 · 小雅 · 常棣)》 章)에 나옴. '상체의 꽃이 환하게 아름답지 않은가? 지금의 사람들은 형제만한 이가 없다.[常棣之華 鄂不韡韡 凡今之人 莫如兄弟]' 한 데서 유래하였음.

平澤 林英周(農隱)
平生知我莫如君, 豈意今朝涕淚分.
家蔭春空同棣萼, 庭華重秀養蘭芬.
水流七十年新夢, 路遠三千里暮雲.
夕日輀歌何處去, 青松白石一孤墳.

25) 창녕 조면승(오산)

일찍 장옥(場屋)[255]을 사절하고 서재에 몸 숨기니
말세의 화려함을 아예 추구하지 않는구나.
권업하던 농부는 달밤에 담소하고
면암선생 모시고는 《춘추》를 읽어가네.
소문난 다섯 마리 용은 상서로운 조짐 보이며 떠나가고
두 봉황은 가풍을 전하며 덕을 지키네.
이제부터 청탁을 묻는 이가 더는 없으니
창랑대 아래에서 창랑수만 쓸쓸이 흘러 가리라.

昌寧 曺冕承(梧山)
早謝場屋隱書樓, 叔季芬華更不求.
勸業農夫談月夕, 事師勉老讀春秋.
五龍稱世呈祥去, 二鳳傳家覽德留.
從此無人清濁問, 滄浪臺下水空流.

255) 장옥(場屋): 과거 시험장의 햇볕이나 비를 피하기 위해 설치한 시설물로써 과거 시험장을 의미함.

26) 함양 오병수(수산)

옛 의관 떨쳐입고 떠나가는 이번 행차
속세에서 물러나 악의 기미 멀리하네.
지금 사람 잦은 공갈 걱정도 않고
선철에 아니 부끄럽게 의지할 곳 찾았구려.
하지만 외로운 우리 도 누가 부축인단 말인가
아무도 사문의 심오한 이치 궁구하지 못하리라
세밑에 걸린 산등(山燈)[256] 천고의 뜻이거늘
찬 소리 들려오는 창밖에선 흰 눈이 펄펄 내리누나.

咸陽吳秉壽壽山
此行優以舊冠衣, 勇退塵關遠惡機.
何患今人頻恐喝, 不羞先哲與依歸.
但孤吾道誰扶正, 誰有斯文莫研微.
暮歲山燈千古意, 寒聲窗外雪霏霏.

27) 평택 임정일(우헌)

일흔 고령 세상에 몇몇이 있으려나
몰녕(沒寧)하고 생순(生順)하신[257] 우리 항제공이여.

256) 산등(山燈): 산속에 걸어놓은 등불이거나 원소절 밤에 산의 형태를 본 따 만든 채색 등불을 가리킴.

257) 몰녕(沒寧)하고 생순(生順)하다: 북송 철학가 장재(張載, 1020~1077)가 《장자전서 · 서명(張子全書 · 西銘)》에서 한 말인데 원문은 "存, 吾順事 ; 沒, 吾寧也." 이다. 뜻인즉 "우리가 살아있을 때에 천리에 순응하여 행사한다면 죽을 때에도 편안하게 떠나가면서 아무런 부끄러움도 느끼지 않을 것이라"는 말이다.

학문은 사숙(私淑)[258]하여 실행에는 여력 있고
가정 살림 도맡아 근검하게 기이한 공 세웠구나.
만수당 앞에 맑은 달이 지더니
창랑대 누대 우에 슬픈 바람 이는구나.
해로가 불러 이 가슴이 미어지는데
가성 역 가는 길에 다홍 명정 펄럭이네.

> 平澤 林正一(愚軒)
> 七十人間有幾翁, 沒寧生順恒齋公.
> 學文私淑行餘力, 幹蠱勤勞奇絕功.
> 晩睡堂前沉素月, 滄浪臺上動悽風.
> 薤露歌中心欲斷, 佳城驛路一旋紅.

28) 고흥 유생규(남계)

인간 세상 칠십 성상 기나긴 세월인데
취해 사는 세상에서 홀로 깨여 있었구나.
유자가(孺子歌)를 다 불렀어도 끝내 아니 나타나니
창랑대 누대 위에 몇몇 산봉 푸르구나.

> 高興柳生圭(南溪)
> 人間七十許多星, 醉渴駸駸自獨醒.
> 孺子歌終終不見, 滄浪臺上數峰青.

258) 사숙(私淑): 직접 가르침을 받지는 않았으나 마음속으로 그 사람을 본받아서 도나 학문을 닦음.

29) 진주 정방규(극재)

만 칠순에 오복이 균일하게 찾아드니
타고난 공의 기품 남보다 뛰어나네.
일찍이 학문 이어 연원이 바르고
만년에는 한적하여 취미가 참다웠구나.
고향땅 전원은 가신 후에 기름지고
봉래산에 뜨는 달은 꿈결에서 새로우리.
아, 내가 앞을 나가려면 누구를 우러러야 하는가
찬바람에 통곡할 제 눈물이 옷섶을 적시네.

晉州 鄭枋珪(克齋)

滿七旬來五福均, 維公天稟出於人.
早承學問淵源正, 晚就清閒趣味真.
桑梓田園身後潤, 蓬萊山月夢中新.
嗟吾蒙進將安仰, 痛哭悽風淚沾巾.

30) 울산 김길중(호은)

세상사람 모두가 의분에 슬퍼하는 공을 알고 있나니
집에서 글을 읽고 스승 찾은 먼 걸음에 장래를 기대했네.
일흔이란 고희 누려 인생은 꿈결 같은데
천만 사람 슬퍼할 때 나는 홀로 시를 짓네.
남녘 땅에 장례 치려 산은 더욱 무겁고
동방에 조도(祖道)[259]하니 해는 더욱 더디구나(더디 지네)

259) 조도(祖道): 먼 길 떠날 때, 도중(途中)의 무사(無事)함을 빌기 위(爲)하여 노신에게 비는 일

아, 대신하여 사당에서 빌던 일을 생각하면
어이면 주공이 주성왕을 사랑하던 때와도 흡사했더라.

蔚山 金佶中(壺隱)
惟公慷慨皆世知, 庭學淵遊可待期.
七十稀年人似夢, 萬千哀時我爲詩.
葬儀南土山還重, 祖道東方日亦遲.
嗟矣代身祈廟事, 卻如周聖愛君時.

31) 오산 후인 김근용(소석)

상여소리 내면서
항재 김공의 상여 동아줄을 잡았구나.

오호라
방장의 높은 산은 기운이 차 넘치는데
중후한 마음씨를 행해서 얻은 바요.
방장의 맑은 물은 바닥까지 보이는데
명망 높은 군은 성품 너그럽고 관대해서네.

동네에서는 친족(親族)끼리 정(情) 두텁고
종문에 화목하다 칭찬을 하고
향리에서는 부모에게 효도 하고
형제간에 우애하는 가풍이라고 흠모를 하네.

오호라
내 것 아닌 성명(性命)은 천지의 위순(委順)이고
내 것 아닌 생명(生命)은 천지의 위화(委和)이네[260)]
일자는 경자년도 아니고 용사지세(龍蛇之歲)[261)]도 아닌데
어이하여 오늘 아침 머나먼 길을 떠나는가.

용이 화해 떠나갈 제 비바람 세차고
요학(遼鶴)[262)]이 환고향할 땐 달빛이 차디차네.
시냇물 남과 북이 동네의 동과 서
남녀불문 장탄식에 눈물 흘러 바다 되네.

---

260) 위순위화(委順委和): 위순(委順)은 자연에 순응한다는 뜻이고 위화(委和)는 자연이 부여한 화기애애한 기를 말한다. 《장자 · 지북유(莊子 · 知北遊)》에서 나온 말이다. "내 몸이 내 것이 아니라 천지(天地)의 위형(委形)이고 생이 또한 내가 하는 것이 아니라 이것은 천지의 위화(委和)다. 성명이 또한 내 것이 아니라 천지의 위순(委順)이고 자손이 또한 내 것이 아니고 천지의 허물 벗음이다.(吾身非吾有也,,是天地之委形也.生非汝有, 是天地之委和也.性命非汝有, 是天地之委順也.子孫非汝有, 是天地之委蛻也."

261) 용사지세(龍蛇之歲): 원문은 '歲非巳' 라고 적혀는데 歲는 해 세, 非는 아니 비, 사는 뱀 사이므로 뱀 사가 들어있는 해가 아니라는 뜻으로 고사성구 용사지세(龍蛇之歲)로 해석한다. 세재용사(歲在龍蛇)라고도 하는데 용사(龍蛇)는 비범한 사람, 현인(賢人)을 비유한다. 《후한서 · 정현전(後漢書 · 鄭玄傳)》의 에 따르면, "5년 봄에 꿈에서 공자가 나타나 말하기를 '일어나라, 일어나라. 올해는 진(辰)이 있고, 내년에는 사(巳)가 있구나(起, 起, 今年歲在辰, 來年歲在巳)' 라고 하였다. 정현이 잠에서 깨어나 따져보니 예언이 들어맞는지라 자신의 명이 다한 줄을 알았고, 곧바로 병석에 눕게 되었다" 라고 하였다. 이로부터 용사지세는 특히 현인이 수명이 다하여 죽은 해를 비유하는 말로 사용된다.

262) 요학(遼鶴): 한(漢) 나라 때 정령위(丁令威)가 신선술을 닦아 학으로 변해서 고향인 요동(遼東)에 이르러 공중에서 배회하며 "새로 변한 정령위가 집을 떠나 천년 만에 고향으로 돌아왔네(有鳥有鳥 丁令威, 去家千年今始歸.)" 라고 노래를 불렀다는 기재가 도잠(陶潛)의 《수신후기(搜神後記)》 권1에 실려있다.

오호라! 햇솜을 코에 댈[263] 제
어느 곳의 가성(佳城)에서 칠등(漆燈)[264]을 밝히는가.
우면지엔 송백이 안치되어
뽕밭이 바다 되는 상전벽해에 공의 묶은 없을지니.

나 홀로 슬퍼하냐 남들도 그리워하리
때로는 장길(長吉)[265] 따라 다락에서 노닐고.
때로는 복상(卜商)[266] 함께 지하에서 모이리라.

오호라!
노래를 부르고자 하여도 목이 메이누나
세상만사 모두가 진토에 거처하니
일흔 해 동안 염교 잎에 맺힌 이슬 말리웠구나.

鰲山后人 金近容(小石)

送葬歌執紼恒齋金公靈輀.
嗚呼,
方丈之山磅礴兮, 重厚德量履所賦.

---

263) 원문은 속광(屬纊)인데 속광은 죽은 사람의 숨이 멈춘 것을 확인하기 위한 과정이다. 옛날 중국에서 사람이 죽어 갈 무렵에 고운 솜을 코나 입에 대어 호흡의 기운을 검사하였다는 데서 유래하였다.

264) 칠등(漆燈;): 귀인(貴人)의 무덤 앞에 켜놓는 등불.

265) 이장길(李長吉): 이름은 이하(李賀, 790~816), 중국 당나라 때의 시인으로 자가 장길(長吉)이다. 시작(詩作)에 몰두하여 15세 때에 그 이름이 알려졌으며, 몽환적인 인상과 기이한 분위기의 시로 귀재(鬼才)라는 평을 받았다.

266) 복상(卜商,): 공자의 제자. 자는 자하(子夏)로 존칭하여 복자(卜子)라고 부르며, 자하라는 이름으로 더 잘 알려져 있다. 진(晋)나라 온(溫, 지금의 하남성 온현) 사람으로 공자의 수제자인 공문십철로 꼽혔고, 또 공문칠십이현 중의 한 사람이다. 복상은 공자의 제자들 중에서도 문학으로 이름이 높았다.

方丈之水清澈兮, 介潔名望寛且裕.
閭巷稱敦親睦宗, 鄉党欽孝友家度.
嗚呼委順委和兮,
日非庚子歲非巳, 詎作今朝此遠路.
釵龍化去風凄凄, 遼鶴鳴歸月素素.
溪南溪北里西東, 士女長歎成淚雨.

嗚呼一屬其纊兮, 何處佳城明漆燈.
牛眠松柏以安措, 桑田碧海更無公.

不我獨悲人亦慕,
時從長吉樓中遊, 時伴卜商地下聚.
嗚呼欲歌哽塞兮,
世間萬事皆塵棲, 七十年晞薤上露.

32) 진주 정유삼

당시의 유학(儒學)을 군이 독차지하였으니
의젓한 그 위치 군계일학이였구나.
창랑대의 풍월은 의연히 전날처럼 남아있지만
뜰에 지는 화원의 꽃은 누굴 위해 향기를 뿜고있느냐.
일찍부터 금란지우(金蘭之友)[267] 생사를 허락했었고
안회, 복상(顔回卜商)[268]은 더불어 글월을 다스렸네.

---

267) 금란지우(金蘭之友): 《주역.계사상(周易.系辞上)》에 "두 사람의 마음이 같으면, 그 날카로움이 쇠[金]를 끊을 수 있고 같은 마음의 말은 그 향기가 난초와 같도다.(二人同心, 其利断金 ; 同心之言, 其嗅如兰)"이라는 말이 있는데 친구간의 두터운 정의(情誼)를 이르는 말이다.

268) 안회(기원전 521~기원전 490)는 중국 춘추시대의 노나라 사람으로 공자의 제자로

다홍 명정 한 폭이 동네 밖에서 펄럭일 제
혼을 불렀으나 만고 수심 구름에 싣지 못했구나.

晉州鄭裕三
儒學當時多擅君, 昂然野鶴立雞群.
風月滄浪依舊在, 林花園落爲誰芬.
早結金蘭相許已, 應知顏卜共修文.
飄拂丹旌桑里外, 招魂未得萬愁雲.

33) 고흥 유희선(만취)

진정을 타고나 일흔 해를 사는데도
저 하늘 급급히 어진 공을 앗아가네.
한 평생 평판 좋고 마음 통한 벗
세상의 모든 빚을 갚고 사는 친구였네.
창랑대 누대 위에 텅 빈 달만 남았는데
만수당 앞에서 누가 봄을 완상하느냐.
이제부터 영혼은 어디로 간단 말이냐
천하에선 강하되고 산악 되고 천상에선 별이 되리.

겸손하고 학문을 좋아하였으며 덕행이 뛰어나 후세에 '부성(復聖)'으로 칭송받았음다.

복상(卜商): 공자의 제자. 자는 자하(子夏)로 존칭하여 복자(卜子)라고 부르며, 자하라는 이름으로 더 잘 알려져 있다. 진(晋)나라 온(溫, 지금의 하남성 온현) 사람으로 공자의 수제자인 공문십철로 꼽혔고, 또 공문칠십이현 중의 한 사람이다. 복상은 공자의 제자들 중에서도 문학으로 이름이 높았다.

高興 柳禧善(晩翠)
七十年來率性真, 彼天速奪我公仁.
一生名下知心友, 萬事人間了債身
滄浪臺上空留月, 晩睡堂前孰玩春.
從此靈魂何處去, 降爲河嶽上爲辰.

34) 진주 정경원(후송)

정일하고 전심하며 솔성이 참된 공과
이웃하고 못 산 것이 평생의 한이 되네.
화기애애한 정원에서 형제들 훈지(壎篪)불며 즐기고
봄빛에 난초 피어 혼정신성(昏定晨省) 새롭구나.
도가 있는 가문에 청풍명월 찾아들고
단사표음(簞食瓢飮)[269] 서책 삼아 인에 어긋나지 않았구나
가련하다 오늘의 이별은 무슨 이별인가
돌아간 사람을 통곡하니 눈물이 옷섶을 적시구나.

晉州鄭警源後松
精一專心率性真, 與公恨未接芳鄰.
棣園和氣壎篪樂, 蘭砌春光定省新.
風月存存知有道.簞瓢本本不違仁.

269) 단사표음(簞食瓢飮): 원문은 簞瓢인데 단사표음의 준 말이다. 簞은 대광주리 단, 食는 밥 사, 瓢는 표주박 표, 飮은 음료수 음으로 대그릇에 담은 밥과 표주박에 담은 음료. 변변하지 못한 음식이나 청빈한 생활. 비록 가난하게 살더라도 결코 불만스럽게 생각하지 않고 나름대로 만족하며 사는 것을 의미한다. 식(食)은 먹다라는 동사일 때는 '식'으로, 밥이라는 명사로 쓰일 때는 '사'로 발음한다. 유의어로는 단표누항(簞瓢陋巷), 일단사일표음(一簞食一瓢飮)가 있다.

可憐此別是何別, 痛哭歸人淚滿巾.

35) 월성 이공우(신암)

학에 올라 훨훨 날며 신선세계 찾아가나
어이 그리 서두르며 탈사하듯 인간세상 떠나가는지.
일찍부터 정(旌)을 받은 집에서 거사(居士)가 양육되고
전귀(全歸)[270]할 때 몸의 향기 하늘을 진동하네.
면암선생 문하라 연원 진실하고
만수당 가문에서 서업(緖業)이 장원하네.
《선진(先進)》의 증자 풍의[271] 시들대로 시들어
오늘에는 묘연하니 눈물이 옷섶 적시네.

月城 李孔雨(愼庵)
翩翩雲鶴駕仙鄕, 脫屣人間何太忙.
早隱旌新居士字, 全歸身帶滿天香.
勉翁門下淵源的, 睡老家中緖業長.
先進風儀零落盡, 渺然今日淚盈裳.

270) 전귀(全歸): 부모에게서 받은 몸을 상한 데 없이 온전히 돌려보내는 일.
271) 《선진(先進)》의 증자 풍의(風儀): 《논어 · 선진》 편에서 공자가 제자들에게 뜻을 물었을 때 증자는 타던 거문고를 내려놓고 "하지만 '敬畏' 아닌 灑落'을 추구하는 삶에 초점을 맞추어 논한다면, 증점이 "욕기영귀(浴沂詠歸)하겠다"고 대답한 적이 있다.

36) 이천 서우식(동산)

신리(莅里)에 춘풍 불자 비로소 구의[272)]하고
참뜻 전수 받았으니 세상에 드문 일이네.
남을 따뜻이 사랑하라 일깨웠건만
매사에 들어서선 시비에 엄정했네.
백운을 몰아가는 그 걸음 너무나 급박하여
명월 비낀 빈 들보 나의 꿈만 새롭구나.
슬프다 창랑대 아래 흐르는 물에
오늘에 어느 누가 갓끈 씻고 돌아서랴.

利川 徐愚植(東山)
春風莅里始摳衣, 受授眞詮世或稀.
對人雖主溫而愛, 臨事方嚴是與非.
白雲高駕公行遽, 明月空樑我夢新.
怊悵滄浪臺下水, 如今誰復濯纓歸.

37) 창녕 조석일(강재)

참된 지식 살펴보니 참말 옳았고
그것을 실천하자면 자신에게 달렸네.
내심이 곧고 수양하여
밖으로 드러나도 헐뜯지 못하구나.
의론을 펼쳐도 승벽심이 없었고

272) 신리(莅里)에 ……구의(摳衣):하다. 신리(莅里)는 면암선생이 살던 동네 이름이다. 구의(摳衣)하다는 옷자락을 밟지 않기 위하여 옷을 걷어 올린다는 뜻으로 스승에게 나아가 가르침을 청할 때 제자의 거동으로 스승에 대한 공경(恭敬)의 표시로 이르는 말이다.

수응해도 자만과 사치가 보이잖았네.
한계 없이 넓은 영역 언급하였고
기획하면 물샐틈없이 완미하였네.
애석해라 세상은 옛날과 달라
가슴에 품은 도를 펴지 못했네.
내 어린 동자시절 철부지 때부터
공의 눈에 들어서 꼼꼼한 가르침을 받아왔었네
달콤함이 아니라 담백함으로 사귀고[273)]
마음이 쏠리어 정을 서로 토로했네.
아, 한탄스럽네 자리 잡을 겨를도 없이
부평초와 다름없이 떠돌아 다녔더니
세월은 임염하여 십여 년이 지났어도
가르침은 받았지만 밀이하지 못했구나.
게다가 이제는 이승 저승으로 갈라지니
가슴에 맺힌 이 원한이 어찌 그칠 수가 있으랴.

昌甯曺錫日(强齋)

真知審似是, 實行在爲己.直內有素養, 發外莫或訾.
論議不好勝, 酬應無誇侈.範圍甚寬闊, 規摸且完美.
惜乎世不古, 懷道未發揮.自余童非年, 受知○[274)] 不微
以淡不以甘, 傾心復傾情.所嗟居不遑, 漂泊等浮萍.
荏苒十餘載, 承誨欠密邇.況復幽明隔, 此恨曷其已.

---

273) 달콤함이 아니라 담백함으로 사귀고(以淡不以甘): 《장자 · 산목(莊子 · 山木)》에 "군자의 사귐은 물같이 담백하고 소인의 사귐은 단술처럼 달콤하며 군자는 담백함으로 친밀하게 되지만 소인은 달콤함으로 절교하게 된다.(君子之交淡若水, 小人之交甘若醴; 君子淡以親, 小人甘以絕.)" 라는 구절이 있다.

274) 원문은 "受知不微"로 되었는데 명백히 한 글자가 빠져있으므로 문맥으로 보아 "受知無不微"라고 추리한다.

38) 광산 김진현(춘파)

공의 생업은 독서와 농사인데
연원을 일찍 찾아 학업을 이룩했네.
용사지세[275]가 아닌데 하늘이 어떻게 앗아 간단 말인가
하지만 달이 소미성(少微星)[276]
을 범하여 밝지 않구나.
천 길 높이 소나무는 돌이 없는 숲이 되고
수려한 두 난초에 맑은 향기 넘쳐나네.
도산이 무너지고 석양이 지는데
오로지 금계수만 졸졸졸 울어대누나

光山 金進鉉(春坡)
惟公事業業書耕, 早得淵源學有成.
歲非龍蛇天何奪, 月犯少微夜不明.
松千丈矣森無砢, 蘭二秀兮香亦清.
道山其頹斜陽日, 但聽錦溪水自鳴.

275) 용사지세(龍蛇之歲): '용과 뱀의 해' 라는 뜻으로, 수명이 다함을 비유하는 말이다. 세재용사(歲在龍蛇)라고도 한다. 용사(龍蛇)는 비범한 사람, 현인(賢人)을 비유한다. 《후한서(後漢書)》의 〈정현전(鄭玄傳)〉에 따르면, "5년 봄에 꿈에서 공자가 나타나 말하기를 일어나라, 일어나라. 올해는 진(辰)이 있고, 내년에는 사(巳)가 있구나(起, 起, 今年歲在辰, 來年歲在巳)' 라고 하였다. 정현이 잠에서 깨어나 따져보니 예언이 들어맞는지라 자신의 명이 다한 줄을 알았고, 곧바로 병석에 눕게 되었다" 라고 하였다. 이로부터 용사지세는 특히 현인이 수명이 다하여 죽은 해를 비유하는 말로 사용된다.

276) 소미성(少微星): 성좌의 이름으로 도합 네 개의 별이 있다. 《사기 · 천관서(史記 · 天官書)》에 이런 기재가 있다. "정번 서쪽에 수성 다섯이 있는데 소미라고 하며 사대부이다.(廷藩西有隋星五, 曰少微, 士大夫.)" 정수절(張守節)은 정의(正義)에서 "점을 쳐서 밝고 크고 누렇고 윤기가 돌면 현사들이 천거되고 밝지 못하면 이와 상반되게 된다. 달이 오성을 범하게 되면 처사들이 근심이 있게 되고 재상들이 바뀌게 된다.(占以明大黃潤, 則賢士擧 ; 不明, 反是 ; 月, 五星犯守, 處士憂, 宰相易也."

39) 안동 권태익(학천)

모양에서 으뜸가는 도산 마을에
군자의 방명은 잊지 못하리.
글월 행실 어울리는 학당의 선비 댁은
연원이 일찍부터 면암선생 문하에 이어졌다네.
아무리 살기 좋은 고장에 인과 장수 겸비해도
애석쿠나 천은이 이 어른 멀리하고 있으니.
이로부터 창랑대에 흐르는 창랑수에는
여전히 갓끈 씻은 주인 흔적 남아있으리.

安東權泰益(鶴天)
牟陽第一道山村, 君子芳名不可諼.
文行咸稱庠士宅, 淵源早及勉翁門.
縱然里美兼仁壽, 堪惜天恩遠是尊.
自是滄浪臺下水, 人去猶有濯纓痕.

40) 신천 강희진(지헌)

점잖은 위의 갖춘 다섯 형제 가운데
오직 공이 생업 대가 명성 떨치고.
악기 소리 어울리며 화락하게 즐기면서
시와 예를 이어가며 명백하게 가르쳤네.
향리에서 참된 선비 잃었다고 탄식을 하고
사문에선 석유(碩儒)의 타계로 한을 품는구나.
현자는 떠났어도 뭉친 동아리 남았으니
남주에 명성은 길이길이 전해가리 '

信川康熙鎮(止軒)

棣棣威儀五弟兄, 惟公事業大家聲.
壎篪迭和曾湛樂, 詩禮丕承復講明.
鄕黨空歎真士失, 師門亦恨碩儒亡.
賢之逝矣遺黨在, 自是南州不朽名.

41) 광산 김기일(국사)

공에게 곡 하며 만사 쓰고 뇌문 적으니
일흔 장수 누리면서 얻은 복이 워낙 많네.
만수당 낙성하여 선영을 추모하고
창랑대 건축하여 후세에 귀감 남기네.
백구과극(白駒過隙) 하건만 서사(書社)의 꿈을 꾸고
두 학이 하늘에 치솟자 조문이 수심에 잠기네[277)]
오늘에 가성은 어느 곳에 문을 열가
이월이라 청송에는 흰 구름 흘러가네

光山 金箕一(菊史)

哭公記輓又誄公, 壽享七旬多福求.
堂成晚睡先靈慕, 臺始滄浪後鑑留.
過隙一駒書社夢, 沖天雙鶴吊陶愁.
今啟佳城何處地, 青松二月白雲流.

277) 《진서 · 도간열전(晉書 · 陶侃列傳)》에 이런 기재가 있다. 도간은 "후에 어머니가 세상을 떠나게 되자 벼슬에서 물러났다. 일찍 두 손님이 와서 조문하였는데 곡을 하지 않고 물러가더니 한 쌍의 학으로 변해 하늘에 솟구치며 떠나갔다. 그때 사람들은 이 일을 이상하게 여기였다.(侃……後以母憂去職.嘗有二客來吊, 不哭而退, 化為雙鶴, 沖天而去, 時人異之.)" 후세에서는 항상 "조도(吊陶)"라는 단어로 조문하는 것을 가리켰다.

42) 진양 강주영(고재)

가까이에 살면서 문턱이 닳도록 드나들어
대를 이은 세교는 늙을수록 더욱 새로웠네.
인강에 눈 날릴 때 나룻배에 도롱이에 낚시를 놓고
도산에 봄이 오면 들에 나와 꽃밭에서 술 놀이 하네
정정하신 모습에 장수하리라 믿어왔을 뿐
급작스레 돌아갈 줄 꿈엔들 생각했으랴.
한숨 나는 이 내 여생 갈 곳이 없을진대
남몰래 정을 주며 돌봐줄 이 누가 있으랴.

> 晉陽姜周永(固齋)
> 相居密爾過從頻, 世講襟交晩益新.
> 扁艇漁簑仁渚雪, 雜花野酒道山春.
> 康強祗信長延壽, 夢寐哪知遽返真.
> 悵悵餘生靡所適, 慇懃提○更誰人.

43) 진주 정발원(다천)

물소리 철썩이며 섬계의 배[278]는 어디로 가는가
눈 내리는 한밤중에 항재선생 뉘께 들리려고 하는가.

278) 섬계의 배(剡棹): 《세설신어전소(世說新語箋疏)》 하권 상의 《임탄(任誕)》편에 이런 기재가 있다. 왕자유(王子猷)라는 사람이 산음에 살 때 밤에 잠에서 깨어나니 큰 눈이 내리고 있었으므로 문을 열고 술상을 차려 잔을 기울리다가 갑자기 섬계에 있는 대안도가 떠오르자 밤도와 작은 배를 타고 그의 문전에 이르렀다. 그러나 그는 문을 열지 않고 선 자리에서 돌아왔다. 사람들이 그 연고를 물으니 그는 "흥이 나서 떠났다가 흥이 다해 돌아섰는데 왜 꼭 대안도를 만나야 합니까?" 라고 대답하였다. 후세에서는 '섬계의 배(剡棹)' 로 친구방문을 가리키었다.

가는 길에 청산을 쏜살같이 지났지만
이년 사이 나의 백발 퍽 많아졌네.
향기로운 시편들은 인천강 흐름에 맡기고
신선 업은 방장산 산기슭에 전해버렸네.
여러 군에서 모여온 문객들 영윤(令胤)이 있으니
늙은이는 눈물로 애도를 보내누나

晉州 鄭發源(茶川)
剡棹蕭蕭更適何, 恒齋雪夜向誰過.
一路青山君且速, 二年白髮我靡多.
詩芳流與仁川水, 仙業高傳方丈阿.
致客數郡令胤在, 可堪衰淚寄哀歌.

44) 복주 오연필(금리)

글월에 돈독하고 농사에도 돈독하여
달이고 돌아서고 새벽 등불 밝힌 일도 모두 성사하였네.
명성 높은 항재선생 이미 멀리 떠났으니
적막한 청산에는 오직 달만이 휘영청 밝네

福州 吳然必(錦里)
篤於文墨篤於耕, 月夜晨燈俱有成.
名重恒齋人已遠, 青山寂寞月惟明.

45) 평산 신현중(율봉)

예로부터 지금까지 아니 죽는 사람 없지만
공과 같이 건강하고 다복한 이 세상에 둘도 없네
하루아침 해로가에 슬픈 작별 있었지만
신체발부 함께 떠나 사람들께 일점 부끄러움 없구나.

平山 申鉉中(栗峯)
今古人無不死人, 如公康福世無人.
一朝薤露愴愴別, 體髮同歸不愧人.

46) 진주 강호영(극재)

백년을 살아가는 인생사는
눈 깜빡하는 일장춘몽과 진배없구나
예로부터 지금까지 모두가 이러하니
어찌 태어났다 기뻐하고 돌아갔다 슬퍼하랴.
굽혔다 펴는 음양의 도리
내 상세하게 모르는 게 아니지만
오늘날 항재선생 돌아가시니
어이하여 이토록 애간장이 타고 있느냐.

오직 이 늙은이의 삶과 죽음은
다른 사람에 비해 심상치 않다네
타고난 천성 티 하나 없이 순수한데다
엄혹한 절조는 생강보다 더 맵다네.

어려서부터 배움에 뜻을 두어
시작은 있었으나 박식할 방도가 없었구나.
면암선생 송사선생 스승으로 모시고
경쾌하게 명성이란 고삐를 벗어버렸네.

동강의 산비탈 달게 받아 들이고
솟아나는 샘물[279]로 주린 배를 달래었네.
밤이면 귀가하여 옛사람의 글을 읽고
새벽이면 들에 나가 김을 매네.

풍진은 어이 그리 급하게 일고 있는가
북쪽 창가에 복희씨 때 사람이 누워있다네.
시대가 변하여 물이 갈수록 깊어만 가도
쇳덩이 같은 굳은 마음 지니고 있네.

한겨울 백초가 쓰러지건만
굳센 솔은 서리에도 꿈쩍 않으며
잃어버린 예의를 찾을 곳이 없게 되자
존양지의(存羊之意)[280]를 가슴에서 잊지 않았네.

---

279) 솟아나는 샘물: 원문은 "필양(泌洋)"인데 끊임없이 솟아오르는 샘물을 말한다. 《시 · 진풍 · 형문(詩 · 陳風 · 衡門)》에 "필의 물은 끊임없이 솟구치는데 주린 배를 채울 수 있다(泌之洋洋, 可以樂饑)"라는 구절에서 나온 말로 은사의 생활을 묘사한 것이다.

280) 존양지의(存羊之意): 좀 불합리하더라도 구례(舊禮)나 관습을 버리지 아니하고 보존한다는 뜻이다. 《논어 · 팔일(論語 · 八佾)》에 의하면 노(魯) 나라 문공(文公)이 종묘(宗廟)의 제사에 참석하지 않으면서 양(羊)만 한 마리씩 잡으므로, 자공(子貢)이 내실은 없으면서 형식만 갖추는 것을 지적하여 양마저 그만두려고 하자 공자가 양마저 없애면 그나마 그 예는 흔적이 없게 된다고 지적하였다.

동쪽 정자에 강석을 열고
고삭편장(告朔篇)[281] 낭랑하게 낭송하였네.
많은 선비 사람 놀라게 하듯 의논을 즐기며
혀를 차며 정정하다 찬사를 아끼지 않았네.

이 늙은이와 같은 여러분 모셔다가
주와 현에 드문드문 나누어 놓았더라도
말세의 풍속 건잡을 수는 없다고 해도
병입고황(病入膏肓)[282]하지는 않았을 것이네.

늙은이 하나를 함께 달려들어 목숨을 빼앗고자
이수소침(二豎所侵)[283] 하니 참으로 무가내로구나.

---

281) 고삭(告朔): 중국 주(周)나라 때 제후(諸侯)들이 매월 초하루마다 선조의 사당에 고하고 역(曆)을 얻던 일. 매년 섣달에 천자(天子)가 다음해에 사용할 12개월의 역을 제후에게 반포하면, 제후는 이를 받아 각기 선조의 사당에 두고 매달 초하루에 양을 삶아 바치고 고하면서 그 달의 역을 가져다 나라 안에 반포하였음. 춘추(春秋)시대에 이르면(며) 유명무실화됨. 고삭편, 《논어 · 팔일(論語 · 八佾)》에 있는데 여기에서는 《논어(論語)》 를 말함.

282) 병입고황(病入膏肓): 춘추시대 진경공(晉景公)은 즉위(卽位)하자 명문 조씨(趙氏) 일족(一族)을 대역죄로 몰아 죽였다. 십여 년 뒤의 어느 날, 경공(景公)의 꿈에 귀신이 무서운 얼굴로 나타나서 "나의 자손(子孫)을 죽였으니 용서(容恕)할 수 없다. 너를 죽이러 왔다."고 하였다. 경공(景公)이 점쟁이를 불러 해몽을 시켰더니, 옛날 진나라(晉)에 공훈을 세운 사람의 조상의 원혼이 저주하기 때문에 얼마 살지 못하고 죽을 것이라고 예언(豫言)했다. 이에 경공(景公)은 명의(名醫) 고완(高緩)을 불렀다. 도착하기도 전에 꿈을 꾸니 병이 두 동자(二豎)로 변하여 "고(膏)의 밑, 황(肓)의 위에 숨으면 제 아무리 명의인 고환도 별 수 없을 테지."하고는 그 속으로 들어가 버렸다. 고완은 도착하더니 "병은 고의 밑, 황의 위에 들어가 있어 여기는 침도 약도 이르지 못하는 곳이니, 쾌유가 어렵습니다." 하고 말했다. 경공(景公)은 명의 고완을 후히 대접(待接)했으나, 얼마후 죽었다고 함. 고황(膏肓)은 심장과 격막 사이의 부분. 신체 부위 중에서 고황에 병이 들면 침이나 약으로도 치료할 가망이 없다.

283) 이수소침(二豎所侵): 두 더벅머리 총각이 침입하다. 진경공의 꿈에 병(病)이 두 명의 더벅머리 소년으로 변하였다(疾爲二豎子). 병입고황(病入膏肓) 조를 참조.

양기가 회복될 날 전혀 없으니
이 일 어느 누가 주장한단 말인가

하늘 우러러 물어보아도 하늘은 막막하고
땅을 허리 굽혀 바라보아도 땅은 망망하기만 하네.
가슴이 미여지고 터질 것만 같더니
눈물만 눈확에 가득 고이네.

실제로 세도에 대한 원한이거늘
어찌 공연히 가신 이에 대한 애도뿐이랴.
지난해 가을을 돌이켜 보니
마음속의 말 한마디도 감추지 않았었네.
비부감대수(蚍蜉撼大树)[284] 분수없다 말하지 말라
양기를 부축이자 극도로 이야기했네.
은근히 말씀을 기대하였더니
빙 둘러 과분했던 말에 용서를 구했구나.

이어서 또 며칠이 지나지 않아
조카의 침상에서 함료문질(含蓼問疾)[285]하면서
일야십기(一夜十起)[286]하더니 몸을 손상하기에 이르렀고

---

284) 비부감대수(蚍蜉撼大树): 왕개미가 큰 나무를 흔들어 움직이려 하다, 제 분수를 모르고 무모한 행동을 하다.

285) 함료문질(含蓼問疾): 백성과 동고동락함을 이르는 말. 여뀌를 머금어 그 쓴 맛을 감수하며 질병을 보살핀다는 뜻이다.

286) 일야십기(一夜十起): 하룻밤에 열 번 일어나다' 라는 뜻으로, 병자를 극진히 간호하는 것을 비유하는 고사성어이다. 《후한서 · 제오륜전(後漢書 · 第五倫傳)》 에 이런 고사가 실려 있다. 제오륜은 성이 제오이고 이름이 륜이다. 그는 회계(會稽) 태수를 지냈지만 몸소 풀을 썰어 말을 먹이는 청렴하고 강직한 관리로 명망이 높았다. 한번은 어떤 사람이 제오륜에게 "당신 같은 분은 사심(私心)이라는 것이 조

작별을 고하며 잘 조리하라고 면려하였네.

그런데 뉘 알았으랴 신이 여가를 주지 않아
탈사하듯 얼마나 서두르며 떠나갔는가.
너그럽고 마음 착한 고대사람 모습을
여광마저 다시는 볼 수 없으리.

천만다행 아들 조카 세상에 있어
집안을 잘 다스려 대대로 향을 전하네.
연원이 깊어서 끊임없이 구호(舊好)를 다지니
유덕을 어찌 잊고 있으랴.

앞뒤가 전도되기 오늘 같은 때가 없으니
나의 몸을 나로서도 부축일 수 없구나.
사람마다 모두 와서 곡을 해도 나는 노래 부르니
늙은이의 깊은 속을 그 누가 안단 말이냐.

창랑대 높이 솟고 물은 깊은데
유자(孺子)의 지난 자취 어디 가서 찾는단 말인가.
오로지 뜰의 솔이 쏴쏴 울면서
바람 앞에 지음(知音) 잃은 슬픔을 하소연하네.

금도 없겠지요?" 라고 물었다. 제오 륜은 "내 조카가 병이 들었을 때는 하룻밤에 열 번 가서 그 애를 살펴보았으며, 그런 뒤에는 다시 곤하게 잠잘 수 있었습니다(吾兄子嘗病, 一夜十往, 退而安寢). 그러나 내 아들이 병이 들었을 때에는 비록 가서 살펴보지는 않았지만 밤에 도무지 잠을 이룰 수 없었습니다. 그러니 어찌 사심이 없다고 할 수 있겠습니까?" 라고 대답하였다.

晋州 姜浩永(克齋)

人世百年事, 須臾夢一場.今古皆如斯, 奚歡又奚傷.
陰○屈伸理, 吾非不能詳.今日恒齋逝, 胡爲斷爾腸.
惟翁存與沒, 不比他尋常.稟資粹無玼, 節操辣如薑.
蚤年志於學, 取端博無方.勉松爲依歸, 脫然去名韁.
固受東崗陂, 樂饑彼泌洋.夜歸讀古人, 早出理穢荒.
風塵何處急, 北窗臥羲皇.世變水益深, 持心以鐵剛.
大冬百草萎, 勁松不受霜.禮失求無地, 耿耿愛存羊.
東亭開講席, 朗誦告朔章.多士喜聳聽, 嘖舌稱康強.
若得翁數輩, 參錯在州鄕.末俗知不戢, 庶不至膏肓.
一老並見奪, 二豎信無良.陽復終無日, 此事孰主張.
問天天漠漠, 視地地茫茫.但覺心膽裂, 有淚自盈眶.
實為世道恨, 豈徒悼云亡.回憶遄年秋, 話心毫無藏.
莫謂蚍蜉力, 極言扶線陽.慇懃期待言, 盤旋謝過當.
繼又未多日, 含蓼咸君牀.十起垂致損, 臨別勗善將.
誰知神不假, 脫屣一何忙.休休古人貌, 無復覿餘光.
幸有子若姪, 克家世厥芳.源源講舊好, 遺德俾也忘.
顚錯無如此時, 我身我莫扶持.
人皆來哭我歌, 惟翁高着誰知.
滄浪臺高水深深, 孺子往蹤何處尋.
惟有庭松鳴颯瑟, 臨風訴似斷知音.

47) 경주 이문명(경운)

전신이 옥국(玉局)[287)]인데 이 어진 동내에 하강하여

287) 옥국(玉局): 소식(蘇軾)이 일찍 曾任옥국관(玉局觀)의 제거(提擧)로 있었기에 후세 사람들은 옥국으로 소식을 칭하였다.

평생의 효도 우애는 진실한 솔성 때문이었네.
숨은 덕 맑은 명성 해악(海嶽)에 가득 차고
시국에 느낀 영문(令聞) 고향이 들썩이네.
하루아침 선가 타니 청산이 저물고
이월의 해로가에 백설이 새롭구나.
사림에서 애도하고 장례 치르며
처량한 진세의 칠순 봄 비통해 하네.

慶州李文明景雲
前身玉局降斯仁, 孝友生平率性真.
陰德清名傾海岳, 感時令聞動鄉鄰,
一朝仙駕青山暮.二月薤歌白雪新,
奉悼士林來會葬, 蒼涼塵慟七旬春.

48. 여산 송창문(우란)

그 옛날 문곡성 하늘에서 하강하더니
어이하여 서해바닷가에서 헛되이 늙어가나.
아! 오늘부터 다시는 상봉할 수 없지만
그대와 친지로 지낸지 몇 해 되었던가.
꿈에 깨니 빈 들보에 지는 달 서럽고
만 리에 혼이 날며 찬 연기 당기누나.
모양 땅에 시와 예는 이제부터 멀리 가니
가을 달 봄바람이 앙모하여 전해주리.

> 勵山 宋昌文(友蘭)
> 在昔文星降自天, 緣何虛老海西濱.
> 嗟吾相見今無日, 與子親知已有年.
> 夢斷空樑悲落月, 魂浮萬里曳寒煙.
> 牟陽詩禮於斯遠, 秋月春風仰慕傳.

49) 복주 오의균(만운)

평소 덕을 우러러보면 태산과 북두 같고
효도 우애에 모두가 동소남(董邵南)[288]이라 부르네.
학을 타고 오늘 아침 천만리 먼 길 떠나
청송도 지는 해에 수심 겨워 하는구나.

> 福州 吳毅均(晩雲)
> 尋常仰德如山斗, 孝友咸稱董邵南.
> 鶴駕今早千古遠, 青松斜日亦愁容.

50) 창녕 성환규(동곡)

깊은 산 큰 못에 용과 범이 사라지고[289]

288) 동소남(董邵南): 당대(唐代)의 인물. 일찍이 진사(進士)가 되었으나 뜻을 이루지 못하자, 은둔하여 살면서 주경야독(晝耕夜讀)하며 어머니를 정성껏 모셨다. 이에 한유(韓愈)가 동생행(董生行)이란 글을 지어 보냈다고 한다.

289) 송(宋)나라 때의 문호인 소식(蘇軾)이 구양수(歐陽脩)를 애도하며 지은 《제구양문충공문(祭歐陽文忠公文)》에 "깊은 산과 큰 못에 용이 사라지고 범이 떠나가면, 온갖 변괴가 발생하면서 미꾸라지와 뱀장어가 춤을 추고 여우와 살쾡이가 울부짖게 마련이다.(深山大澤 龍亡而虎逝 則變怪百出 舞鰌鱔而號狐狸)" 라는 말이 있다.

구양수 떠난 지도 수천 년이 흘렀구나.
하늘에선 별이 되고 땅에서는 산이 되며
묘식(廟食)하는 한유[290]는 백 세대 전해 왔네.
구원에서 만약 부흥이 있을 수 있다고 하면
문인이 무인 따라 현명하게 처사하리라.
지금에 또 항재 노옹 위해 곡을 올리니
높은 덕 사라져 스스로도 가련하게 여기누나.

昌甯 成桓奎 東谷
大澤深山龍虎逝, 歐陽身後幾千年.
在天在地為星獄, 廟食韓公百世傳.
九原如可復興作, 文子願隨武子賢.
至今又哭恒齋老, 丈德云亡堪自憐.

51) 나주 임종진

조서 받고 인간 세상 내려오신 일흔 고령
옥루에서 훌륭하게 글월을 다스리네.
탁행으로 집 다스리며 삼강오상 중히 여기니
세상에 인풍(仁風) 갖춰 덕업을 전하구나.

290) 묘식(廟食)하는 한유(韓愈): 묘식(廟食)은 죽어서 종묘(宗廟)나 사당(祠堂)에서 제사(祭祀)를 받는 것을 말하고 한유(韓愈)는 중국 당(唐)나라의 문장가, 사상가로 자는 퇴지(退之). 창려(昌黎) 사람이다. 792년에 진사 급제하였고 802년에 국자사문박사(國子事門博士)로 벼슬에 올라 감찰어사 · 중서사인(中書舍人), 형부, 이부와 병부의 시랑(侍郎)을 역임하였으며 당송 팔대가(唐宋八大家)의 제1인자로 산문 문체의 개혁에 중대한 기여를 하였다. 소식은 원우 7년(1092)에 조주지주 왕척(潮州知州王滌)의 청을 받고 조주에서 한유의 묘당을 수건할 때 《조주한문공묘비(潮州韓文公廟碑)》를 지으며 "필부가 백세의 스승으로 되고 한마디 말이 천하의 법식으로 되었구나("匹夫而為百世師,一言而為天下法)" 라고 힘있게 서두를 떼었다.

찬 구름 성긴 비는 산에 그치지 아니 하고
슬픈 노래 흐느끼는 소리는 바다에 끝이 없네.
송공(頌功)한 신후에는 양양한 바다 같은 복이 있어
차례로 지초 난초 대소가 이어지리.

羅州林鍾振
稀壽人間詔降天, 修文健筆玉樓前.
理家卓行綸綱重, 備世仁風德業傳.
踈雨寒雲山不盡, 悲歌咽淚海無邊.
頌功身後洋洋福, 次第芝蘭大小連.

52) 고흥 유원석(명곡)

아, 산악의 영령이여,
정령을 가다듬어 한군데 모았구나.
그것이 드러날 때는 천명(天命)에 따른 것이고
그것을 거둘 때 역시 시운(時運)에 따른 것이네.
오호라!
공은 산악의 정기를 품부하고
시운이 막힌 때에 태어나서
천지를 둘러봐도 부끄러움 없었고
물아(物我)에 있어서도 사심 없이 공평하였네.
명망은 향리에서 우러러 보고
덕업은 백세(百世)의 본보기로 되었구나.
학문의 연원은 적전(嫡傳)이었고
학문의 문로(門路)는 실로 바른 길이었네.

어이하여 세월은 판탕(板蕩)[291]하여서
재덕(才德)을 겸비하고도 세상에 수용되지 못 하는가.
세찬 파도 흉흉하여 사면에 땅도 없는데
맹수는 또 전면(轉眄)[292]
하여 어데를 바라보는가.
다만 보물을 품고 세상을 피해 살아야 하고
반드시 사치를 혐오하고 가난 함에 만족을 해야 하네.
하늘의 위엄이 두려워 인(仁)에 안정을 하니
정묘하게 중(中)을 얻고 화락하고 물처럼 맑게 되네.
어질고 효도하고 우애하고 공경했으니
참으로 쇄락(洒落)[293]하고 지성스럽고 명철하였구나.
한 세대의 문명은
실로 천추의 고의(高義)로다.
여러 초나라 사람처럼 떠들어대지 않았고[294]
홀로 노나라 사나이 같은 절개를 각별히 지킨다네[295]

---

291) 판탕(板蕩): 나라의 정치가 어지럽고, 사회의 윤리 도덕이 타락하는 현상. 《시경 · 대아 · 판(詩經 · 大雅 · 板)》과 《탕(蕩)》 두 편(篇)이 모두 문란한 정사(政事)를 읊은 데서 유래했다.

292) 눈알을 굴러서 봄.

293) 마음이 상쾌함.

294) 원문은 상초지휴불체(象楚之咻不逮)인데 《맹자 · 등문공하(孟子 · 滕文公下)》에 이런 기재가 있다. 맹자가 송나라 대신 대불승(戴不勝)에게 말했다. "여기에 초(楚)나라 대부(大夫)가 있는데, 그 아들이 제(齊)나라 말을 하기를 원한다면, 제나라 사람에게 아들을 가르치게 하겠소? 초나라 사람에게 아들을 가르치게 하겠소?" 라고 묻자 대불승이 "제나라 사람에게 가르치게 할 것입니다." 라고 대답하자 맹자는 "한 명의 제나라 사람이 가르치는데, 여러 명의 초나라 사람이 떠들어댄다면, 비록 날마다 종아리를 치면서 제나라 말을 하라고 해도 될 수 없을 것이요. …… 그를 데려다가 제나라의 번화한 거리 장악(莊嶽) 사이에 여러 해 놓아두면, 비록 날마다 종아리를 치면서 초(楚)나라 말하기를 요구하더라도 또한 될 수 없을 것이오." 라고 말하였다.

295) 원문은 독로지절특수(獨魯之節特守)인데 《시 · 소아 · 항백(詩 · 小雅 · 巷伯)》 모

누가 이때의 세상에 뜻을 두지 않고
도에 미련을 두고 종신토록 근심하였는가.
아, 공이 세상을 통달한 것은
내 평생에서는 다행스러운 안위로 되었다네.
병석에 몸져눕자 다행히 만나 뵙고 말씀을 드렸는데
집으로 돌아와서 세밑이 되니
급작스럽게 부음을 접하게 되었구나.
황천이 사문을 보우하지 않았고
아, 명문가에서 비운(否運)을 당하고 말았구나.
향당에서 근심이 생기고 철인이 떠나갔으니
고층 건물이 바야흐로 무너지고
이로 하여 동량이 몽청 끊어지고 말았네.
구름은 막막하고 바람은 쌀쌀한데
쓸쓸하게 비 내리고 눈물이 핑 도네.
영구수레 돌아가는데
어찌 감히 스스로 만가를 적지 않을 수가 있단 말인가.
슬퍼 곡을 하며 짧은 글 한 편으로 공을 안위하는 바이네.

전(毛傳)에는 이런 기재가 있다. 노나라의 어떤 남자가 홀로 살고 있었는데 이웃에 살고 있는 과부가 밤중에 폭풍우로 집이 무너지자 그를 찾아와 하룻밤 재워줄 것을 청하였더니 문을 잠그고 열어주지 않았다. 과부가 "당신은 어찌하여 유하혜(柳下惠)처럼 하지 않소? 그는 성문이 닫힐 때 미처 들어오지 못한 여자를 몸으로 따뜻하게 녹여주었으나 국민들이 그를 음란하다고 하지 않았다오."라고 하자 그는 "유하혜는 그렇게 해도 되지만 나는 그렇게 할 수 없소. 나는 장차 내가 해서는 안 되는 행동으로써 유하혜라면 해도 되는 행동을 배우려고 하오."라고 대답하였다. 이에 공자는 "유하혜를 배우려고 하는 사람 중에 이보다 더 흡사한 사람은 아직 없었다. 최고의 선을 목표로 하면서도 그의 행동을 답습하지 않으니 지혜롭다고 말할 수 있겠다."고 칭찬했다고 한다.

高興柳元錫 明穀

維山嶽之英靈, 爰聚精而會神.
其發之也天命, 亦收之以時運.
嗚呼 !
公之禀山嶽之精, 際時運之否,
惟天地而不愧, 其物我而無私.
聲望鄕里所望, 德業百世可師.
淵源嫡傳, 門路得正.
何世道之板蕩, 抱才德而不容.
洪濤洶而四面無地, 猛獸又則轉眄何望 ?
惟懷寶而隱世, 須厭奢而固窮.
畏天威而安仁, 精妙得中和樂澈.
仁孝友弟, 灑落誠明,
一世文明, 千秋高義.
象楚之咻不逮, 獨魯之節特守.
孰不無意於斯世, 迺戀道而終身憂.
嗟公之達世兮, 余年生之幸慰.
病枕而承顔, 返及歲暮, 奄忽承訃.
皇不佑斯文, 嗟名門之否運.
鄕党瘁而哲人逝, 大夏方傾, 棟樑因摧.
雲漠漠而風颯颯, 雨凄凄而淚滂滂.
歸靈輀而敢不能自挽.慟公哭而慰續短辭.

53) 청주 김명철(경재)

덕을 좋아하여 평생을 명대로 마쳤으니
인간 세에 누린 오복 누가 함께 견줘보랴.
스승 문전 찾아가 존주양이(尊周攘夷) 배웠고

이단(異端) 배척 공로는 야사에서 전해지리.
무슨 일로 구천 가는가 따라 갈수 없으니
옥음은 이제부터 영원히 비어 있네.
창랑의 가을 달이 솔밭 무덤 비칠 때에
다사(多士)[296]의 여한은 해해연연 끝이 없으리.

> 淸州金明喆(敬齋)
> 好德平生又考終, 人間五福有誰同.
> 師門曾學尊周義, 野史應傳闢異功.
> 泉壤何由追莫及, 玉音從此永爲空.
> 滄浪秋月松阡草, 多士年年恨不窮.

54) 평산 신영철

공이 온지 칠십 년 도산에서 중히 여겨
수와 복이 아득하고 신체는 건강하네.
편찮다고 소문 난지 십여 일이 지났으니
채신지우(採薪之憂)[297] 심상하게 여겼었네.
느닷없이 하루아침 별세했다 전해 오니

296) 다사(多士): 여러 선비.
297) 채신지우(採薪之憂): 나무꾼이 병에 걸려 땔나무를 할 수 없게 되었다는 뜻으로, '나무꾼의 우환' 이라고도 하며, 자신의 병을 겸손하게 이를 때 쓰는 말이다. 《맹자 · 공손추하(孟子 · 公孫丑下)》에 나온다. 맹자가 왕을 뵈러 가려는데, 마침 왕이 자신은 감기가 들었기에, 맹자가 자신을 찾아와 주었으면 한다고 전해왔으므로 맹자 역시 병이 나서 찾아 뵙지 못하겠다고 거절하였다. 이튿날 맹자가 동곽씨(東郭氏)를 조문(弔問)하러 가고 난 후 왕이 사람을 시켜 맹자를 문병하였을 때 집에 있던 맹자의 아우 맹중자(孟仲子)가 문병 온 사람에게 말하기를, "어제는 조정에 들라는 왕명(王命)이 있었으나, 나무를 할 수 없는 우환이 생겨 그렇게 하지 못하였습니다. 이제는 병이 조금 나았으니 서둘러 조정으로 갔습니다만, 잘 가셨는지 모르겠습니다(昔者有王命 有采薪之憂 不能造朝 今病小愈 趨造於朝 我不識能至否乎)" 라고 하였다.

오호라! 골목에는 더는 사람 없게 되었구나.
착한 행실 좋은 말은 떠나가지 않고
천고의 본보기로 인(仁)을 이룩했구나.
영구수레 길을 떠나 청송리를 나서는데
우생(友生)들은 새벽부터 포복하며 따라서네.
애도하지만 애도 없이 오늘에는 사별이 되니
숙초(宿草)와 잔화(殘花)가 다 함께 이웃이 되리.

平山申永澈
公來七十道山重, 壽福遐期彊壯身.
初聞吟病經旬日, 意謂尋常未採薪.
遽爾一朝云下世, 嗚呼閭巷更無人.
至行嘉言俱不去, 貽謨千古可成仁.
靈車路出青松里, 匍匐友生自淩晨,
挽而未挽今焉訣, 宿草殘花共作隣.

55) 연성 이린녕(수촌)

우리 동네 부로(父老)[298]가 몇몇이 남았느냐
백옥 같이 티 없이 만으로 칠순이네
머리 돌려 창랑대의 창랑수를 바라보니
염계의 《애련설(愛蓮說)》[299]후에 그 참됨을 얻었구나.
인간 세에 일흔이면 장수가 아닐 수 없건만

298) 동네에서 나이가 많은 남자 어른.
299) 《애련설(愛蓮說)》 : 작가는 북송시기의 유학자 주돈이(周敦燎 1017~1073)이다. 그의 원명(原名)은 돈실(敦實)이고 자는 무숙(茂叔)이며 호는 염계(濂溪)이다. 《애련설(愛蓮說)》에서 작자는 “꽃 가운데 국화는 속세를 떠난 군자요, 모란은 부귀한 자이며, 연꽃은 군자(君子)라 생각한다.”고 적었다.

정정하신 그 몸에 하년(遐年)[300]을 누리시라 기대했었네.
작년 겨울 현자의 모임에서 잠시 뵙건만
오늘 와서 구원 갈 줄 누가 생각인들 했으랴

세상 모두 질장(疾葬)[301]이나 석 달 지나 치르니
세상 법도 장자(長者) 문전 어이할 수 없는가 봐.
저 멀리 청송 역로 향해 가니
모래밭에 해가 지며 황혼이 깃들구나.

延城 李璘甯(水村)
吾鄕父老幾存人, 白玉無瑕滿七旬.
回首滄浪臺下水, 愛蓮濂後得其真.

七十人間非不壽, 康寧意謂享遐年.
客冬暫拜賢咸席, 到此安知閟九原.

世皆疾葬獨參月, 法亦無何長者門.
遙向靑松荒驛路, 長沙落日欲黃昏.

56) 전의 이기로

노소를 막론하고 현자라면 모두가 알고 있네
도학 따른 덕성 가진 이가 바로 우리네 스승이네.
광풍(光風) 재월(霽月)은 생전의 즐거움이나
유수 청산은 수후(壽後)의 귀(鬼)로 되리.

300) 오래 삶. 하수(遐壽).
301) 질장(疾葬): 죽은 후 통상 3~5일 만에 지내는 장사.

일 맡으면 너그럽게 좌우를 가리고
성실 근검 지닌 마음 스스로 은거하네.
혼인으로 맺은 친분 서로서로 절절하여
작별하며 가배로 두 손을 마주 잡네.

全義 李琪魯
老小群賢所共知, 德從道學是吾師.
光風齋月生前樂, 流水青山壽後鬼.
執事應容分左右, 持心誠勤自棲遲.
姻親交誼相相切, 臨別倍加尚拱時.

57) 복주 오연기(정헌)

춘풍 같은 일생에 덕이 몸을 적시니
효자현손들은 뒤를 이어 훌륭하구나.
희년에 조용히 떠나가니 유감이 없으련만
어찌하랴 우리 동네에서는 사람을 보지 못하구나.
화산의 도를 연원으로 먼저 받아들이고
가업은 아득한 상락공의 풍속을 전해가구나.
말세의 외로운 충정은 무한한 한을 지녔으니
구원에서 오늘날 하늘을 우러러 하소연하리라.

福州 吳然麒(庭軒)
和風一生德潤身, 賢孫肖子繼彬彬.
稀年安逝雖無撼, 其奈吾鄉未見人.
淵源優受華山道, 家業遙傳上洛風.
衰世孤衷無限恨, 九原此日訴蒼穹.

58) 여강 이종덕(우산)

우리 공은 원래 천부(가) 강직하고 명석하여
당연한 일에서는 오직 성공만을 이룩했네.
도속(道俗)에서 언제나 신물(新物) 상태 혐오했고
진실을 길러서 고가(古家) 명성 이어 갔네.
장수가 그의 덕에 어울릴 줄 알고 있었는데
어이하여 오늘 아침 이 행차를 떠나는지?
사림에 달려가서 다 함께 시름없이 바라보니
쓸쓸한 바람 타고 해가 지니 눈물만 하염없이 흘러 내리네.

驪江 李鍾悳(愚山)
我公天賦素剛明, 事在當然惟致成.
道俗常嫌新物態, 養眞能繼古家聲.
固知遐壽稱其德, 豈念今朝作此行.
奔走士林同悵望, 淒風落日淚頻傾.

59) 진주 정건주

약이 어떻게 사람을 속이는가
거연(遽然)히 귀신조차 알지 못하네.
가슴에 서린 슬픔 한이 없고
옛정은 전보다 배로 더해지네.
적송자[302] 따라 멀리 떠나며
배회하며 푸르른 버들가지 따는구나.

---

302) 적송자(赤松子): 중국 전설시대 선인(仙人)의 이름으로 신농(神農) 때의 우사(雨師)로서 후에 곤륜산에 입산하여 선인이 되었다고 한다.

모양에는 사우(士友)들이 많아서
전설(奠設)에 반혼(返魂)[303]이 더뎌지네.

도산의 선인이 학을 타고 길을 떠나며
깨끗한 모습으로 백운 속에 사라지네.
수를 천 삼백 하기 기대하고 있었는데
향년은 일흔 여 성상이구나.
집안 저축 다소나마 부유하였고
손에는 약간의 서적을 모았었구나.
오호라 항재어르신이여
포의로 지내며 식무어(食無魚)[304]하셨구나.

晉州 鄭健柱
藥使人何欺, 遽然鬼不知.悲懷無限量, 故誼倍前時.
遠隨赤松子, 倘摘碧柳枝.牟陽多士友, 奠設返魂遲.

道山仙鶴駕, 去潔白雲如.期壽千三甲, 享年七十餘.
家儲多小富, 手集略幹書.嗚呼恒齋丈, 衣布食無魚.

303) 반혼(返魂): 반곡(反哭)이라고도 하며 혼백을 다시 집으로 모시고 온다는 뜻으로 반혼이라고 한다. 주상과 복인들이 신주와 혼백 또는 영정을 영거(盈車)에 모시고 집으로 돌아오는 일을 말한다.

304) 생선이 없었구나(食無魚): 손님에게 인사를 차리지 않거나 생활이 가난함을 표현하는 전고이다. 《전국책 · 제4(戰國策 · 齊四)》에 《제나라에 풍훤이라는 사람이 있었다(齊人有馮諼者)》라는 글에 이런 대목이 있다. 제나라의 풍훤이라는 사람은 가난에 쪼들리다가 맹상군의 문객으로 들어갔다. 측근들은 맹상군이 그를 천하게 여긴다고 인정하고 나물만 대접하였더니 풍훤은 "장협아, 돌아가자 식무어이다(長鋏歸來乎！食無魚.)"라고 말했다고 한다.

60) 금녕 김천현(금하)

공(公)처럼 글과 덕을 즐긴 사람 이 세상 드물어
하늘은 그의 성실함에 오복을 갖춰줬네.
백발에도 근심 없이 강건하고 장수했고
청전구물에 업 있고 부유하며 어질기도 하네.
면암선생 송사선생 스승으로 고이 모시고
고향에서 관대 차림 절개 지킨 사람이네.
몸은 천대(泉臺) 찾아 떠났어도 명성은 가지 않아
유풍 여운은 천만년 길이길이 새로우리라.

金甯 金千鉉(錦河)
好文好德如公少, 天報亶宜五福臻.
白髮無憂康且壽, 青氈有業富兼仁.
勉松門下摳衣士, 冠帶吾鄉尚節人.
身去泉臺名不去, 遺風餘韻萬年新.

61) 영광 정영호(우석)

도산은 푸르러도 한 해는 저물어
덕과 글로 후천을 이어나가네.
천하 경륜 마음속에 절로 얻었고
가문 생업 구두로 서로 전하네.
눈물은 유수처럼 불어만 가고
붉은 명정 상여 줄은 백운가로 날아가네.
만 리 황천길을 앞에 서서 길을 열고

신선들과 함께 살며 신령은 편하리라.

> 靈光 丁永皓(愚石)
> 道山翠碧暮當年, 惟德惟文繼後天.
> 處世經綸心自得, 居家事業口相傳.
> 灑淚增添流水上, 丹旌漂紼白雲邊.
> 黃泉萬里開前路, 仙侶同宮靈妥然.

62) 고흥 유동선(춘재)

선화(仙化) 소문 문득 듣자 눈물부터 앞서니
밤중의 두견 울음 차마 듣지 못할래라.
선비 학업 시가 편찬 마침내 열매 맺고
농사일에 거친 벌판 끝이 없이 넓어졌네.
신룡이 못에 드니 구름은 골짜기로 사라지고
서봉(瑞鳳)이 깃들이니 오던 비가 안개로 되네.
자손들(은) 난초 지초 춘색이 넘쳐나니
가풍은 대를 이어 천만년 전해가리.

> 高興柳東善 春齋
> 忽聞仙化淚涓涓, 不忍他宵聽杜鵑.
> 士業詩編終有實, 農功野陌廣無邊.
> 神龍入潭雲潛壑, 瑞鳳歸巢雨成烟.
> 蘭子芝孫春色滿, 家風不墜頌千年.

63) 장흥 고봉주(서헌)

인간 세의 백년 장수 기대하기 어려우니
남주 사는 고사(高士)는 갑자기 서글펴하네.
정훈(庭訓)은 손자 주어 후세의 길 개척하고
가문 명성 아들 있어 선조를 잇게 하네.
천산(千山)에 낙엽 지니 한 해를 재촉하고
만리에 구름 덮여 신선 멀리 따라 서네.
음성 용모 이제부터 누구에게 물어보랴
송죽이 의연히 옛 인연 남겨두네.

長興 高鳳柱(瑞軒)

人事難期享百年, 南州高士忽悽然.
庭訓貽孫將啟後, 家聲有子克承先.
木落千山今促歲, 雲敀萬里遠從仙.
音容從此憑誰問, 松竹猶存感舊緣.

64) 옥천 조성진

장수하여 제 명 살고 오복까지 겸하니
몇 리 뻗은 청송은 가성 길을 열어주네.
대 물린 조상 업에 생애는 유족하고
학업 깊은 스승 찾아 세덕(世德)[305]은 밝아지네.
사면 벽에 챙긴 도서 수택(手澤)[306]이 남아있고
칠십 성상 뜻과 행실 공명을 사절하네.

305) 대대로 쌓아내려오는 미덕.
306) 물건에 남아 있는 옛사라의 흔적.

창랑대 아래 도도히 흐르는 물은
주야(晝夜)로 구슬프게 울고 바람도 흐느끼네.

> 玉川趙聲振
> 壽後考終兼五福, 青松數里啟佳城.
> 家傳箕業生涯足, 學邃師門世德明.
> 四壁圖書餘手澤, 七旬志行謝功名.
> 滄浪臺下滔滔水, 日夜長鳴鳴咽風.

65) 고흥 유춘선(춘담)

수신제가(修身齊家)에 덕행이 온화하고
면암선생 모신 덕에 연원이 훌륭하네.
일흔이란 희령은 장수가 아니지 아니하니
해로가 울려 퍼질 때 황혼이 깃들구나.

사업인 독서와 농사에 부지런하고
조용히 몸을 닦고 절조 지키니 명성이 절로 나네.
창랑대 아래 정신 도는 저 달빛은
신선 어른 떠난 후에 남긴 정(情)이네

> 高興 柳春善(春潭)
> 修己齊家德行溫, 摳衣勉老好淵源.
> 七十稀齡非不壽, 薤露迷歌日黃昏.
>
> 事業惟勤讀與耕, 清修持節自生名.
> 滄浪臺下精神月, 知是仙翁去後情.

66. 강릉 류재연(월은)

도산은 예로부터 소문난 마을인데
하늘이 어진 공을 또 이 가문에 내려줬네.
성긴 비에 붉은 명정 사람 모습 아련한데
쓸쓸한 바람 안고 황혼녘에 뜨거운 눈물 흘리네.
섬돌의 꽃나무엔 아직도 봄이련만
상 위의 도서에는 공연히 먹물 흔적 얼룩졌네.
넓은 띠에 높은 관이 오늘에 사라지니
남주 땅의 문물에서 또 누굴 꼽을손가.

江陵 劉載淵(月隱)
道山自古有名村, 天出賢公又此門.
踈雨丹旌人杳邈, 凄風熱淚日黃昏.
盈階花木尚春色, 滿案圖書空墨痕.
博帶峨冠今不見, 南州文物更誰論.

67) 청송 심의황

제 명 대로 칠순이라 어질면 장수하네
선생의 덕업은 세간에서 드물고나.
바른 길 따라 일을 보며 실행을 중히 여기었고
스승 문전에 도가 있어 돈독한 믿음으로 돌아가네.
노년이 되었어도 강녕하시니 마음으로 축하하였는데
신선 동네 떠난 소식 꿈에서도 아니 믿네.
창랑대에 장구(杖屨)로 소요하던 곳에는

푸른 풀 피는 안개가 석양에 잠겨 있네.

> 青松 沈宜璜
> 七耋考終仁得壽, 先生德業世間稀.
> 事由正路施為重, 道在師門篤信歸.
> 老境康寧心上賀, 仙鄉消息夢中非.
> 滄浪杖屨逍遙處, 草綠烟霏鎖夕陽.

68) 민영두(영재)

세상에서 이 늙은이 근심 없다 하건만
나 홀로 늙을수록 고신(苦辛)하다 말하네.
만수당의 준공은 효성에서 나왔으며
창랑대에 맡긴 업 어이 빈한하다 말할손가.
음성 용모 끊어지니 들보 위의 저 달이 서럽고
덕의 교화 베풀어서 길손들이 흐느끼네.
남은 글월 오로지 걸려있는 편액뿐이니
그의 언행 희세의 보물인양 진귀하게 전해지네.

> 閔泳斗(英齋)
> 世言此叟無憂身, 我獨稱公老苦辛.
> 晩睡構堂惟出孝, 滄浪寄業怎云貧.
> 音容一斷悲樑月, 德化多施泣路人.
> 遺墨只存懸額字, 寔知言行世傳珍.

69) 고흥 유경우

항재 공 세상 뜨니 세상사람 서러워하네
덕업과 문명에서 다른 이 또 있는가.
동네에서 천 길 동량 부축하길 기대했건만
신선 인연 구경지(九莖芝)[307]를 얻기가 어려웠네.
몸을 닦은 효도 우애 천성(天性)에 뿌리 두고
재가(齋家)에 영화 있어 가지마다 음덕(蔭德)이네.
흐느끼는 황천은 어디에 있단 말인가
영구수레 따르는 노래와 눈물에 비구름이 따라서네.

> **高興 柳景雨**
> 恒齋公逝慟今時, 德業文明更有誰.
> 村望將扶千尺棟, 仙緣難得九莖芝.
> 修身孝友根天性, 齋家榮華滿蔭枝.
> 嗚咽泉坮何處在, 靈輀歌淚雨雲隨.

70) 청송 심의익(만촌)

금기(襟期)[308]는 그 옛적 어릴적부터 어울리어
담소하며 임기응변할 때면 폐근(肺根)까지 드러내네.
늙은이 눈물은 공연하여 딴 세상과 이별하니
옛정을 다시는 이생에서 논할 수 없구나.
아름다운 혜초와 난초는 군(君)처럼 사라지나

307) 구경지(九莖芝): 한서(漢書) 宣帝紀에 "함덕전(函德殿) 동지(銅池) 가운데 금지초 아홉 줄기가 자랐다."고 하였다.

308) 금기(襟期): 가슴에 깊이 품은 회포(懷抱).

쓸모 없는 형극(荊棘)은 나처럼 살아있네.
몸져누워 또 무덤 앞에 곡도 못 하니
가슴에 서린 여한 누구에게 하소연한단 말인가

> 青松 沈宜益(晩村)
> 襟期自昔童年合, 談笑逢場露肺根.
> 老淚空然天外別, 故情無復此生論.
> 蕙蘭美質如君沒, 荊棘疎材似我存.
> 病枕又違臨壙痛, 紆中餘恨向誰言

71) 진주 정휴삼(율정)

정직한 규범으로 하늘을 어기지 않았으니
효도 우애로 치가(治家)한 칠십 성상 아니런가.
고향땅의 긍식(矜式)[309] 으로 후학의 길 터주고
시와 예를 계승하여 선현들을 추모하네.
일찍부터 이 땅에서 길이길이 편안하길 바랐건만
오늘 아침 신선 될 줄 어떻게 알 수 있었으리오.
무엇보다 석양 비낀 도산 길에
상여 줄을 잡고서 해로가 부르며 눈물 줄줄 흘리누나.

> 晉州 鄭休三(栗亭)
> 率真規範不違天, 孝友治家七十年.
> 矜式鄉鄰開後學, 繼承詩禮慕先賢.
> 曾圖此地永安候, 那識今朝便化仙.
> 最是道山斜日路, 悲歌執紼淚泫泫.

309) 존경하여 모범으로 삼음.

72) 평산 신문철(기재)

하늘은 어이하여 사문을 조상하지 않는가
스승의 문전에서 홀로 학술에 출중했다네.
원견 있는 경륜은 백발이 서럽고
공리에 힘이 겨워 청운을 사절하네.
창랑수 모여들어 관란술(觀瀾術)[310] 따로 있고
만수당 준공하여 부지런히 뜻을 잇네.
공의 신령 덕에 종배(從配)되었다고 하니
오호라! 예월(禮月)[311] 중춘은 기운이 왕성하리.

> 平山 申文澈(氣齋)
> 天何不弔喪斯文, 學邃師門獨出群.
> 致遠經綸悲白髮, 力難功利謝青雲.
> 滄浪水積觀瀾術, 晩睡堂成志繼勤.
> 聞道公靈從配德, 嗚呼禮月仲春殷.

73) 금성 오태수

온화한 어르신 화창한 봄날이련가
선골(仙骨)[312]은 표연히 세속 진토 벗어났네.
뜻만은 늙을수록 더욱 곧고 굳세였고
공경과 근면은 잠시라도 몸에서 떠나지 않았구나.

---

310) 《맹자 · 진심상(孟子 · 盡心上)》에 "물을 관찰하는 데에도 술법이 있는데 반드시 굉장한 파도를 보아야 한다(觀水有術, 必觀其瀾.)" 라는 기재가 있다.
311) 예월(禮月): 초상 뒤에 장사를 지내는 달.
312) 신선의 골격(비범한 골상을 이룸).

창랑대의 은린(銀鱗)은 자유로이 노닐고
풍월 좋은 뜰에는 풀빛이 새롭구나.
침상 앞에 절을 하며 백세장수 기원했건만
흉음이 이웃에 들릴 줄 생각도 못했구나.

온 산을 덮은 풍설 송죽을 가두니
갑자기 선생의 먼 길 가는 날자가 전해오네.
아득한 남극성이 광채를 잃고
학을 탄 화표(華表)[313]는 진실로 변했구나.
천 줄 되는 남긴 필묵 심법을 전하고
백대의 가모(嘉謨)는 덕으로 감복하네.
또다시 얼굴 모습 만나보듯이
들보 위로 명월이 새롭게 돋는구나.

錦城 吳兌洙
丈人和氣一團春, 仙骨飄然出俗塵.
老且彌堅貞勁志, 斯須不墮敬勤身.
滄浪臺下銀鱗泳, 風月庭邊草色新.
每拜床前期百壽, 凶音匪料到鄉鄰.

滿山風雪鎖松筠, 忽報先生卽遠辰.
極宿天南方掩彩, 仙禽華表卻還真,
千行遺墨心傳法, 百世嘉謨德服人.
彷彿顔容如復覩, 屋樑遙庭月輪新.

313) 화표(華表): 묘 앞에 세우는 문.

74) 안동 권녕옥(송고)

퇴락한 세파에 우뚝 서니 그 기개 영웅답고
계승한 사업에 참된 공로 세웠구나.
밝은 세상에 비록 누린내 노린내가 코를 찔러도
만수당 앞에는 추로(鄒魯)[314] 기풍 성행하네.
경륜을 몸에 품고 용인양 못 속에 몸을 숨기고
오동에 깃들인 봉황인가 기상이 헌거(軒擧)[315]롭구나.
날이 차야 높은 절개 알아 볼 수 있으니
울창한 청송 아래 우리 공을 묻어주네.

요악스런 기운이 우주에 가득 차니
나에게 지은 글을 살랐다고 알려주었네.
선자의 무덤길 앞 비석에
남긴 글발 백 세대로 길이 전하리.

安東 權寧玉 松皐

屹立頹波志槩確, 繼來事業有真功.
大明天下腥羶臭, 晚睡堂前鄒魯風.
蘊抱經綸龍臥澤, 軒昂氣像鳳棲桐.
歲寒然後知高節, 郁彼青松葬我公.

氛祲宇寅塞, 謂我燒陳篇.
先子隧前石, 揮毫百世傳.

---

314) 추로(鄒魯): 추(鄒)는 맹자(孟子)의 출생지인 추나라. 노(魯)는 공자(孔子)의 출생지인 노나라를 가리키는 것으로, 곧 맹자와 공자를 가리키는 말. 또는 공자와 맹자가 주창한 유교(儒敎)를 말하기도 함.

315) 풍채가 좋고 의기(意氣)가 당당해 보이다.

75) 부평 김종천

전생에 옥계 살던 신선이 하강하여
인간으로 칠순 살며 오복을 누렸구나
구름은 산봉으로 돌아가고 용은 비를 부르는데
꽃이 적은 솔 동산에 새들이 봄노래를 부르네
속이 빈 관악 소리[316]는 고대를 그리워하기 때문이고
해로가를 꿈에 듣자 정말로 돌아가네
황천 가는 만리 길에 석양이 아득하니
남주 땅의 강학에는 누가 더욱 가까울까?

富平 金鍾天

前生玉界仙官下, 七十人間五福人.
雲歸道峀龍登雨, 花寂松園鳥訴春.
中空嘒管因懷古, 壹夢薤歌返入真.
泉臺萬里斜陽遠, 講學南州更誰親.

76) 강릉 유재한

세상 건지자고 갖고 있는 효도와 의리의 마음
후생은 다행으로 공을 깊이 감복했었네.
어찌 알았으랴, 황천길로 떠날 줄을

316) 혜관(嘒管): 당나라 이상은(李商隱)의 《이하소전(李賀小傳)》에는 이런 기재가 있다. "장길의 숨이 떨어지자 그가 일찍 거주하던 침실의 창문으로 물물 연기가 피어오르면서 수레소리와 혜관소리가 들려왔다(長吉氣絕, 嘗所居窗中, 勃勃有煙氣, 聞行車嘒管之聲)" 혜관(嘒管)은 관악소리를 형용한 것이다. 후에 "혜관행차(嘒管行車)"는 문인재사(文人才士)의 죽음에 대한 찬미사로 되었다.

수심 겨워 공산(空山)[317]의 한 많은 두견새 울음 듣네.

江陵劉載漢
淑世保存孝義心, 晩生猶幸服公深.
焉知便作黃泉路, 愁聽空山冤鳥音.

77) 밀양 박희순

고성의 넓은 땅에 도산 하나 솟았는데
표연히 학을 타고 아득히 구름 속을 날아가네.
공이 하늘로 돌아가면 맺었던 약속 많을 지니
아마도 적송자와 함께 돌아가잔 약속도 어기었을 걸.

密陽樸熺淳
地濶高城一道山, 飄然鶴駕遙雲間.
公故天上多前約, 應與赤松違共還.

78) 옥천 조공진

공이 처음으로 학문 실천 겸비하고
청전구물 사업으로 가정 풍기 떨쳤구나.
한평생 부모 효도 형제우애에 전무(專務)하면서
여사(餘事)인 문장에도 있는 공을 다 마쳤구나.
신선 수를 누리어 언제나 녹발(綠髮)[318]이길 바랐건만

---

317) 사람이 없는 산중.
318) 녹발 (綠髮): 푸른 머리털이라는 뜻으로, 검고 윤이 나는 아름다운 머리를 이르는 말.

덕성(德星)[319]이 하늘에서 떨어질 줄 뉘 알았으리오.
눈물을 거두소서 선풍(旋風)[320]이 기리니
향기롭고 아름다운 난초에 봄기운 무르녹으리.

> 玉川 趙工振
> 學行雙全始見公, 青氈事業振家風.
> 畢生孝悌為專務, 餘事文章亦竣功.
> 初謂仙齡長綠發, 詎知德宿墜蒼穹.
> 更收涕淚旋風賀, 襲美芳蘭春氣融.

79) 울산 김재석(월담)

한 폭의 항재 부고 전해오자
내 눈에서 눈물이 비 오듯 하네.
지난해 만남이 갑자기
영원한 이별이 될 줄을 누가 알았으리오.
효도와 우애는 사람마다 추모하고
겸손과 공경은 역사에 길이 전할 수 있네.
화행(化行)[321]은 종당에 감출 수 없어
골목마다 곡소리 스스로 이어지네.

---

319) 덕성(德星): 고대에서는 경성(景星, 상서로운 별)과 세성(歲星) 등을 덕성이라고 여기면서 경사스러운 일이나 태평성대, 혹은 덕행이 있는 사람이 태어날 때에 나타난다고 여기었다.

320) 선풍(旋風): 돌발적으로 일어나 세상을 뒤흔드는 사건을 비유적으로 이르는 말.

321) 화행(化行): 승려(僧侶)가 인가(人家)를 찾아다니면서 화주(化主) 노릇을 하러 다님.

蔚山 金載石(月潭)

一幅恒齋訃, 而我淚潸然.誰知前歲面, 遽作永離天.
孝友人追慕, 謙恭史可傳.化行終未掩, 巷哭自相連.

80) 경주 이재남

가석하게 남주에 별 하나 떨어지자
학을 타고 하늘 오르는 신선 보고 모두 놀라네.
아, 오늘날에 유독 반혼술법(返魂術法) 모자라서
공산(空山)의 해로가에 눈물만 절로 나네.

慶州 李在南

可惜南州墮一星, 驚看仙駕上天青.
嗟今獨少返魂術, 薤歌空山淚自零.

81) 행주 은성익(심초)

농사와 독서는 가문의 생업이요
일흔 해란 장수 행렬 올라가 보네.
마음으론 화로(華老멋스런 노인) 학설 전수하였고
행동거진 낙옹(洛翁) 현명 계승하였네,
만수당에 의연히 봄이 찾아드니
창랑수 저절로 졸졸 흘러가네.
어찌 알았으랴 심판석에 있던 분이
슬픈 마음으로 백운산 신선을 바라볼 줄 누가 알았으리오.

幸州 殷成益(心蕉)
畊讀成家業, 壽躋七十年.心傳華老學, 行繼洛翁賢.
晩睡春猶至, 滄浪水自涓.詎知審席候, 愴望白雲仙.

82) 안정 나인환(남계)

인수(仁壽) 일흔은 예로부터 드문 일
삼년 동안 문선왕 중니(宣尼)[322]를 입에 담지 않았네.
가문 명성 안동문벌을 계술하였고
심법은 스승 면암께서 전수받고 전해가네.
후학들 의문(疑文)을 풀 수 없을 때
우리 고장 고덕(高德)으로 누구를 찾아가야 하리오.
창랑대에 떠오른 창랑의 명월
생각하니 공의 혼은 명월에 방불하네.

安定羅仁煥(南溪)
仁壽七旬從古稀, 三年未及我宣尼.
家聲繼述安東閥, 心法受傳勉老師.
後學疑文無稽處, 吾鄕長德更云誰.
滄浪坮上滄浪月, 想得公神髣髴其.

83) 창녕 조석영

도를 즐긴 우리 공은 솔성이 진실하여

322) 선니(宣尼): 문선왕 중니(文宣王仲尼), 곧 공자(孔子)를 가리킴.

고령이 일흔이라 인자(仁者)로 장수하네.
창랑대 아래 창랑수가 흘러가건만
어디에서 갓끈 씻느냐 사람은 보이지 않네.

> 昌寧 曺錫永
> 樂道我公率性真, 年高七十壽其仁.
> 滄浪坮下滄浪水, 何處濯纓不見人.

84) 고흥 유광석(월계)

도봉산 실색하고 금강이 흐느끼니
마치도 신석(晨夕)간에 경해소리 들려오는 듯.
이제부터 계남마을 계북동네에
어느 누가 공부하며 농사하라 권면 하리오.

> 高興 柳光錫(月溪)
> 道峰失色錦流鳴, 晨夕如聞警咳聲.
> 從此溪南溪北里, 有誰勸讀又勸耕.

85) 장흥 고광엽

강녕한 일흔 성상 예로부터 희귀한데
일생을 숲에 살며 세상과 등을 지네.
평생을 자질(子姪)인양 각별히 돌봐주시더니
철인이 떠나실 줄 그 누가 알았으랴.
꽃나무 몸소 심어 봄을 맞이하였고

창랑대에 달 비끼면 심기를 보이였네.
사문에 이제부터 한 갈래 양맥이 끊어지니
석양에 붉은 명정 푸른 솔에 다가서네.

長興 高光燁
康寧七十古來稀, 終老林泉世與違.
荷受平生子姪視, 誰知今日哲人歸.
花木欲春曾手植, 滄浪照月見心機.
斯文從此線陽絕, 丹旌青松近夕暉.

86) 초계 정윤구

존안 배알한 지 어느 덧 십년인데
느닷없이 부음 오니 꿈인가 생시인가.
어진 형님 다섯에 겸하여 어진 동생들이니
일생 동안 윤옥하고 게다가 윤신도 하네.
면암선생 문하이라 학술 연원 바르고
학당 다닌 선비 가문 세덕(世德)이 새롭구나.
살날 없는 백발머리 워낙 눈물이 앞서는데
해마다 향초 자라나도 사람은 돌아올 줄 모르구나.

87) 草溪 鄭允九

拜謁尊顏今十載, 訃音忽到夢耶真.
難兄五棣兼難弟, 潤屋一生又潤身.
勉翁門下淵源正, 庠士家中世德新.
白髮殘齡多感淚, 年年芳草未歸人.

88) 김녕 김용진(송운)

평소(에) 예의 즐기며 어질게 사니
향년 칠십 진실 때문이 아니런가.
면암선생 가르침에 고족제자 되었고
영모당 전승하며 어버이께 효도하네.
문전의 석자 백설 쓸어버리고
좌중에 자리 잡고 일단(一團) 춘기 맞아들이네.
솔밭 길 비풍 일고 구질구질 비가 내려
공연히 남은 선비의 눈물자아내누나.

金甯 金龍鎭(松雲)
好禮平常又處仁, 享年七十莫非真.
勉翁授受應高弟, 永慕傳承是孝親.
門下雖違三尺雪, 座中每接一團春.
悲風凄雨青松路, 空使遺生淚滿巾.

89) 광산 김재운

만가와 곡소리 푸른 산 뒤흔들어
산마저 처량하게 얼굴빛 고치누나
들보는 비였으나 밤마다 달빛 비치고
방초는 자랐으나 해마다 사람은 불귀하네
세상을 살아가나 혼탁한 진세 풍속 역겨워
깨끗이 몸을 씻고 한적한 선계 제향(帝鄕) 찾아가네.
공도(公道)로 가자한들 종당에는 가기 어려우니

연단(淵短)[323]이나 팽수(彭脩)[324]는 어쨌든 마찬가지네.

> 光山 金在雲
> 輓歌誄哭動青山, 山亦悽然失舊顏.
> 空樑夜夜月猶在, 芳草年年人未還.
> 處世厭看塵俗溷, 潔身化作帝鄉閒.
> 寄故公道終難免, 淵短彭脩摠一般.

90) 김해 김승옥(일우)

효도 우애 수신하고 부지런히 가문 다스리며
덕은 고향땅에 남기고 복은 아득히 멀리로 뻗게 하구나,
포부도 생업도 펴지 못한 채 오늘에 신선되어 날아가니
눈물은 억수로 쏟아지고 서산에는 저무는 해 기울고 있네.

> 金海金升玉(一愚)
> 孝友修身勤治家, 德遺鄉里福遺遐.
> 未伸志業今仙化, 涕淚漣漣落日斜.

91) 전주 이존식

장수는 반드시 어질고 솔성이 진실하여야 얻는 법이니
오늘날 유독 공의 명망이 남들에 뛰어났네.
훈백(勳伯) 유업 계승하여 집안 명성 크게 떨치고

323) 연단(淵短): 미상.
324) 팽수(彭脩): 자는 자양(子陽)이고, 회계비릉(會稽毗陵) 사람으로 현령으로 있을 때 태수와 함께 도적을 치다가 현령을 보호하기 위하여 화살을 맞고 전사하였다.

면암선생 스승으로 모시어 덕업이 새로웠네.
싱싱한 지초 난초 두터운 음덕(蔭德)을 알고
상재(桑梓) 자란 고향은 어느 때나 봄철을 느끼게 하네.
거문고 타면 아양(峨洋)[325]을 맞출 자가 누구인가
내 감히 애도사를 드리며 눈물로 수건을 흠뻑 적시네.

全州 李存植
壽必其仁率性真, 惟公今望卓乎人.
緖承勳伯家聲大, 師事勉翁德業新.
茁茁芝蘭知厚蔭, 蒼蒼桑梓感長春.
抱琴誰與峨洋奏, 敢告哀辭淚滿巾.

92) 무송 유수현(학전)

오늘 밤 장수별이 갑자기 빛을 잃자
지난날 돌이키는 제생(諸生)의 감상(感傷)은 배로 되구나.
천만세 향기 뿜으며 명성은 길이길이 전하리니
영전(靈前)에 남긴 수택 새롭구나.

茂松 庾守鉉(鶴田)
壽星今夜忽沈光, 憶昔諸生倍感傷.
萬世遺芳名不朽, 靈前手澤尚新長.

325) 아양(峨洋): 백아와 종자기의 고사에서 나온 것으로 지기지우(知己之友)를 뜻 한다. 옛날 중국의 춘추 시대에 백아라는 사람이 거문고를 타면 친구인 종자기는 듣고 있다가 연주가 끝날 때마다 "깊은 계곡에서 폭포수가 떨어지는 모습이 보이는 군." "음악이 어두운 걸 보니, 자네 마음에 걱정이 있군그래." 라고 말하였다. 그후 종자기가 갑작스레 죽자 백아는 눈물을 흘리며 거문고를 부수고는 죽을 때까지 거문고를 연주하지 않았다고 한다.

93) 광산 김영숙

문곡성[326]이 엊저녁에 한성(寒城)에 떨어지니
세상은 부고 천지 놀라지 않은 이 없구나.
도곡에 부는 춘풍에 학의 그림자 드리우고
운향 신로(雲鄕仙路)에 난생(鸞笙)[327]소리 울려 퍼지네.
깨끗한 마음씨는 홀로 선현 학설 품었고
원래 지닌 덕성에는 번성한 가문 명성 남아 있네.
이제야 믿게 되네 전생에 어질면 복이 오고
창천에서 내린 음덕 한 치 차이도 없음을.

光山 金永淑
文星昨夜落寒城, 訃滿人間誰不驚.
道谷春風垂鶴影, 雲鄕仙路振鸞笙.
淸心獨抱先賢學, 原德猶存大姓名.
始信前生仁果福, 蒼冥蔭賴未差橫.

94) 평산 신기준

낙락하고 고상한 인품이 홀로 맑더니
문득 학 타고 떠나가자 온 향리가 놀랐네.
창랑대 아래 끊임없이 흐르는 시냇물은
한밤에도 다함없이 흐느껴 우는구나.

---

326) 문곡성(文曲星): 문곡성(文曲星)을 말하며, 술수가(術數家)들이 점성술(占星術)로 개인의 운수 등을 점치는 데 이용되는 9개 별 중 네 번째 것. 위치는 녹존성(祿存星)의 다음이고 염정성(廉貞星)의 위에 있음. 주로 글과 관련된 문운(文運)을 관장하며, 일명 문성(文星), 문창성(文昌星)이라고도 함.

327) 난생(鸞笙): 생황을 높이 이름.

平山 申基準

落落高標獨自清, 忽然鶴駕滿鄕驚.
滄浪臺下源源水, 不盡中宵嗚咽聲.

95) 이천 서석환

향리 이웃 남녀노소 거사라고 칭하나니
구오(九五)[328] 복이 구전하여 칠십 춘추 지새웠네.
창랑 노래 다 부르니 사람은 간데없고
창랑대에 달 비끼고 냇물은 절로 흐르네.

利川 徐錫煥

鄕鄰老少稱居士, 九五福全七十秋.
曲終滄浪人不見, 月自滿坮水自流.

96) 나주 정우조

면암선생 문하에 이 늙은이 계시어
의기에 찬 글월은 동방을 뒤흔드네.
우리 유생 이제부터 어디로 가야 할까
청송을 돌아보며 한탄이 끝이 없네.

羅州 鄭遇祚

勉翁門下有斯翁, 義氣文章遠振東.
吾儒自此從何處, 回望青松恨不窮.

328) 구오(九五): 임금(天子)의 자리. 구오위(九五位). 구오지존(九五之尊). 역괘(易卦)의 6효(六爻) 중 아래에서 5번째의 양효(陽爻)가 임금의 벼슬자리에 해당되는 상(象)이어서 하는 말임.

97) 광산 김영구

일흔 인생 예로부터 드물다고 하지만
공만은 순탄한 평생 살고 돌아간다네.
가성(佳城) 가는 오늘에 비 오듯이 쏟는 눈물
죽지 않은 후생들 혼백이 날아갈듯 하구나.

> 光山 金永久
> 七十人間自古稀, 惟公一世順而歸.
> 佳城此日哭如雨, 不死後生魂欲飛.

98) 강릉 유재홍

인간 세상 오복 중에 장수가 으뜸인데
일흔 해 양영(養榮)[329] 속에 효성 특히 깊네.
운향(雲鄕) 어느 곳이 공이 사는 고장일까
붉은 명정 펄럭이고 해가 지며 날 저무네.

> 江陵 劉載洪
> 人間五福壽居上, 七十養榮一孝深.
> 何處雲鄕公有所, 丹旌飄掛日沈陰.

99) 경주 김규선

항재선생 한가로이 구름 위를 오르나니
거친 진세 인생 만사 아득한 꿈이 되네.

329) 양영(養榮): 영기(榮氣)를 길러주는 치료 방법임.

만수당에 기른 꽃은 빈소하며 서 있고
창랑대의 놀던 달은 슬픔 안고 돌아서네.
높은 인격 베푼 덕택 고향에 넘쳐나고
도학 위한 글월들은 세상에 버려두네.
깨지 못한 이 내 인생 물을 곳이 따로 없어
풍하거(風荷擧)[330] 한 곡조에 얼굴은 눈물에 얼룩지네.

> **慶州 金珪善**
> 恒翁陟彼白雲閑, 萬事荒塵杳夢間.
> 睡閣養花嚬笑立, 浪抬愛月帶愁還.
> 志高德澤流鄕井, 道學文波遺世關.
> 蒙昧吾生無問處, 荷擧一曲淚添顔.

100) 김해 김문수

선생의 걱정거린 가난이 아니라 도에 있어서
서가에 가득 찬 시서마다 수택(手澤)이 새롭구나.
부귀공명 구름 밖의 몽경과 진배없으니
생업을 절차하며 본심의 인(仁)을 찾네.
형제의 동산에는 화락이 넘치고
난초 핀 정원에는 효재(孝悌)가 참되구나.
면명이제(面命耳提)[331]는 어디 가서 찾으랴

330) 풍하거(風荷擧): 송나라 주방언(周邦彦)의 가사 《소막차 · 료침향(蘇幕遮 · 燎沉香)》은 고향을 그리는 노래이다. 가사는 이러하다. 《燎沉香, 消溽暑.鳥雀呼晴, 侵曉窺簷語.葉上初陽幹宿雨′ 水面清圓, 一一風荷擧.故鄉遙, 何日去.家住吳門, 久作長安旅."

331) 面命耳提(面命耳提): 귀를 끌어 당겨 얼굴을 맞대고 타이른다는 말인데 간곡하게 타이르는 것을 형용한 성어이다. 이제면명(耳提面命)이라고도 함.

해로가 한 곡조에 눈물이 수건 적시네.

金海金文洙
先生憂道不憂貧, 滿架詩書手澤新.
富貴功名雲外夢, 切磋事業志中仁.
稱其棣院湛和樂, 貽闕蘭庭孝悌真.
面命耳提何處問, 薤歌一曲淚添巾.

101) 청풍 김동용

해로가 한 곡조로 옛 친구 바래니
제주 한 잔 단사(短詞) 한 수 눈물 젖은 수건이네.
청산 아래 삼천리에 자취 남기고
흐르는 시냇가서 칠십 년이 흘러갔네.
시든 풀 슬픈 바람 신선 꿈을 꾸게 하나
빈 들보 비낀 달빛 손님 가슴 아파나네.
영구차 수레바퀴 되돌릴 수 없나니
잔뜩 찌푸린 모산(牟山) 기슭 처연히 바라보네.

清風 金東容
薤歌一曲送故人, 短詞白酒淚滿巾.
三千里路青山下, 七十年光流水濱.
哀草悲風仙穩夢, 空樑落月客傷神.
認得輀輪難再復, 悽然佇望牟崓嶺.

102) 진주 정헌국(학천)

수고로 이룩하고 안일하게 전해가니
넓은 도량 덕의 토대 워낙 크디크네.
우리 동네 어르신네 가는 이 많은데
어르신의 상여 만나 눈물에 수건 젖네.

> 晉州 鄭憲國(學川)
> 勞而成之逸而傳, 弘量德基素由大.
> 吾巷丈者多零落, 復遇尊輀淚滿巾.

103) 강릉 유필종

항재선생 편찮다는 거리의 뜬소문에
고령에도 건강하니 기한 없다 믿었는데.
규성(奎星)[332]이 떨어지고 어진 사람 문득 가자
해는 지고 바람 슬퍼 만 줄기 눈물 솟네.

> 江陵劉弼鍾
> 巷語相傳臥病時, 老來健康定無期.
> 奎星忽隕仁人去, 落日淒風淚萬絲.

104) 무송 유학현

은하수 가는 만 리 길 구름 몰고 나섰으니

332) 규성(奎星): 이십팔수(二十八宿)의 열다섯 번째의 별. 문운(文運)을 맡아 보고, 이 별이 밝으면 천하가 태평하다고 함.

삼한갑족(三韓甲族) 안동 김씨 남달리 뛰어났네.
천성이 순명하여 깨끗하고 과묵하니
항재선생 여덕(餘德) 따라 '의문(宜文)'이라 시호 다네.

茂松庾學鉉
銀河萬里已乘雲, 甲族安東獨出群.
性本純明清且默, 恒齋餘德諡宜文

105) 광산 김재술

오호라! 하늘이 우리 백성을 낳은 지도 아득한 세월이 흘렀다. 세상의 도는 날이 갈수록 핍박에 좀 벌레가 갉아먹고, 인간들의 지혜는 날이 갈수록 큰물에 빠져 흐리터분해지고 있다. 나라에는 나라의 운수를 점치는 시구(蓍龜)가 있기 마련이고 향리에는 향리의 운수를 점치는 시구(蓍龜)가 있기 마련이다. 시구가 아니고서는 인심의 향배(向背)를 정할 수 없고 얼음을 녹이듯이 의문을 풀 수가 없는 법이다. 가만히 행각하여 보니 우리 항재선생이 바로 우리 동네의 시구가 아니겠는가? 선생은 충성스럽고 성실하여 무릇 일을 꾸민다면 사람들의 상상 밖이었고 급박한 상황에 처한 사람들을 구해줄 때에는 멀고 가까운 사이에 따라 간격을 두는 법이라고는 전혀 없었다. 이 재술(在述) 역시 한 동네에 사는 후생의 한 사람으로 의심스럽고 판단하기 어려운 난제에 부딪치기만 하면 즉시로 달려가 질의를 하였는데 당장에서 얼음이 풀리듯이 풀려 면모가 일신되곤 하였다. 오호라! 오늘에는 만사가 그만이니 장차 누구를 믿고 의지해야 하는가? 몸을 어루만지며 스스로를 애도하며 몇 마디 언사를 남긴다.

수가 고령 일흔이면
세상 드문 고희인데
공이 이를 얻었구나
사람마다 장수하다 칭찬하건만
나만은 그와 달리 슬픔이 앞서누나.
과오가 있으면 누가 바로 잡고
의혹이 있으면 누가 풀어주랴.
오늘의 울음은 공을 위한 곡이 아니라
나를 위한 곡이라네.

光山 金在述

嗚呼!天之生我民久矣, 世道日以迫蝕, 人智日以昏墊.國家有國家之蓍龜焉, 鄕里有鄕里之蓍龜焉.非蓍龜則無以定向背釋疑焉.竊惟我恒齋先生, 吾同里之蓍龜也歟.先生忠慤, 凡事規劃, 出人意表, 周急救難, 無以親疎而有間焉.在述亦同里中一後生也.事有疑難, 輒往質而煥然氷釋.嗚呼今焉已矣.將誰依庇?撫躬自悼, 繼之以詞:

壽躋七旬, 從古稀兮, 公今得之.
人稱公之壽, 而我獨悲兮.
有過誰規, 有疑誰釋?非為公哭哭吾私.

106) 남평 문경현

칠순에도 강복하니 세상 드문 장수이고
효도 우애 성실하니 일월같이 빛을 내네.
한스럽구나 영재는 백발이 되었어도
시서예의 익히면서 청의(青衣)[333]만 떨치누나.

333) 청의(青衣): 옛적에 천(賤)한 사람이 푸른 옷을 입었던 데서, 천(賤)한 사람을 일컬음.

온화한 기색은 따스한 춘풍에 방불하고
한가로운 덕성은 꽃비 되어 흩뿌리네.
해로가 한 곡조에 소식이 절단되자
창랑대의 창랑수는 공연히 흘러가네

南平 文敬鉉
七旬康福古來稀, 孝友純誠日月輝.
只恨英才終白髮, 惟勤詩禮振青衣.
團團和氣春風暖, 棣棣德儀花雨微.
一曲薤歌消息斷, 滄浪臺下水空歸.

107) 진주 김병권

무성한 인간세상 절대로 고르지 않아
현우(賢愚)[334] 있고 궁달(窮達)[335] 있어 고저 불평이네.
아, 공과 같은 복과 기세 또 누가 지니고 있나
겸하여 편안한 덕성에 희수까지 누리었네.

무성한 소나무 숲에서 달은 장차 지려는데
가성에 한번 들면 영원히 머문다네.
휘날리는 붉은 명정 돌아설 줄 모르나니
조마(祖馬)[336]를 멈추려고 두 줄기 눈물이 옷섶 적시네.

334) 현우(賢愚): 현명함과 어리석음.
335) 궁달(窮達): 곤궁(困窮)함과 영달(榮達)함.
336) 조마(祖馬): 출빈할 때 상거(喪車)에 메운 말을 가리킨다.

晉州 金柄權

人世林林萬不齊, 賢愚窮達便高低.
嗟公光福復誰在? 兼德安閑稀壽躋.

靑松鬱鬱月將沉, 一入佳城萬古淹.
飄飄丹旌終不返, 爲停祖馬淚雙霑.

108) 진주 하성근

선생의 덕행 하늘에 뿌리를 두었으니
손이 울며 상여노래 불러도 뜻을 다 풀진 못했구나.
한, 맹(韓孟)[337]의 꽃 숲에는 꽃이 피어 한창이고
안, 증(顔曾)[338]은 일월 같아 끝이 없는 사랑 받네.
수신제가(修身齊家) 사업은 승묵(繩墨)을 전하고
문학이란 공정에선 고대 성현 본을 따네.
칠질(七耋)에도 강녕하여 장수를 바랐건만
어이하여 가는 걸음 새 무덤 향하는가.

晉州 河成根

先生德行根於天, 客淚輀歌意未全.
韓孟花林憐未落, 顔曾日月愛無邊.
修齊事業傳繩墨, 文學工程倣古賢.
七耋康寧云益壽, 奈何此路向新阡.

---

337) 한맹(韓孟): 당나라 문학가인 한유(韓愈)와 맹교(孟郊) 두 사람의 시가풍격이 근사하므로 후세인들은 그들을 한, 맹이라고 병칭하였다.
338) 안, 증(顔曾): 안회(顔回)와 증삼(曾參)의 병칭임.

109) 고성 신찬복

하루아침 인간 세상 버리고 떠나시니
어디 가서 옛날 모습 다시 뵐 수 있을까.
오직 손수 심은 솔과 대죽 남아 있는데
창랑대 아래에서 냇물이 졸졸 흐르고 있네.

固城 申燦福
一朝奄棄此生寰, 何處更承昔日顔.
惟有松篁餘手植, 滄浪坮下水潺湲.

110) 평산 신도철

낮이 있는 세상에는 정녕 밤이 깃드는 법
공은 향년 일흔에 저승길을 떠나시네.
들보 위에 지는 달은 공연이 월색 비치고
온 누리에 서린 수운(愁雲) 좀처럼 개지 않네 .
사우들이 곡을 하며 상여 줄을 끌고 가니
새로 지은 가택에는 티끌 한 점 보이잖네.
가문에 남은 두 효자 예법을 알고 있어
서화를 마주해 애달프게 울고 있네.

平山 申道澈
有晝人間有夜來, 公年七十下泉坮.
映樑落月空留色, 滿地愁雲肯不開.
士友送歌爭執紼, 江山新宅淨無埃.
家中雙孝能如禮, 面墨淙淙哭泣哀.

111) 진주 정종묵

대로(大老)께서 갑작스레 세상을 떠나시니
유유히 막무가내한 사색만 감돌고 있네.
신선이 이 세상에 참말로 있단 말인가?
인물을 따져보면 또 다른 이가 있단 말인가.
삭막한 청산에 눈물을 흩뿌리고
뉘엿뉘엿 지는 해에 혼을 부르네.
청전구물을 어떻게 쇠퇴하게 할 수 있단 말인가
효자현손 길이길이 이어 간다네.

晉州 鄭琮默
大老倏然去, 悠悠奈何思.神仙真有否？人物更云誰.
灑淚青山漠, 招魂落日遲.青氈那得替, 賢子克承之.

112) 진주 강례흠

공은 세상에 보기 드문 고희를 누리시고
기주오복(箕疇五福)[339] 남김없이 몽땅 얻었네.
부지런히 농사하여 집안이 부유하고
폐백 지고 스승 모셔 학업 연원 배웠다네.
느닷없이 하루아침 말세를 염오하더니
거연(居然)히 세상만사 하늘에 맡기고 마네.
편안한 지하에서 영혼은 응당 유감이 없을지니

339) 기주오복(箕疇五福)은 箕子가 周武王에게 敎示한 洪範九疇를 말한다. 《서경 · 홍범구주》 에서는 행복의 표준을 다섯 가지로 설명하고 있다. 이를 오복(五福)이라 하는 바, 一曰 壽요 二曰 富요 三曰 康寧이요 四曰 攸好德이요 五曰 考終命이다.

효자현손 유업을 길이 전하리.

> 晉州 姜禮欽
> 公享人間稀古壽, 箕疇洪福得其全.
> 致勤稼穡富潤屋, 執贄師門學溯淵,
> 奄忽一朝厭季世, 居然萬事付先天.
> 安靈地下應無憾, 賢子肖孫遺業傳.

113) 남평 문형채

하도낙서(河圖洛書)[340] 배우려 용문으로 떠났었고
잘 가려 뽑은 글월들은 사람마다 운운하는 바이네.
오늘날 울부짖으며 먼 길을 떠나니
구원의 봄날에는 또다시 황혼이 찾아들리라.

> 南平 文炯彩
> 業修河洛去龍門, 敦琢其章衆所云.
> 鬱號今焉長道往, 九原春日又黃昏.

---

340) 하도낙서(河圖洛書): 하도낙서(河圖雒書)"라고도 하는데 고대 유가들이 《주역(周易)》의 괘의 형태(卦形)의 내원과 《상서 · 홍범(尙書 · 洪範)》 "구주(九疇)" 의 창작과정에 관한 전설이다. 《주역 · 계사상(周易 · 繫辭上)》에 "河出圖, 洛出書, 聖人則之." 라는 기재가 있는데 뜻은 황하에서 그림이 나타나고 낙수에서 책이 나타났는데 성인들이 그것을 법으로 삼았다는 뜻이다. 전설에 의하면 복희(伏羲) 때에 용마(龍馬)가 황하에 나타났는데 말등에 생긴 가마에 마치도 별과 같은 점들이 나있었기에 용도(龍圖)라고 칭하고 복희가 그것에 의거하여 팔괘를 말들었다고 하고 하우가 물을 다스릴 때에 기이한 거북이 낙수에 나타났는데 거북의 등에 문자와 흡사한 무늬가 있었는데 우가 그것을 본받아 《상서 · 홍범(尙書 · 洪範)》 "구주(九疇)"를 지었다고 한다.

114) 광산 김기문

면암선생 가시자 뒤를 이어서
항재처사 글월을 가르치시네.
항재처사 오늘 떠나가시니
뉘 문전 찾아서 글을 읽으랴.

> 光山 金箕文
> 勉菴先生後, 恒齋處士存.
> 恒齋處士去, 讀書向誰門.

115) 남평 문유영

창랑대 위에서 우리 공이 노닐었는데
오늘날 창랑대에 그 누가 노닌단 말인가.
듣자니 어진 효자 유업을 받든다 하니
찾은 연원 응당히 참된 흐름이리라.

> 南平文有榮
> 滄浪臺上我公遊, 今日滄浪復有誰.
> 聞說賢胤能繼述, 溯源應是覔真流.

116) 도산 개량조합

존순몰녕(存順沒寧)[341]한 사람이 이 세상에 몇몇인가

341) 북송 시기의 철학가 장재(張載)는 《서명(西銘)》에서 이렇게 말한 적이 있다. "살면 나는 사물에 순응하고 죽으면 안녕히 떠나겠다.(生, 吾順事, 沒, 吾寧也.)"

항재거사는 남주에서 모두가 칭송하네.
첨원(僉員)들은 애달픈 정을 토로하고
해로가는 석양의 솔숲에 울려 퍼지네.

> 道山改良組合
> 生順沒寧世無幾, 恒齋居士稱南州. 僉員敍哀, 薤歌晩青.

117) 경주 이재식(여서)

세상에서 받들리는 우리 공은 홀로 초범(超凡)하여
백수의 하령(遐齡)으로 덕업이 새롭구나.
효도 우애 대물리니 계모는 이어지고
서가에 책이 차니 도가 어이 가난하랴.
의용은 완연히 들보 위 달에 들고
여경은 하도 많아 보수(寶樹)[342]에 봄이 오네.
해로가 한 곡조에 산 그림자 어둠 깃들어
눈물에 젖은 수건 서로서로 마주 보네.

> 慶州 李在植(女婿)
> 公稱於世獨超倫, 白首遐齡德業新.
> 孝友傳家謨克紹, 詩書滿架道何貧.
> 儀容宛入空樑月, 餘慶猶多寶樹春.
> 歌薤一聲山影暮, 相看涕淚盡沾巾.

342) 보수(寶樹): 극락정토(極樂淨土) 일곱 줄로 벌여 있다고 하는 보물(寶物) 나무. 곧 금, 은, 유리(琉璃), 산호, 마노(瑪瑙), 파리, 거거의 나무.

118) 안동 권녕봉(질서)

한평생 덕을 키워 세운 뜻이 드팀없어
도산의 양지에서 포의로 고이 늙네.
칠순에도 강건하니 장수가 아닐 수 없고
석 달 동안 안양(安養)하니 이 역시 불상(不常)이네.
화석 동산에 깃든 봄은 적막하기 그지없고
창랑대의 유수는 슬픔에 흐느끼네.
모래 위에 해가 지고 솔밭으로 길이 나니
상여줄을 잡은 제생(諸生) 억수로 눈물 흘리네.

安東權寧奉(姪壻)
養德生平立志剛, 布衣甘老道山陽.
七旬康健堪稱壽, 三月安養亦不常.
花石園中春寂寞, 滄浪坮下水凄涼.
長沙落日青松路, 執紼諸生淚自滂.

119) 재종제 정묵

천년을 누린 옹은 향년 일흔인데
세월이 태평일 때 자라났다네.
면암선생 문전에서 돈독하게 실천하고
송사선생 문전에서 참된 연원 찾았구나.
옛 의관 손질하여 차려 입고서
문묵(文墨)을 올 사람들께 일러 준다네.
병환으로 면결(面訣)을 어기게 되어

무덤에 다가서서 한탄하며 상신(傷神)한다네.

再從弟正默

天年翁七十, 生長泰平辰.勉門踐履篤, 松老淵源真.
衣冠整舊日, 文墨示來人.病筵違面訣, 臨壙悵傷神.

120) 재종제 경묵

오호라! 공이 옥경[343] 신선이 되다니
부고 듣고 깜짝 놀라 골목에서 곡성이 이어가네.
풍천[344]의 한탄소리 삼천리에 울려가고
시와 예를 참답게 칠십 년을 익혀왔네.
한 가문이 다른 곳에 의지 가지 없을지니
망극한 하늘에 두 아들이 슬프게 울부짖고 있구나.
이제부터 의태를 어디 가서 얻는단 말인가
해지는 푸른 솔에 적막강산 찾아드네.

再從弟敬默

嗚呼公作玉京仙, 聞訃忽驚巷哭連.
風泉空嘆三千里, 詩禮真工七十年.
一門依庇更無地.二子哀呼罔極天.
從此儀形何處得, 青松落日寂寥邊.

---

343) 옥경(玉京): 하늘 위의 옥황상제(玉皇上帝)가 산다고 하는 가상적인 서울을 의미한다. 또 선계[仙界]의 도성.

344) 풍천(風泉): 나라가 쇠망함을 이르는 말. 시경(詩經) 회풍(檜風)의 비풍장(匪風章)과 조풍(曹風)의 하천장(下泉章)에서 유래된 말이다.

121) 사종제 진묵

아,
창랑대 위의 몇 그루 소나무와
한 뙈기의 바윗돌은
창연히 세한을 견디는 마음을 지니고 있네.
《유자가》 노래 소리 끝나자 사람이 사라지니
유풍과 여운을 뉘와 함께 찾아볼까.

> 四從弟振默
> 噫, 彼滄浪坮上數株松, 一片石, 蒼然猶帶歲寒心.
> 孺子歌終人不見, 遺風餘韻共誰尋.

122) 사종제 승묵

꽃나무의 정과 은혜 해가 갈수록 깊어만 져
병석에 누운 나를 언제나 왕림하셔 위로하셨네.
친동기와 다름없이 친절히 가르치시니
쇠진하여 그 기대를 어길까봐 두렵구나.

> 四從弟承默
> 花樹情恩老益深, 慰余病秃每枉臨.
> 提誘視若親昆季, 衰澌恐負期望心.

123) 사종제 현묵

평생의 생업이란 농사와 독서이라
꽃과 대죽 재배하며 한거임천(閑居林泉)하였구나.
가문에서 덕망 큰 분 오늘에 떠나시니
통곡하고 돌아올 제 서산에 해가 지네.

四從弟玄默
恒業生平耕與讀, 蒔花種竹老林泉.
一門長德而今盡, 痛哭歸來夕日邊.

124) 족제 봉묵

선생은 생각대로 농사지으며 독서하니
하늘이 준 분수를 당연하게 받아 들였구나.
면암선생 문전에서 심법을 전수받고
모가 나게 바른 일에 조처하였네.
향리에서 많은 사람 불평을 품고 있어
시구(蓍龜)[345]처럼 모시려고 기대했었네.
세밑이라 깊은 산에 한해가 다 가는데
산을 뚫고 물을 건너 구름 감도는 숲가를 찾았구나.
두문불출하면서 덕성을 닦았고

345) 시귀(蓍龜): 점을 치는 데 쓰이는 거북의 껍질과 시초(蓍草). 나라의 중요한 일을 결정하는 데 중추적인 구실을 함을 말함.

만사를 관계찮고 삼강(三綱)[346]을 읽었다네.
거세찬 물살이 저주(砥柱)를 만나고
한겨울에 솔과 대죽 알게 되구나.
희년에도 모발은 희지 않았고
온오(蘊奧)한 가운데 꿋꿋한 의지가 엿보이었네.
나라가 쇠망하자 슬픈 마음이 일어
갱장(羹牆)[347]에 뜻을 담고 정력을 집중했네.
돈을 내어 일곱 선묘(先墓)에 석의를 갖추어
종문 모두가 더불어 빛을 내게 되었네.
하늘이 이 공덕을 보우하여서
기자 조선 영력에 복을 펴서 창성하게 하였다네.
그런데 어이하여 무망중에 문득 질병을 주어
오래 동안 시달리며 병석에 눕게 하였느냐.
만물의 조화를 살펴보니항심이 없어
뜻하지 않게 갑작스레 가는 것도 정상인가봐.
하늘은 어이하여 어진 사람을 돌보지 않고
공연히 일생 동안 서두르게 하였는가.
저물게 오는 눈은 화석을 얼어 붙이고
추운 겨울의 달은 창랑대를 비치고 있네.
오호라! 이제는 모든 것이 그만이니
어느 누가 나에게 상세한 가르침을 줄 수 있단 말인가.
청송은 길이길이 늙을 줄 모르고

346) 삼강(三綱): 한나라의 동중서와 반고가 인간관계의 기본으로서 강조한 세 가지 덕목으로, 임금은 신하의 근본이라는 군위신강(君爲臣綱), 어버이는 자식의 근본이라는 부위자강(父爲子綱), 남편은 부인의 근본이라는 부위부강(夫爲婦綱)이라는 것이다.

347) 갱장(羹牆) : 전왕(前王)을 사모하는 말임. 옛날에 요제(堯帝)가 별세한 후에 순제(舜帝)가 3년 동안을 앙모(仰慕)했는데, 앉으면 요제를 담[牆]안에서 보고, 밥을 먹으면 요제를 국[羹]그릇에서 보았다는 고사(故事)가 있음.

유택(幽宅)은 천년만년 영지가 되네.
동아줄을 잡고 혼백을 위로할 제
뼈저린 곡성에 눈물이 옷섶 적시네.

族弟鳳默

先生任耕讀, 天分吾所當.勉門有心授, 措諸行義方.
鄕里多感恨, 擬以蓍龜望.窮山歲將暮, 登臨雲林旁.
杜門養其德, 悗然讀三綱.頹波見砥柱, 大冬識松篁.
稀年發不白, 蘊中有剛腸.悽起風泉感, 致力寓羹牆.
捐金墓七石, 一門共生光.天公佑斯德, 箕疇敍福昌.
胡乃無妄疾, 沉綿委寢床.觀化猶無恒, 溘然逝如常.
天何賢不假, 空覺一生忙.暮雪凝花石, 寒月照滄浪.
嗚呼今已矣, 更誰誨我詳.靑松長不老, 幽宅萬年庄.
執紼慰精魄, 痛哭淚沾裳.

125) 사종제 창묵

면암선생이 주신 것은 참됨이 따로 있어
충의로 다스리고 몸가짐은 효제하네.
한 세대에 명성 떨친 청렴하고 근검한 선비이라
칠순에야 생업 마친 인간다운 인간이네.
가석해라 창랑대에서 전에는 달구경을 했었고
봄을 맞아 사랑하던 화석에 공연히 시름 겹구나.
평생을 병에 앓는 사람이 무덤 앞에 곡을 올리니
영령은 응당 새 기운이 가득 찬 나를 알아야 하리라.

四從弟昌默

勉翁之授有其真, 忠義經綸孝悌身.
一代聲名清儉士, 七旬事業了成人.
滄浪可惜前看月, 花石空愁舊愛春.
抱病此生臨壙哭, 英靈應識我懷新.

126) 족제 공묵

꽃나무는 미풍에 몸을 약간 떨건만
우수수 낙엽 지며 가지가 앙상하네.
온화한 거동은 마치도 어제와 흡사하고
가르치신 은혜는 미존(未存)[348] 방법에 있었다네.
명이 달라 음성도 용모도 적막해지니
영령은 조용히 곡배(哭拜) 뜻 알아주소서.
저승에서도 창랑의 달빛 사랑하시며
한 번 쉬면 백세천세가 느린듯 하리오이다(하옵소서)

族弟孔默

花樹風微動, 飄零漸疎枝.和儀如昨日, 教恩未存時.
命殊音容寂, 靈寧哭拜知.幽愛滄浪月, 一眠百世遲.

127) 족제 용묵

오호라! 항재어르신이여

348) 미존(未存): 학생들의 창의력을 기르기 위해 시도하는 교수법이다. 세상에 존재하지 않는 것을 학생들에게 생각해보도록 과제를 주고 학생들의 기발한 생각에 점수를 주는 방식이다.

후생들을 이처럼 급작스레 버리실 줄 생각도 못했었죠.
평생의 심사를 항상 항(恒)이란 편액에 담았고
항심과 생업은 아성의 지결(旨訣)을 법식 삼아 준행하였네.
작년 겨울 배알하고 물러설 때
어느 날이 귀기(歸期)인가 물어보셨네.
편찮다는 소문도 없이 오늘에 이 변을 당했으니
의형(儀形)과 영격하며 샘솟듯 눈물 흘리네.

族弟容默
嗚呼恒齋翕, 不圖棄後生之如是奄忽.
生平心事扁以恒, 恒心恒產式遵亞聖之旨訣.
去冬拜退床下時, 問爾歸期在何日.
病未聞報今至此, 儀形永隔淚泉澈.

128) 족제 집중

일심으로 도를 안고 천년(天年)을 향수하니
고상한 덕망과 사업은 길이길이 전해가리.
한 치 베천 한 구절 말인 뇌문(誄文)에 못다 실어
선여(仙輿)[349]가 호송하여 백운가에 이르누나.

族弟執中
全心抱道享天年, 德業俱高永世傳.
寸帛單辭誄不盡, 仙輿護送白雲邊.

349) 선여(仙輿): 황제가 타는 수레.

129) 재종질 재황

느닷없이 흉보 받고 친척에게 전했는데
백 세대를 전한 가풍 산수처럼 영원했네.
혼탁한 세상에서 고상한 뜻을 세웠고
궁음(窮陰)[350] 세계에서 홀로 양기를 부축이네.
경서를 두루 읽어 장구(章句)의 뜻을 터득했고
만사를 담론하면 시비가 상세히 갈라지네.

오늘에도 어질면 장수한다는 말을 믿는다고 한다면
우리 가문에 동량이 무너진 걸 어이한단 말인고.

再從姪在黃
忽承凶報告於堂, 百世遺風山水長.
渾濁乾坤高尚志, 窮陰世界獨扶陽.
遍古群經章句得, 語人萬事是非詳.
於今如信仁終壽, 其奈吾門摧棟樑.

130) 재종질 재진

근심과 비분이 병으로 번져
정수는 미명(未明)에 깨어있구나.
변해가는 세속을 혐오하더니
큰 명성 떨칠 생각 아에 거두네.

350) 궁음(窮陰): 궁동(窮冬)이라고도 하는데 궁(窮)은 다했다는 뜻이고 궁동(窮冬)은 겨울의 석 달(10월, 11월, 12월) 중에 음력 12월이 막바지에 해당하는 달이라는 의미로 음력 12월을 달리 부르는 말이다.

효도 우애 철인들이 두루 전하고
시서를 한평생 포식했다네.
선공을 모시려 떠나가시니
가문의 태평무사 전해 주소서.

再從姪在珍
憂憤便成疾, 英精覺未明.唯嫌渝世俗, 不肯大聲名.
孝友傳群哲, 詩書飽一生.歸侍先公地, 為言家泰平.

131) 재종질 재도

칠십 년 긴 세월 은거하면서
경작과 독서는 내 마음에 맡겨두었네.
의로운 행동에 동네 이웃 감복하고
맑은 명성을 주졸(走卒)들이 돌아치며 전해주누나.
봄 맞은 화석은 주인을 잃었고
떠오르는 창랑 달은 스스로 가련케 보이누나.
음성도 용모도 이로부터 문을 닫으니
석양 아래 애통히 곡을 하며 서 있구나.

再從姪在道
隱居七十年, 耕讀任吾天.行義鄉鄰服, 淸名走卒傳.
花石春無主, 滄浪月自憐.音容從此閟, 痛哭夕暉邊.

132) 족질 재복

칠십 년의 세월을 한가히 지내면서
기주오복(箕疇五福) 화봉삼축(華封三祝)[351] 완전하였네.
진작부터 숙식(熟食) 속세 역겨워하더니
갑자기 백옥루[352] 연회 위해 승천하시네.
단풍든 나무숲에 해로가 울리고
백운 피는 하늘가에 명정이 펄럭이네.
가슴을 도려내는 영결 맞는 오늘에
슬픈 눈물 저도 몰래 억수로 쏟아지네.

族姪在福

燕居七十年, 箕五華三全.久厭煙火界, 忽昇玉樓筵.
薤歌紅樹里, 旌拂白雲邊.痛哉今永訣, 悲淚不禁漣.

133) 족질 재일

선생의 행의는 바야흐로 높고도 밝아
농사하고 독서하며 모든 일을 이룩했네.
백수에 궁경하여 세상 교화 부축이었고

---

351) 원문은 "箕五華三全"인데 이는 箕五福 華三祝으로 箕疇五福 華封三祝의 준말. 箕疇五福은 箕疇五福은 箕子가 周武王에게 敎示한 洪範九疇를 말한다. 《서경 · 홍범구주》에서는 행복의 표준을 다섯 가지로 설명하고 있다. 이를 오복(五福)이라 하는 바, 一曰 壽요 二曰 富요 三曰 康寧이요 四曰 攸好德이요 五曰 考終命이다. 화봉삼축(華封三祝0은 요(堯) 임금이 화(華)지방을 순행할 때, 그곳의 봉인(封人)이 요 임금의 덕을 찬양하여, '성인(聖人)은 장수[壽]하시고, 성인은 부(富)하시고, 성인은 다남(多男)하시라' 고 축복했다는 고사가 있다.

352) 백옥루(白玉樓): 문인이 죽은 이후에 간다는 하늘에 있는 누각으로, 문인이나 묵객의 죽음을 이르는 말.

청전구물은 옛 업이라 가문 명성 이어가네.
도산에서 오늘날 사람마다 곡을 하니
화석에 깃든 봄을 누가 맞아들일까
마땅히 우면산 묘지에 돌아가시면
효자현손 영광을 길이 전해가리라.

族姪在一
先生行義正高明, 耕讀中間事了成.
白首窮經扶世教, 青氈舊業繼家聲.
道山此日人相哭, 花石新春孰又迎.
應下牛眠歸窆地, 永傳賢孝子孫榮.

134) 족질 재현

폐백 지고 면옹 뵈니 도가 바로 예 있어
탁월한 견식에 거동 또한 엄연하네.
소시부터 청렴하고 검소하던 덕목은
고종명하는 일흔 되는 오늘까지 지니고 있네.
해낭(奚囊)[353]은 예전하고 검은 나귀 기다리는데
어이하여 선가에 올라 백학 따라 가옵니까 '
석양에 붉은 명정 먼 모래 길에 내려서니
얼마나 많은 행인들이 눈물을 흩뿌리는가

353) 해낭(奚囊): 유람자(遊覽者)가 지니고 다니면서 시초(詩草)를 넣는 주머니.

族姪在賢

贅謁勉翁道在斯, 卓然見識儼然儀.
自少一心清儉德, 至今七十考終時.
奚囊尚爾青驢在, 仙駕胡為白鶴隨.
斜陽丹旐長沙路, 多少行人涕淚垂.

135) 족손 기회

칠십 평생 살아오며 독서와 경작을
내 마음에 일임하니 만사가 이룩되네.
가문은 창성하고 음덕이 흘러가니
향리에서 감복하고 맑은 명성 노래하네.
봄이 오면 화석을 뉘와 함께 감상하고
달이 뜨면 창랑대서 뉘와 함께 꿈을 꾸랴.
친척들과 동료 벗들 쫓아가며 통곡하니
성 위 구름 강변 나무 어디나 상심이네.

族孫琪會

享年七十讀餘耕, 一任吾天萬事成.
門戶多昌流蔭德, 鄉鄰感服誦清名.
春來花石誰同賞, 月到滄浪夢柊生.
親戚僚朋追往哭, 城雲江樹摠傷情.

136) 족손 연회

해가 가도 허름한 초가[354]에서 일민(逸民)이 되어

354) 원문은 형모(衡茅)인데 형문(衡門)과 모옥(茅屋)으로 곧 가난한 사람의 집. 허름한 (은자의) 거처를 말한다.

자유자적 소요하며 천진(天真)을 닦아 가네.
한가하면 취미로 농사지으니
하필이면 이 몸이 새장에 갇혀 살손가.
희년까지 수를 누려 숙덕으로 공경 받고
가문에는 효자현손 인의가 넘쳐나네.
현자는 떠났어도 향기가 여전하니
솔이 자란 송산은 만고 봄을 자랑하네.

族孫鍊會
終歲衡茅作逸民, 逍遙自樂養天真.
閑將農圃成吾趣, 何用樊籠絆此身.
壽到稀年欽宿德, 門多肖子有餘仁.
賢人雖逝遺芳在, 一片松山萬古春.

137) 족손 규회

우리 가문 항재어르신 하늘에서 참됨을 내리시니
하복은 무강하여 칠순 고령 누리시네.
진사 출신 선인[355] 은혜에 나라를 잊지 못하고
길몽 얻어 태어나니[356] 일신이 완벽하네.

355) 원문은 "사마시에 참가한 선인들의 은혜(司馬先恩)인데 항재의 조부는 진사이고 부친은 생원이다.

356) 원문은 "산의 곰을 꿈에 보았다(占熊遺夢)" 인데 출처는 《시 · 소아 · 사간(詩 · 小雅 · 斯干)》이다. 시에는 "잠자고 일어나 지난 꿈을 점쳐 보니 그 좋은 꿈은 무엇인가 검은 곰 큰곰이네(乃寢乃兴, 乃占我梦. 吉梦维何 ? 维熊维罴.)" 라는 구절이 있고 또 "일관이 점을 쳐보니 검은 곰 큰곰은 아들 나을 징조이네(大人占之, 维熊维罴, 男子之祥.)"라는 구절이 있다. 여기에 정현은 전을 달며 "검은 곰 큰곰은 산에 살고 있으니 양(陽)의 상서로움이기에 아들을 낳는다고 한다.(熊罴在山, 阳之祥也, 故为生男.)"라고 말하였다.

구의(摳衣)하고 스승 모셔 바른 연원 역력하고
임종에도 오로지 일월이 새롭기만 바랐었네..
지란(芝蘭)이 미어지는 가슴으로 화수(花樹)를 떠나니
이 밤의 푸른 솔은 만고의 봄이 되네.

族孫奎會
吾門恒丈賦天真, 遐福無彊享七旬.
司馬先恩難忘國, 占熊遺夢獲全身.
摳衣可見淵源正, 屬纊但言日月新.
芝蘭摧痛別花樹, 是夜青松萬古春.

138) 금성 오영근(錦城 吳榮根)

지난 해 피였던 꽃 창랑대에 피지 말라.
너 홀로 찬란하게 봄소식을 전하온들
주인 없는 꽃이니 그 누라서 차즈랴.
크신 뜻 품으신 채 이 땅을 버르시고
청송영산에 한가히 잠 드시오니
지나는 길손 가슴 쓰려 하노라.
바라보니 석양하늘 흑운만 싸여들고
해님은 서해 가서 대지에 밤이 되니
어지신 님 잃은 마음길 어느 곳에 푸르랴.

항재유고 부록 종(終)

3. 권미에 남기는 말(卷尾辭)

오호라! 이 문집은 나의 선엄 항재공께서 남긴 시문집이다.

일찍부터 가정교육을 받으신 항재공께서는 낮이면 농사짓고 밤이면 글공부에 힘써 두 가지 사업을 이룩하셨고 나이가 들자 면암 선생을 스승으로 모셔 그 조예가 날이 갈수록 깊어지어 누차 스승의 칭찬과 인정을 받으셨으며 사우들도 높이 추앙(推仰)하여 존중(尊重)하셨다. 그러나 세상의 도가 날로 오랑캐로 변화하고 아이들의 무리가 새로운 풍조에 깊이 빠져들자 격분하시고 통한을 참지 못하시어 사흘 동안 음식을 전폐하시더니 개연히 《당금 세상에서는 성현들의 경전마저도 하찮은 무용지물로 알고 있으니 황차 내가 쓴 이따위 문자들이 세상에 무슨 도움이 있으리오!》라고 탄식하시고는 마침내 상자를 샅샅이 뒤져 기술한 문장과 사고(私稿)[357] 들을 모조리 손수 불살라버리시었다.

오호라! 너무나 슬프고 애석한 일이도다! 이 일이 있은 이후로 다시는 저작을 편찬하거나 기술하지 않으시고 세상을 잊고 자적하시다가 향년 칠십 세로 세상을 떠나시었다.

불초자는 철이 들 나이가 되자 선인의 발자취와 경해(謦咳)[358]가 민멸되는 것을 차마 보지 못하고 당질 보정(普亭)과 함께 연기처럼 흩어지고 안개처럼 사라지는 가운데서도 뒤지고 번지어 겨우 시와 산문 약간 편을 얻게 되었으니 가히 천백에 하나도 남지 않았다고는 할 수 있지만 구슬이나 보물처럼 진귀하고 귀중한 것이므로 삼가 초사하여 우리 가문에 보관하여 갈무리한 지가 벌써 사십여 년이 되었다.

---

357) 사고(私稿): 자기 자신(自己自身)의 원고(原稿).

358) 경해(謦咳) : 인기척을 나타내는 기침소리 즉 상대방의 말씀.

올해에 들어서서 불초자의 나이도 이미 일흔이라, 어느 하루 어버이를 그리고 사랑하는 마음이 갑자기 왕성하게 일어나 유적을 고이 열람하다가 종신토록 부모를 사모하는 마음을 지닌 맹자를 본받아 삼가 남긴 시문과 뇌문과 만사를 정성을 다해 다시 베껴 한 권으로 만들기는 하였지만 눈이 어둡고 필력이 질박하여 비록 자획을 이루지는 못했지만 그래도 한 자 한 구절을 베껴 쓰는 가운데 줄줄 눈물을 금할 수가 없었다.

삼가 영인(影印)[359]하여 일가문의 자식들과 조카 그리고 세호(世好)[360]로서 함께 어울려 다니던 제현들에게 나누어주어 일면 숭모의 정성을 본받자 하고 일면 세교(世交)의 친선을 외우고자 하노니 우러러 원하는 바는 첨언(僉彦, 모든 선비)들이 혜존하시고 함부로 건사하지 않으면 천만다행으로 여기겠다는 그것이다.

불초 재규 배

359) 영인(影印): 원본(原本)을 사진(寫眞) 제판(製版)으로 복사(複寫)하여 인쇄(印刷)함.
360) 세호(世好) : 선대(先代) 때부터 대대(代代)로 사귀어 온 교분(交分).

嗚呼라! 此는 我先嚴 恒齋公之遺詩文也라.

공은 早服庭訓하시고 晝耕夜讀을 힘써 兩業을 이루시고 晩而就學于勉老하사 造詣가 日深하니 累蒙師門之稱許하고 士友間推重이 높으셨으나 世道가 날로 化夷되고 兒曺輩가 新潮에 陷奔함을 激憤하시여 痛恨不食三日에 慨然嘆曰"到今에 聖經賢傳도 盡爲廢朽하어늘 況且此等文字가 有何所補오"遂盡拔箱篋中記述及私草하야 手自焚之하셨으니 嗚呼! 悲夫惜哉! 自此이후로 不復著作記述하시고 忘世自適하시다가 향년 칠십으로 卒하시다.

不肖年及省事에 不忍先跡謦咳之泯滅하야 與從姪普亭으로 搜覔於烟散霧滅之餘하야 謹得詩文若干篇하니 可謂 不存一於千百이나 其貴其重이 如玉如寶라 謹寫抄하야 以爲吾家之保藏이 已四十餘禩矣이라.

當是年에 不肖年已七十이라 一日에 思親慕愛之情이 鬱興하야 撫閱遺跡타가 以欲效終慕之心으로 謹復精寫遺詩文及誄輓하야 以成一弓나 眼昧筆拙하야 雖不能成字畫 而一字一句寫去中에 不禁涕淚之潸然이로다.

謹付影印하야 以頒于門子姪及世好從遊家之諸賢하야 一以效崇慕之誠하고 一以講世好之誼하노니 仰願僉彦은 惠受存鑑하시고 不置於妄拙之地 則千萬是幸이로이다.

不肖 재규 拜

恒齋遺稿 並附錄

항재유고 병부록(한글 번역판)

인쇄일 2021년 12월 3일
발행일 2021년 12월 6일

지은이 항재 김순묵
기획 연정교육문화연구소 육김경식, 김길건
감수 연정 김경식
번역 박정양
발행인 김화인
펴낸곳 도서출판 조은
편집인 김진순
주소 서울시 중구 을지로20길 12, 대성빌딩 405호
전화 (02)2273-2408
팩스 (02)2272-1391
출판등록 1995년 7월 5일 신고번호 제1995-000098호
ISBN 979-11-91735-19-2
정가 27,000원